CHIAVENATO

Teoria Geral da Administração

VOLUME 1

CHIAVENATO

CHIAVENATO DIGITAL

Idalberto Chiavenato

Teoria Geral da Administração

Abordagens prescritivas e normativas

8ª ed.

VOLUME 1

- Data do fechamento do livro: 27/08/2021

- **Atendimento ao cliente: (11) 5080-0751 | faleconosco@grupogen.com.br**

- Capa: Bruno Sales
- Editoração eletrônica: LWO Produção Editorial
- Ficha catalográfica

CIP-BRASIL. CATALOGAÇÃO NA PUBLICAÇÃO
SINDICATO NACIONAL DOS EDITORES DE LIVROS, RJ

C458t
v.1

Chiavenato, Idalberto, 1936-
Teoria geral da administração, volume 1 / Idalberto Chiavenato. - [8. ed.]. - Barueri [SP] : Atlas, 2021.

Inclui bibliografia e índice
ISBN 978-85-9702-531-6

1. Administração. 2. Administração de empresas. I. Título.

21-72033 CDD: 658
CDU: 005.1

Leandra Felix da Cruz Candido - Bibliotecária - CRB-7/6135

À Rita.

Diz o velho e conhecido adágio popular que todo homem somente se realiza plenamente quando faz um filho, planta uma árvore e escreve um livro.

Já fiz todas essas três coisas.

Tive vários filhos, plantei inúmeras árvores e os vários livros que escrevi ultrapassaram fronteiras e enfrentaram desafios.

E tudo isso já se foi no tempo e no espaço.

Assim, acho que agora, vislumbrando o meu passado e o meu presente, tenho condições para avaliar serenamente tudo aquilo que realmente pode realizar um homem na plenitude de suas potencialidades materiais e espirituais.

Não é bem um filho, uma árvore ou um livro tão somente, que crescem, passam e se distanciam da gente.

É, sobretudo, o amor de uma mulher.

E mais do que tudo isso, é o seu amor que realmente me encanta e realiza como homem e criatura humana.

A você minha plena realização, dedico este livro com todo amor e ternura.

Parabéns!

Além da edição mais completa e atualizada do livro *Teoria Geral da Administração – vol. 1*, agora você tem acesso à Sala de Aula Virtual do Prof. Idalberto Chiavenato.

Chiavenato Digital é a solução que você precisa para complementar seus estudos.

São diversos objetos educacionais, como vídeos do autor, mapas mentais, estudos de caso e muito mais!

Para acessar, basta seguir o passo a passo descrito na orelha deste livro.

Bons estudos!

Confira o vídeo de apresentação da plataforma pelo autor.

uqr.to/hs6d

Sempre que o ícone CHIAVENATO DIGITAL aparece, há um conteúdo disponível na Sala de Aula Virtual.

CHIAVENÁRIO
Glossário interativo com as principais terminologias utilizadas pelo autor.

SAIBA MAIS
Conteúdos complementares colaboram para aprofundar o conhecimento.

MAPAS MENTAIS
Esquemas sintetizam de forma gráfica os conteúdos desenvolvidos em cada capítulo.

CHIAVENATO DIGITAL

PARA REFLEXÃO
Situações e temas controversos são apresentados para promover a reflexão.

VÍDEOS
Vídeos esclarecedores e complementares aos conteúdos da obra são apresentados pelo autor.

TENDÊNCIAS EM ADM
Atualidades e novos paradigmas da Administração são apresentados.

CASOS PARA DISCUSSÃO [RECURSO EXCLUSIVO PARA PROFESSORES]
Situações-problema sugerem discussões e aplicações práticas dos conteúdos tratados.

SOBRE O AUTOR

Idalberto Chiavenato é Doutor e Mestre em Administração pela City University Los Angeles (Califórnia, EUA), especialista em Administração de Empresas pela Escola de Administração de Empresas de São Paulo da Fundação Getulio Vargas (FGV EAESP), graduado em Filosofia e Pedagogia, com especialização em Psicologia Educacional, pela Universidade de São Paulo (USP), e em Direito pela Universidade Presbiteriana Mackenzie.

Professor honorário de várias universidades do exterior e renomado palestrante ao redor do mundo, foi professor da FGV EAESP. Fundador e presidente do Instituto Chiavenato e membro vitalício da Academia Brasileira de Ciências da Administração. Conselheiro e vice-presidente de Assuntos Acadêmicos do Conselho Regional de Administração de São Paulo (CRA-SP). Autor de 48 livros nas áreas de Administração, Recursos Humanos, Estratégia Organizacional e Comportamento Organizacional publicados no Brasil e no exterior. Recebeu três títulos de *Doutor Honoris Causa* por universidades latino-americanas e a Comenda de Recursos Humanos pela ABRH-Nacional.

PREFÁCIO

No mundo dinâmico, mutável, competitivo e exponencial em que vivemos, essencialmente ambíguo, disruptivo e repleto de incertezas, a aposta é que a criatividade e as competências duráveis serão os elementos que as organizações requererão de seus administradores para manter sua competitividade e sustentabilidade em um cenário de rápidas transformações. Vivemos em um mundo agitado por incessantes mudanças no qual somente as organizações bem administradas conseguem sobreviver e alcançar sucesso. Nunca como agora a teoria administrativa se tornou tão imprescindível para o sucesso das organizações. Em um mundo de incertezas e perplexidades, despontam a criatividade e a inovação. Quanto mais esse ambiente se torna mais mutável, instável e turbulento, tanto maior a necessidade de opções diferentes e criativas para a solução dos problemas e das situações que as organizações enfrentam e que se alteram de maneira cada vez mais rápida, diversa e inesperada.

Nesse sentido, a Teoria Geral da Administração (TGA) – disciplina que nasceu com a primeira edição deste livro – constitui a orientação firme para o comportamento profissional de todos aqueles que lidam com Administração. Em vez de se preocupar em ensinar a executar ou fazer as mesmas coisas – o como – a TGA busca ensinar o porquê das coisas. Enquanto o especialista e executor de tarefas sabe apenas fazer e executar coisas de maneira mecânica e rotineira, o estrategista sabe analisar e resolver situações complexas e problemáticas, pois aprendeu a pensar, raciocinar, avaliar e a ponderar em termos abstratos, estratégicos, conceituais e teóricos. Enquanto o especialista é um mero agente de execução e de operação que segue ordens superiores, o estrategista é um agente de mudança e de inovação, pois adquire competências de perceber e diagnosticar situações que o especialista nem sequer imagina existirem. E, a partir daí, antevê oportunidades incríveis e planeja e faz executar mudanças e transformações que levam as organizações ágeis e exponenciais ao sucesso. E quanto maiores a mudança e a instabilidade ao redor, tanto maior a necessidade de habilidades e competências conceituais para proporcionar a inovação dentro das organizações e mantê-las vitoriosas. Assim, a TGA procura formar o profissional estrategista e ensiná-lo a pensar e raciocinar dentro de uma nova mentalidade a partir de conceitos e ideias avançadas como um poderoso ferramental de trabalho. Essa é a caixa de ferramentas do administrador bem-sucedido.

Eis o papel da TGA: para que o administrador tenha condições profissionais de sucesso em sua organização – qualquer seja o nível hierárquico ou a área de atuação profissional –, ele precisa de competências pessoais de diagnóstico e de avaliação situacional para ajudá-lo a discernir o que fazer frente a situações novas, complexas, imprecisas e ambíguas. Assim, vale a pena lembrar a frase de Kurt Lewin de que "nada é mais prático do que uma boa teoria". E apesar de ser teoria, a TGA é terrivelmente instrumental. Ela fornece ao administrador a arma mais poderosa: a sua competência conceitual em como saber diagnosticar antes de executar um projeto de trabalho. Criar e inovar. Melhorar, reimaginar e renovar. Todo o talento administrativo funciona ao redor dessas competências básicas. A TGA, ao longo dos tempos, mostra o importante avanço das ideias e conceitos na moderna Administração, bem como suas fortes tendências para um futuro digital e exponencial. E não se esqueça nunca: a Administração constitui, atualmente, a melhor solução para os maiores problemas da humanidade.

Este livro está dividido em dois volumes. O primeiro volume trata das abordagens clássica, humanista e neoclássica da Administração. Cobre toda a base teórica sobre a qual todas as demais abordagens mais recentes se alicerçaram. O segundo volume trata da abordagem estruturalista e comportamental que se sucederam e que com a abordagem sistêmica e contingencial proporcionaram toda a avalanche de conceitos e práticas que utilizamos atualmente em nossas organizações e que constituem as bases sobre as quais iremos avançar e navegar na Quarta Revolução Industrial. Nesse sentido, procuramos oferecer uma visão ampla e completa de todo o enorme e complexo manancial de conceitos e práticas que compõem a moderna administração das organizações. Desejamos sucesso ao administrador nessa ousada iniciativa.

Idalberto Chiavenato

TEORIA GERAL DA ADMINISTRAÇÃO – VOLUME 1 Abordagens prescritivas e normativas da Administração		
PARTE I	INTRODUÇÃO À TEORIA GERAL DA ADMINISTRAÇÃO	1. A Administração e suas perspectivas: delineando o papel da Administração
PARTE II	ABORDAGEM CLÁSSICA DA ADMINISTRAÇÃO	2. Administração Científica: arrumando o chão da fábrica 3. Teoria Clássica da Administração: organizando a empresa
PARTE III	ABORDAGEM HUMANÍSTICA DA ADMINISTRAÇÃO	4. Teoria das Relações Humanas: humanizando a empresa 5. Decorrências da Teoria das Relações Humanas: entendendo o ser humano
PARTE IV	ABORDAGEM NEOCLÁSSICA DA ADMINISTRAÇÃO	6. Teoria Neoclássica da Administração: definindo o papel do administrador 7. Decorrências da Teoria Neoclássica da Administração: o processo administrativo 8. Decorrências da Teoria Neoclássica da Administração: dando forma à organização 9. Decorrências da Teoria Neoclássica da Administração: Administração por Objetivos (APO)
TEORIA GERAL DA ADMINISTRAÇÃO – VOLUME 2 **Abordagens descritivas e explicativas da Administração**		
PARTE I	ABORDAGEM ESTRUTURALISTA DA ADMINISTRAÇÃO	1. O modelo burocrático: em busca da organização ideal 2. Teoria Estruturalista da Administração: ampliando os horizontes da empresa
PARTE II	ABORDAGEM COMPORTAMENTAL DA ADMINISTRAÇÃO	3. Teoria Comportamental da Administração: dinamizando a empresa por meio das pessoas 4. Teoria do Desenvolvimento Organizacional (DO): empreendendo a mudança e a renovação empresarial
PARTE III	ABORDAGEM SISTÊMICA DA ADMINISTRAÇÃO	5. Tecnologia e Administração: criando a infraestrutura da empresa 6. Teoria Matemática da Administração: a influência da pesquisa operacional 7. Teoria de Sistemas: em busca de uma abordagem sistêmica
PARTE IV	ABORDAGEM CONTINGENCIAL DA ADMINISTRAÇÃO	8. Teoria da Contingência: em busca da flexibilidade e da agilidade
PARTE V	NOVAS ABORDAGENS EM ADMINISTRAÇÃO	9. Para onde vai a Administração?: a Administração em um mundo exponencial

Figura 1 Estrutura dos volumes 1 e 2 do livro.

SUMÁRIO

PARTE I
INTRODUÇÃO À TEORIA GERAL DA ADMINISTRAÇÃO

Vivemos em uma sociedade composta de organizações: uma sociedade de organizações. Todas as atividades relacionadas com a produção de bens (produtos), a comercialização ou a prestação de serviços (atividades especializadas), ou, ainda, com a diversão, a informação, a educação e a cultura são planejadas, organizadas, coordenadas, dirigidas e realizadas por organizações. Todas as organizações são constituídas de pessoas (competências) e recursos físicos, materiais, financeiros, tecnológicos, mercadológicos etc. A vida das pessoas na sociedade moderna depende das organizações, e essas dependem do trabalho das pessoas. No mundo moderno, as pessoas nascem, crescem, aprendem, vivem, trabalham, se divertem, são tratadas e morrem dentro de organizações. Elas praticamente vivem suas vidas dentro de organizações.

As organizações são extremamente heterogêneas e diversificadas, com propósitos, tamanhos, características e estruturas diferentes. Não existem duas organizações iguais. Elas podem ser lucrativas (como as empresas) ou não lucrativas (como o Exército, as igrejas, os serviços públicos, as entidades filantrópicas etc.). A Teoria das Organizações (TO) é o campo do conhecimento humano que se ocupa do estudo das organizações em geral. À medida que alcançam tamanho e complexidade maiores em suas operações, as organizações precisam ser administradas, e a sua Administração requer um aparato de pessoas estratificadas em diversos níveis hierárquicos que se ocupam de incumbências diferentes. A Administração nada mais é do que a condução racional das atividades de uma organização. Ela trata do planejamento, da organização (estruturação), da direção (liderança) e do controle de todas as atividades diferenciadas pela divisão de trabalho que ocorrem dentro de uma organização. Assim, a Administração é imprescindível para a existência, o funcionamento, a competitividade e a sustentabilidade das organizações. Sem a Administração, as organizações jamais teriam condições de existir, crescer e alcançar êxito em seus negócios em um ambiente tão dinâmico e mutável. A Teoria Geral da Administração (TGA) é a área do conhecimento humano que se ocupa do estudo da Administração das organizações.

SAIBA MAIS **Sobre as especializações da Administração**

A Administração revela-se nos dias de hoje como uma área do conhecimento humano repleta de complexidades e desafios. O administrador pode atuar em variados níveis de uma organização, desde o nível hierárquico de supervisão elementar até o nível de dirigente máximo da organização, ou seja, desde um líder de equipe até o presidente ou CEO do negócio. Ele pode atuar nas diversas áreas da Administração, por exemplo, na Administração da Produção (de bens ou serviços prestados pela organização), na Administração Financeira, na Administração de Recursos Humanos, na Administração Mercadológica etc.

Em cada nível e em cada área da Administração, as situações são muito diversificadas. Além disso, as organizações são muito diferenciadas, não há duas iguais. Cada uma delas tem sua missão, sua visão de futuro, seus objetivos, seu ramo de atividade, seus dirigentes e seu pessoal, seus problemas internos e externos, seu mercado, sua situação financeira, sua tecnologia, seus recursos básicos, sua ideologia, sua política de negócios etc.

Em função dos aspectos exclusivos e únicos de cada organização, o administrador faz diagnósticos, define os objetivos e as estratégias para alcançá-los, planeja sua execução, organiza recursos e competências, dirige a execução e lidera pessoas, monitora e controla resultados, gera inovação e competitividade e agrega valor ao negócio e aos seus públicos estratégicos.

SAIBA MAIS **O sucesso do administrador**

O administrador pode ser bem-sucedido em uma organização e não ser em outra. Toda vez que uma organização pretende incluir um executivo em seu quadro administrativo, os candidatos são submetidos a uma infinidade de testes e entrevistas, que procuram investigar seus conhecimentos, suas habilidades e competências, suas atitudes e características de personalidade, seu passado profissional, sua formação escolar, seus antecedentes morais, seu sucesso ou fracasso em determinadas atividades etc. – até a situação conjugal e a estabilidade emocional podem ser averiguadas. Isso porque o executivo dificilmente pode ser transferido de uma organização para outra sem que algum problema de adaptação deixe de ocorrer. Mesmo que o executivo tenha profundos conhecimentos de Administração e apresente um invejável currículo profissional, ele não é julgado apenas pelo que sabe a respeito das funções que exerce, mas principalmente pela maneira como realiza seu trabalho e pelos resultados que consegue obter dos recursos disponíveis. Isso depende de suas habilidades.

I.1 HABILIDADES NECESSÁRIAS AO ADMINISTRADOR

Levitt[1] lembra que enquanto o químico e o físico são considerados profissionais porque passaram em um teste de conhecimentos acerca de suas profissões, o mesmo não acontece com o administrador. O conhecimento desse é apenas um dos múltiplos e variados aspectos na avaliação de sua capacitação profissional. Ele não é apenas analisado pelas organizações por seus conhecimentos sobre Administração, mas principalmente pelo seu modo de agir, pelas suas atitudes, habilidades, competências e filosofia de trabalho. A finalidade é verificar se essas qualidades se coadunam com os padrões de cultura e de trabalho, com a competitividade da organização e com as pessoas que vão trabalhar com ele. Além disso, não existe uma única maneira certa de um administrador avaliar as situações ou de conduzir as organizações ou parte delas. Pelo contrário, existem várias maneiras de levar a cabo as tarefas em condições específicas por dirigentes de atitudes diversas e modos de agir próprios. Aliás, é oportuno lembrar a lei de indeterminação do físico Heisenberg: o processo de se observar um fenômeno altera esse fenômeno. Se na Física a observação dos átomos equivale a alterar a posição e a velocidade deles, na Administração de uma organização, a presença de um profissional em determinada função afeta e modifica essa função e as pessoas envolvidas, independentemente do que seja realizado. A presença de outro profissional produziria uma alteração diferente. Além do mais, se a modificação ocorre, a maneira de agir deve ser, e acaba sendo, diferente.[2]

Para Katz,[3] o sucesso do administrador depende mais de sua atitude, seu desempenho e da maneira como lida com as pessoas e as situações do que de seus traços de personalidade. Depende daquilo que ele consegue fazer e não daquilo que ele é. Esse desempenho é o resultado de certas habilidades e competências que o administrador possui e sabe utilizar. Uma dessas habilidades é a capacidade de transformar conhecimento em ação, o que resulta em um desempenho desejado. Para Katz, existem três tipos de habilidades importantes para o desempenho administrativo bem-sucedido:

1. **Habilidades técnicas**: envolvem o uso de conhecimento e a aplicação de técnicas relacionadas com o trabalho e sua realização. É o caso de habilidades em contabilidade, em usar o computador, planejar, organizar etc. Constituem o aspecto "*hard*" e estão relacionadas com o fazer, isto é, com o trabalho com "coisas" envolvendo processos materiais ou objetos físicos e concretos. É relativamente fácil trabalhar com coisas e números, porque eles são estáticos e inertes, não contestam nem resistem à ação do administrador. As habilidades técnicas envolvem o uso de instrumentos ou ferramentas e as capacidades de lidar com métodos e processos de trabalho e focar tarefas ou atividades físicas.
2. **Habilidades humanas**: estão relacionadas com o trabalho com pessoas e referem-se à facilidade de relacionamento interpessoal e grupal. Envolvem as capacidades de comunicar, motivar, coordenar, liderar e resolver conflitos pessoais ou grupais. Estão relacionadas à interação com as pessoas, ao desenvolvimento da cooperação da equipe, ao encorajamento da participação e ao envolvimento e engajamento das pessoas. Saber trabalhar com as pessoas e por intermédio das pessoas.
3. **Habilidades conceituais**: envolvem a visão da organização ou da unidade organizacional como uma totalidade e a facilidade em trabalhar com ideias e conceitos, teorias, modelos e abstrações. Constituem o aspecto "*soft*" e permitem visualizar as várias funções da organização, complementá-las entre si, analisar como a organização se relaciona com seu ambiente e como as mudanças em uma parte da organização afetam o restante dela. Estão relacionadas com o pensar, o raciocinar, o diagnóstico das situações e a formulação

de alternativas de solução dos problemas. Representam as capacidades cognitivas mais sofisticadas do administrador e que lhe permitem planejar o futuro, interpretar a missão, desenvolver a visão, definir estratégias e perceber oportunidades onde ninguém as enxerga. À medida que o administrador se torna bem-sucedido na carreira e sobe na organização, ele precisa desenvolver cada vez mais as suas habilidades conceituais.

A combinação dessas três habilidades é importante para o administrador (Figura I.1):[4] à medida que ele se dirige para os níveis mais elevados da organização, diminui sua necessidade de habilidades técnicas e aumenta a de habilidades conceituais. Os níveis inferiores requerem considerável habilidade técnica para lidar com os problemas operacionais concretos e cotidianos da organização. A TGA se dispõe a desenvolver a habilidade conceitual, embora não deixe de lado as habilidades humanas e técnicas. Em outros termos, propõe-se a desenvolver a capacidade de pensar, definir situações organizacionais complexas, diagnosticar e propor soluções e inovações na organização.

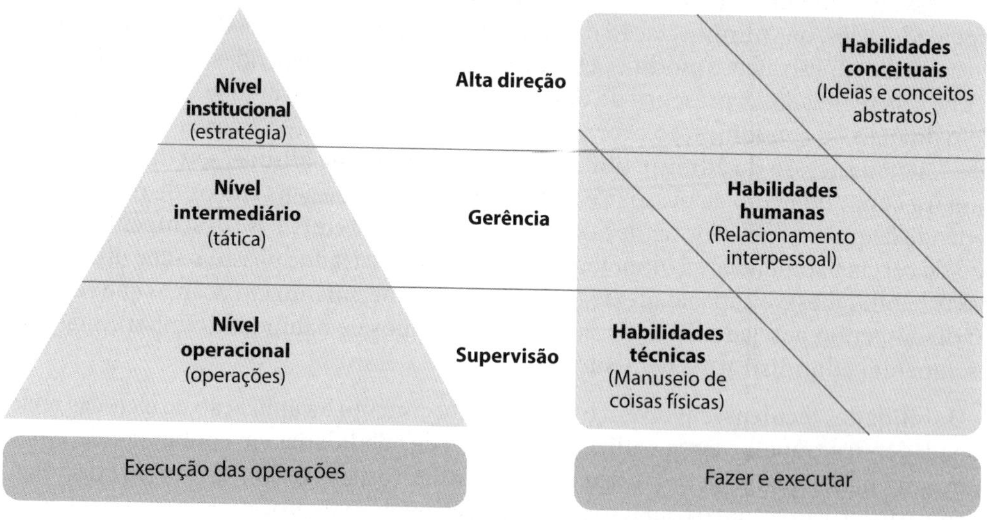

Figura I.1 As três habilidades do administrador.

Contudo, as três habilidades – técnicas, humanas e conceituais – requerem certas competências pessoais para serem colocadas em ação com êxito. As competências – qualidades de quem tem habilidade para analisar uma situação, resolver assuntos ou problemas e apresentar soluções criativas – constituem o maior patrimônio pessoal do administrador. Sua maior riqueza. Seu capital intelectual. Porém, em um mundo em constante mudança e transformação, o segredo está em adquirir competências duráveis, aquelas que não se tornam descartáveis, nem obsoletas.

Diante de todos esses desafios, o administrador, para ser bem-sucedido, precisa desenvolver quatro competências duráveis:[5]

1. **Conhecimento**: significa o acervo de informações, conceitos, ideias e experiências que o administrador possui. Como o conhecimento muda em função das transformações e das inovações que ocorrem com intensidade cada vez maior, o administrador precisa se atualizar constantemente. Isso significa aprender a aprender, ler e, sobretudo, reciclar-se continuamente para não se tornar ultrapassado. O conhecimento precisa ser utilizado e

aplicado. Ele é necessário e fundamental; mas não é suficiente para o sucesso profissional. Ele precisa ser trabalhado junto às outras três competências duráveis: habilidade, julgamento e atitude.

2. **Habilidade**: é a capacidade de pôr o conhecimento em ação, saber transformar a teoria em prática, aplicar o conhecimento na análise das situações, na solução dos problemas e na condução do negócio. Não basta possuir o conhecimento, deixá-lo apenas em estado potencial: é necessário saber como utilizá-lo e aplicá-lo nas diversas situações e na solução de diferentes problemas. Representa a capacidade de colocar em ação os conceitos e as ideias abstratas, visualizar oportunidades que nem sempre são percebidas pelas outras pessoas e transformá-las em novos produtos ou serviços. Na realidade, a habilidade é a condição que torna o administrador capaz de diagnosticar situações e propor soluções criativas e inovadoras. Isso lhe dá autonomia e independência para não precisar perguntar ao superior o que deve fazer e como fazer as suas atividades. A habilidade, assim como o conhecimento, carecem de uma terceira competência durável: o julgamento.
3. **Julgamento**: é a capacidade de analisar e avaliar a situação com clareza, obter dados e informações suficientes para julgar os fatos com espírito crítico, ponderar com equilíbrio e definir prioridades. Isso é fundamental para as decisões de um administrador.
4. **Atitude**: é o comportamento do administrador frente às situações com que se defronta no trabalho. É o seu estilo pessoal de fazer com que tudo aconteça, a maneira de liderar, motivar, comunicar e de levar as coisas para frente. Envolve o impulso e a determinação de inovar, a convicção de melhorar continuamente, o espírito empreendedor, o inconformismo com os problemas atuais e, sobretudo, a facilidade de trabalhar com pessoas e "fazer suas cabeças". É essa competência durável que transforma o administrador em um agente de mudança nas empresas e nas organizações, e não simplesmente um agente de conservação e manutenção do *status quo*.

Essas quatro competências duráveis (Figura I.2) constituem a plataforma que conduz o administrador ao sucesso nas suas atividades. No decorrer deste livro, o leitor sentirá a preocupação constante de proporcionar e atualizar o conhecimento, burilar a perspectiva, aclarar o julgamento e formar e impor a atitude empreendedora que conduz à inovação e à sustentabilidade da organização.

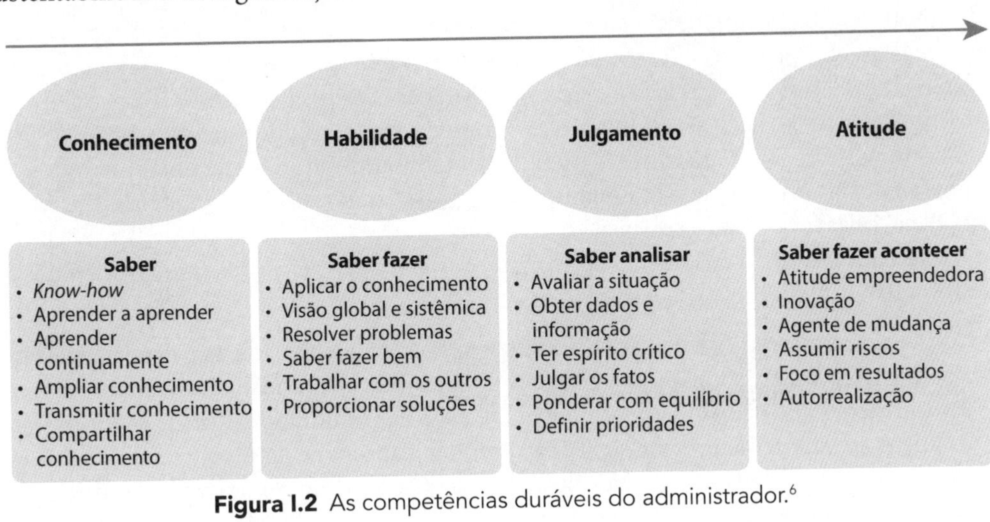

Figura I.2 As competências duráveis do administrador.[6]

SAIBA MAIS **Sobre as competências duráveis**

Mas, afinal, qual dessas quatro competências é a mais importante? Qual delas se sobressai? Sem dúvida, a competência durável mais importante para o administrador é a atitude. O administrador precisa ser um agente de mudança dentro das organizações. Ele é o responsável pela mudança de mentalidade envolvendo a cultura, os processos, as atividades, os produtos/serviços etc. Seu principal produto é a inovação. É o administrador que torna as organizações mais eficazes e competitivas, e as orienta rumo ao sucesso em um complicado mundo de negócios, cheio de mudanças e concorrência. E para que o administrador seja o "paladino da mudança e da inovação", capaz de garantir e manter a competitividade organizacional, ele precisa desenvolver certas características pessoais que o tornem um verdadeiro líder na organização, como combatividade, assertividade, convicção profunda, não aceitação da situação atual, inconformismo com a mediocridade e alta dose de espírito empreendedor.

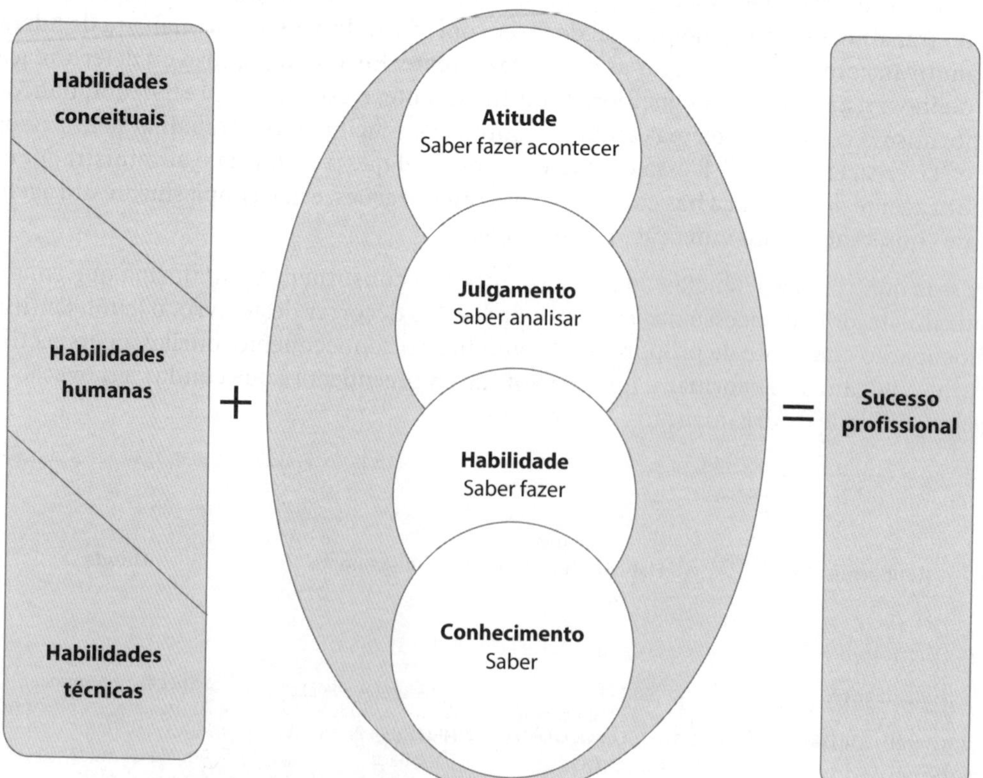

Figura I.3 As competências pessoais do administrador.[7]

I.2 OS PAPÉIS DO ADMINISTRADOR

Mintzberg identifica dez papéis específicos do administrador divididos em três categorias: interpessoal, informacional e decisória, conforme o Quadro I.1. "Papel" significa um conjunto de expectativas da organização a respeito do comportamento de uma pessoa. Cada papel representa atividades que o administrador conduz para cumprir as funções de planejar, organizar, dirigir e controlar, que serão estudadas mais adiante.

Quadro I.1 Os dez papéis do administrador segundo Mintzberg[8]

Categoria	Papel	Atividade
Interpessoal	Representação	Assume deveres cerimoniais e simbólicos, representa a organização, acompanha visitantes, assina documentos legais.
	Liderança	Dirige e motiva pessoas, treina, aconselha, orienta e se comunica com os subordinados.
	Ligação	Matém redes de comunicação dentro e fora da organização, usa malotes, telefonemas e reuniões.
Informacional	Monitoração	Manda e recebe informação, lê revistas e relatórios, mantém contatos pessoais.
	Disseminação	Envia informações para os membros de outras organizações, encaminha memorandos e relatórios, telefonemas e contatos.
	Porta-voz	Transmite informações para pessoas de fora por meio de conversas, relatórios e memorandos.
Decisorial	Empreendedorismo	Inicia projetos, identifica novas ideias, assume riscos, delega responsabilidades de ideias para outros.
	Resolução de conflitos	Toma ação corretiva em disputas ou crises, resolve conflitos entre subordinados, adapta o grupo a crises e mudanças.
	Alocação de recursos	Decide a quem atribuir recursos; programa, orça e estabelece prioridades.
	Negociação	Representa os interesses da organização em negociações com sindicatos, em vendas, compras ou financiamentos.

As principais características (Quadro I.2) das categorias mencionadas por Mintzberg são:

- **Interpessoal**: representa as relações com outras pessoas e está relacionada com as habilidades humanas. Mostra como o administrador interage com as pessoas e influencia seus subordinados, clientes e fornecedores.
- **Informacional**: descreve as atividades para manter e desenvolver uma rede de informações. Mostra como o administrador intercambia e processa a informação. O administrador no nível institucional passa, em média, mais de 75% do seu tempo intercambiando informações e conhecimentos com outras pessoas, dentro e fora da organização.

- **Decisorial**: envolve eventos e situações em que o administrador deve fazer uma escolha ou opção de cursos de ação em função do diagnóstico que fez. Requer habilidades técnicas, humanas e conceituais e indica como o administrador utiliza a informação e o conhecimento em suas decisões.

Quadro I.2 As características dos dez papéis do administrador segundo Mintzberg[9]

Papéis interpessoais	Papéis informacionais	Papéis decisórios
Como o administrador interage	Como o administrador intercambia e processa a informação	Como o administrador utiliza a informação nas suas decisões
1. Representação 2. Liderança 3. Ligação	4. Monitoração 5. Disseminação 6. Porta-voz	7. Empreendedorismo 8. Resolução de conflitos 9. Alocação de recursos 10. Negociação

Contudo, administrar é muito mais do que uma mera função de supervisão de pessoas, recursos e atividades. Administrar pode significar conduzir com sucesso uma nação, uma organização ou parte dela em um mundo dinâmico, onde tudo muda incessantemente e onde reina a competitividade. O papel do administrador, em épocas de mudança e instabilidade, centra-se muito mais na inovação do que na manutenção do *status quo* organizacional. Isso será abordado no decorrer dos capítulos.

Neste livro, nossa intenção é introduzir o leitor nas diversas abordagens a respeito da Administração, suas características e inovações apresentadas no sentido de criar as condições básicas para o sucesso organizacional ao enfrentar os desafios que o ambiente de negócios apresenta a cada instante.

Seja bem-vindo ao maravilhoso, dinâmico e mutável mundo da Administração.

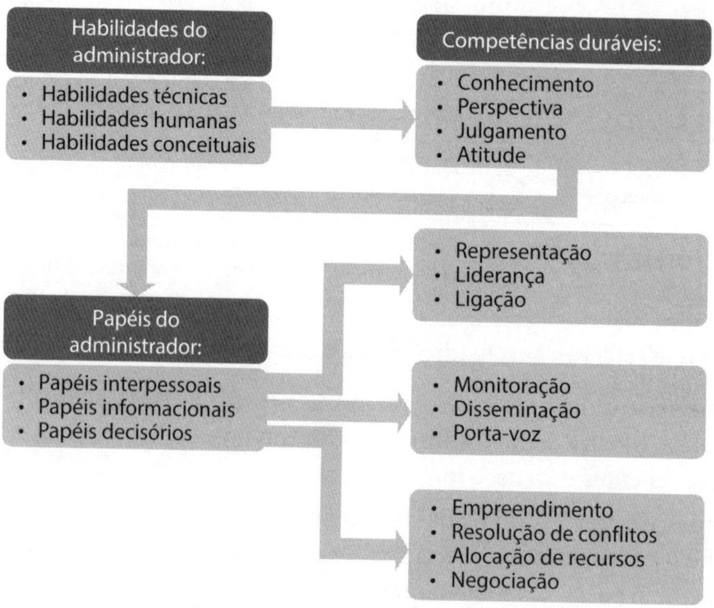

Figura I.4 Mapa mental da Introdução à Teoria Geral da Administração.

REFERÊNCIAS

1. LEVITT, T. The managerial merry-go-round. *Harvard Business Review*, 1974. Transcrito de: O carrossel dos administradores. *Revista Expansão*, p. 52-66, 18 set. 1974.
2. LEVITT, T. *O carrossel dos administradores*, *op. cit.*, p. 54.
3. KATZ, R. L. Skills of an effective administrator. *Harvard Business Review*, p. 33-42, jan./fev. 1955.
4. HERSEY, P.; BLANCHARD, K. H. *Psicologia para administradores de empresas*: a utilização de recursos humanos. São Paulo/Rio de Janeiro: Ed. Pedagógica e Universitária, 1976. p. 7.
5. CHIAVENATO, I. *Administração nos novos tempos*: os novos horizontes em administração. 4. ed. São Paulo: Atlas, 2020. p. 15.
6. CHIAVENATO, I. *Administração nos novos tempos*, *op. cit.*, p. 16.
7. CHIAVENATO, I. *Administração nos novos tempos*, *op. cit.*, p. 17.
8. MINTZBERG, H. *The nature of managerial work*. New York: Harper & Row, 1973. p. 92-93.
9. CHIAVENATO, I. *Administração nos novos tempos*, *op. cit.*, p. 18.

1 A ADMINISTRAÇÃO E SUAS PERSPECTIVAS: DELINEANDO O PAPEL DA ADMINISTRAÇÃO

OBJETIVOS DE APRENDIZAGEM

- Definir conceitos básicos de Administração, Teoria Geral da Administração (TGA) e organizações.
- Mostrar a importância atual da Administração.
- Explicitar o conteúdo e o objeto de estudo da Administração.
- Projetar as perspectivas futuras da Administração.

O QUE VEREMOS ADIANTE

- Conteúdo e objeto de estudo da Administração.
- O estado atual da TGA.
- A Administração na sociedade moderna.
- Perspectivas futuras da Administração.

CASO INTRODUTÓRIO

A promoção de Marcelo

Marcelo Gonçalves é um engenheiro bem-sucedido. Em razão de seu desenvolvimento profissional, Marcelo foi promovido a gerente do Departamento de Novos Produtos da EletroMecânica Paraíso. Está feliz da vida, mas extremamente preocupado. Em toda a sua carreira profissional, sempre trabalhou como engenheiro e com coisas concretas: novos produtos, protótipos de produtos, especificações de materiais, limites de tolerância para controle de qualidade, entre outras. Está acostumado a trabalhar com medidas exatas, números, tamanhos e materiais concretos. Contudo, nunca lidou com situações abstratas, nem com pessoas. Agora, tornou-se o responsável por uma equipe de 30 funcionários, entre engenheiros, técnicos, *designers*, projetistas e desenhistas. Seu principal desafio passou a ser lidar com pessoas e situações. Sua base lógica, matemática e quantitativa precisa ser substituída rapidamente por uma mais abrangente, flexível, psicológica e humana para ser bem-sucedido na nova posição. Marcelo não tem a menor ideia sobre como gerir seu novo departamento, nem como conduzir sua equipe. Percebeu que muitos profissionais como ele – engenheiros, economistas, médicos, advogados, psicólogos etc. –, quando bem-sucedidos em suas respectivas profissões, tendem a ser promovidos como gerentes em suas empresas e deixam de lado suas especialidades para assumir posições administrativas. Por onde Marcelo deveria começar?

INTRODUÇÃO

Em uma época de mudanças rápidas, disruptivas e exponenciais, trazendo complexidades e incertezas como as que presenciamos nos dias de hoje, a Administração tornou-se uma das mais importantes e impactantes áreas da atividade humana. Vivemos em uma civilização em que predominam as organizações e na qual o esforço cooperativo do homem constitui a base fundamental da sociedade. E a tarefa básica da Administração é a de transformar as organizações em entidades bem-sucedidas, competitivas e sustentáveis. Nas organizações – como indústrias, comércio, serviços públicos, hospitais, universidades, organizações não governamentais (ONGs), instituições militares ou em qualquer outra forma de empreendimento humano –, a sua eficiência e a sua eficácia, no sentido de alcançar objetivos organizacionais, dependem diretamente da capacidade daqueles que exercem a função administrativa. Todo o impressionante avanço tecnológico e a aquisição de recursos e competências não produzem efeitos se a qualidade da Administração não permitir a sua aplicação eficiente e eficaz. A Administração está sendo considerada a principal chave para a solução dos mais graves problemas que atualmente afligem o mundo moderno.

SAIBA MAIS **Sobre desenvolvimento e subdesenvolvimento**

Peter Drucker,[1] o famoso autor neoclássico, afirma que não existem países desenvolvidos e países subdesenvolvidos, e sim países que sabem administrar a tecnologia e os recursos disponíveis e potenciais e países que ainda não o sabem. Em outros termos, existem países administrados e países subadministrados. O mesmo ocorre com as organizações. Existem organizações excelentes e organizações precariamente administradas. Tudo é uma questão da aplicação de talento administrativo. Não basta ter ou possuir recursos físicos e naturais abundantes. É preciso ter Administração. Sem ela, não há progresso.

O trabalho do administrador em qualquer organização – seja ele um supervisor de primeira linha ou o dirigente máximo da organização, como o presidente ou CEO – envolve sempre uma visão crítica e inovadora. Nesse sentido, não há uma distinção básica entre diretores, gerentes, chefes ou supervisores, como administradores. Qualquer que seja a posição ou o nível que ocupe, o administrador alcança resultados por meio da efetiva cooperação dos subordinados. Toda organização – seja industrial, seja prestadora de serviços – precisa ser administrada para alcançar seus objetivos por meio de suas competências e seus recursos, e com a maior eficiência, competitividade e autossustentabilidade. E muita inovação no meio.

E por que existem as organizações? Em razão de suas limitações físicas, biológicas e psíquicas, as pessoas têm necessidade de cooperar com outras pessoas para, em conjunto, alcançar objetivos que isoladamente jamais alcançariam. A coordenação do esforço humano torna-se um problema essencialmente administrativo para o alcance de objetivos – sejam industriais, comerciais, religiosos, militares, caritativos ou educacionais. Onde quer que a cooperação de pessoas, no intuito de alcançar objetivos comuns, torne-se organizada e formal, o componente essencial e fundamental dessa associação é a Administração – a função de conseguir fazer as coisas por meio das pessoas e com os melhores resultados. Somente a partir do momento em que as organizações alcançaram certo tamanho e complexidade é que a sua Administração começou a apresentar dificuldades e desafios até então intransponíveis para seus dirigentes. Foi nesse momento que surgiu a necessidade de uma teoria da Administração que permitisse oferecer aos dirigentes das organizações os modelos e estratégias adequados para a solução de seus problemas empresariais.

PARA REFLEXÃO

Habilidades do administrador

Há dois anos, a jovem Márcia trabalha na Intertech, empresa que sempre oferece oportunidades de desenvolvimento para seus colaboradores. Em uma reunião da diretoria, Márcia ficou sabendo de sua futura promoção para o cargo de gerente do Departamento Financeiro da companhia. A primeira preocupação de Márcia foi: estou realmente preparada para assumir o novo trabalho? Quais as habilidades que deverei possuir para enfrentar os novos desafios da função? Como deverei ser uma administradora competente?

1.1 CONTEÚDO E OBJETO DE ESTUDO DA ADMINISTRAÇÃO

A palavra *Administração* vem do latim *ad* (direção, tendência para) e *minister* (subordinação ou obediência), e significa "aquele que realiza uma função sob o controle de outrem", isto é, aquele que presta um serviço a outro. No entanto, a palavra *Administração* sofreu uma radical transformação e ampliação em seu significado original. A tarefa da Administração passou a ser a de interpretar os objetivos propostos pela organização e transformá-los em ação organizacional por meio do planejamento, da organização, da direção e do controle de todos os esforços realizados em todas as áreas e em todos os níveis da organização, a fim de alcançar tais objetivos da maneira mais adequada à situação e garantir a competitividade em um mundo de negócios altamente concorrencial e complexo. Em termos genéricos, a Administração consiste no processo de planejar, organizar, dirigir e controlar o uso de recursos e competências, a fim de alcançar os objetivos organizacionais desejados.

1.1.1 Conceito de Administração

Cada autor conceitua Administração em sua óptica particular. Vale a pena comparar cada uma dessas conceituações:

- Administração é o processo de alcançar objetivos pelo trabalho com e por intermédio de pessoas e outros recursos organizacionais.[2]
- Administração é o processo de planejar, organizar, liderar e controlar o trabalho dos membros da organização e utilizar todos os recursos organizacionais disponíveis para alcançar objetivos organizacionais definidos.[3]
- Administração é o processo de planejar, organizar, liderar e controlar o uso de recursos para alcançar objetivos de desempenho.[4]
- Administração é o alcance de objetivos organizacionais de maneira eficaz e eficiente graças ao planejamento, à organização, à liderança e ao controle dos recursos organizacionais.[5]
- Administração é o ato de trabalhar com e por intermédio de outras pessoas para realizar os objetivos da organização, bem como de seus membros.[6]

Contudo, a Administração é muito mais do que simplesmente planejar, organizar, dirigir e controlar, como diz a maioria dos autores. A Administração envolve um complexo de decisões e ações aplicado a uma variedade de situações em uma ampla variedade de organizações. Por isso, o conceito de Administração admite várias interpretações, tais como:[7]

- **Administração:** é um processo contínuo e sistêmico que envolve uma série de atividades impulsionadoras, como planejar, organizar, dirigir e controlar recursos e competências para alcançar metas e objetivos organizacionais. Ela implica em fixar objetivos a serem alcançados, tomar decisões no meio desse caminho e liderar todo esse processo para o alcance dos objetivos, a fim de oferecer resultados aos públicos estratégicos da organização.
- **Administração:** envolve a articulação e a aplicação de vários conjuntos de recursos e competências organizacionais para alcançar objetivos. Ela é um processo abrangente que envolve e põe em uso uma variedade de recursos: humanos, financeiros, materiais, tecnológicos e uma torrente de dados e informação.
- **Administração:** exige ações orientadas para alcançar objetivos fazendo com que pessoas e órgãos trabalhem de maneira conjunta e integrada. Não se trata de uma atividade randômica ou casual, e sim de uma abordagem proposital e direcionada para alvos previamente definidos, envolvendo objetivos individuais, grupais e organizacionais ou uma combinação deles. Inclui esforços para completar atividades sequenciais e sucessivas a fim de alcançar níveis cada vez mais elevados de excelência e competitividade.
- **Administração:** envolve o direcionamento de atividades executadas por todo o conjunto organizacional. É um processo desenvolvido nos vários níveis das organizações por pessoas com diferentes funções intencionalmente estruturadas e coordenadas para o alcance de propósitos comuns.

Nesses termos, pode-se chegar a algumas conclusões sobre a Administração:[8]

- **A Administração ocorre exclusivamente dentro de organizações**: ela não acontece em situações isoladas. Todas as organizações – como nações, estados e municípios, empresas, indústrias, empreendimentos de todo tipo, não importando seu tamanho ou natureza – precisam ser administradas. Ocorre que cada organização é única, singular e diferente das demais, e suas características ímpares afetam tanto o administrador quanto todas as pessoas que com ele interagem. Assim, o administrador precisa necessariamente compreender a organização que dirige.

- **A Administração requer fazer as coisas por meio das pessoas**: o papel do administrador não é executar, mas assessorar as pessoas e desenvolver nelas capacidades e competências para que executem adequadamente suas atividades. Deve saber ajustar as capacidades e as competências das pessoas aos requisitos da organização e dos objetivos a serem alcançados por meio do esforço conjunto. Para isso, deve saber comunicar, orientar, engajar, ensinar, liderar e motivar pessoas.
- **A Administração requer, simultaneamente, lidar com situações múltiplas e complexas, muitas vezes inesperadas e potencialmente conflitivas**: assim, a Administração é um processo complexo que requer integração, articulação e visão de conjunto, principalmente quando as atividades são divididas, diferenciadas e fragmentadas. Isso requer consistência e flexibilidade, reflexão e ação, espírito analítico e sintético, olhar para o todo e para suas partes simultaneamente. Requer uma perspectiva global e uma compreensão local do mercado, dos clientes, dos concorrentes, da sociedade, do governo e do mundo globalizado. O administrador trabalha sempre com o radar ligado, monitorando todo o seu entorno.
- **O administrador deve continuamente buscar, localizar e aproveitar novas oportunidades de negócios**: deve possuir uma mentalidade empreendedora focada no compromisso de constantemente aprender novas habilidades, novos conhecimentos e adquirir novas competências. Ele deve ser um agente de mudança e de transformação das organizações.
- **O administrador precisa saber reunir simultaneamente conceitos e ação**: em outras palavras, juntar teoria e prática, o pensar e o agir. Conceitos sem ação não levam a nada; ação sem conceitos é pura perda de tempo. Cada vez mais, a Administração está sendo envolvida por assuntos abstratos e complexos. No seu começo, foi eficiência e eficácia. Depois, veio a produtividade e a lucratividade. Mais adiante, veio o mercado, a excelência, a competitividade, a sustentabilidade e a responsabilidade social. O que são esses assuntos senão conceitos abstratos e intangíveis? Pura teoria. E, sem ela, o administrador fica sem saber exatamente o que fazer em situações abstratas e intangíveis. A menos que queira trabalhar exclusivamente com coisas concretas, com a "mão na massa" e dentro de uma rotina bitolada e repetitiva, enquanto o mundo de negócios ao seu redor é dinâmico, mutável e competitivo. E exponencial.

Além do mais, pela sua amplitude e complexidade, a Administração é, simultaneamente, uma ciência, uma tecnologia e uma arte, diferentemente das demais ciências.

- **Como ciência**: a Administração repousa em fundamentos científicos, em metodologias e em teorias sobre fatos e evidências que são frequentemente analisadas, experimentadas e testadas na prática cotidiana. Como ciência, ela define o que causa o que, por que causa e quando causa, isto é, as relações de causa e efeito. Ou seja, quando determinada força fará algo andar e quando fará algo parar. A ciência não cria as coisas, nem os objetos; esses já estão dados na realidade. A ciência procura conhecê-los, explicá-los e predizer seu comportamento, conhecer, compreender e explicar a realidade. A ciência busca o conhecimento e a sua explicação.

- **Como tecnologia**: a Administração utiliza técnicas, modelos, práticas, ferramentas conceituais baseadas em teorias científicas que facilitam e orientam a vida do administrador. A Era Digital está mostrando isso: o objetivo da tecnologia é a operação ou manipulação da realidade, isto é, a sua transformação por meio de procedimentos executados sobre a realidade das coisas e dos objetos. Enquanto a ciência explica, por meio de hipóteses e teorias, a tecnologia opera tais objetos por meio de técnicas que normatizam a operação. Assim, à ciência falta o aspecto técnico e suas explicações permanecem no nível teórico. Por outro lado, a tecnologia não explica, mas apenas opera e transforma, cumprindo um papel de conexão entre a ciência e a operacionalização ou instrumentação de todos os conhecimentos científicos. Enquanto a ciência fornece o conhecimento e a explicação para a técnica, esta realimenta a ciência com informações que lhe permitem avaliar, confirmar ou modificar os conhecimentos científicos.
- **Como arte**: a Administração requer do administrador a leitura de cada situação em uma visão abrangente, com intuição, abordagem criativa e inovadora, não somente para resolver problemas, mas principalmente para melhorar, criar, mudar, inovar e transformar as organizações. Com muita classe. O conceito de arte encerra um conjunto de atitudes absolutamente diferente do conteúdo da ciência e da tecnologia. A arte não busca a explicação, nem a compreensão da realidade de um objeto (tal como a ciência), nem tampouco busca transformar ou operacionalizar as coisas (tal como a tecnologia). O objetivo da atitude artística, muito embora ligado à realidade e efetuado também sobre os objetos, é de essência completamente diferente: realiza-se de forma individual, pessoal, subjetiva e vivencial para ser comunicada ou não a outros indivíduos, sem rigor, sem imposições, com a flexibilidade que a personalidade e o estilo de cada indivíduo impõem e com toda a captação vivencial, emocional e espiritual da realidade que o indivíduo sente, percebe e palpita.

Em resumo, ciência, tecnologia e arte são distintas, pois:

- **Ciência**: investiga e busca o conhecimento e a compreensão, elabora teorias, leis e hipóteses e aplica o método científico com rigor.
- **Tecnologia**: transforma e opera uma realidade, aplica normas e procedimentos com rigor e sobre a base de um programa objetivamente definido.
- **Arte**: capta uma realidade em um plano vivencial e espiritual em forma subjetiva e pessoal.

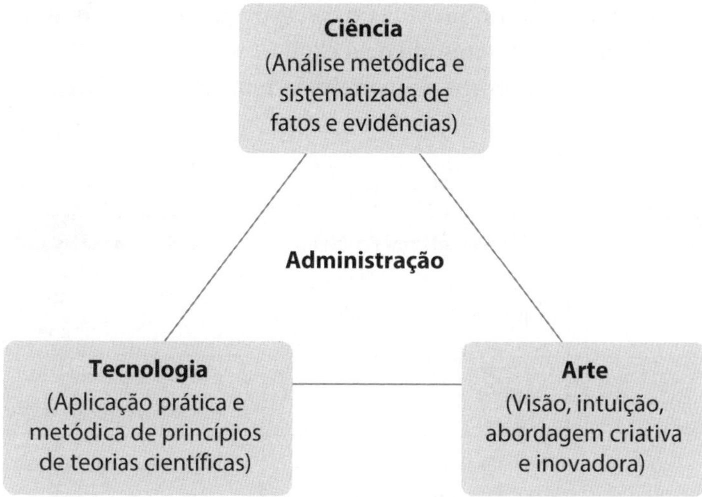

Figura 1.1 Administração como ciência, tecnologia e arte.[9]

PARA REFLEXÃO

Categorização da Administração

Há muita polêmica sobre a categorização da Administração: há autores que a consideram uma ciência, outros a concebem como uma técnica, e há aqueles que a consideram uma arte, em que prevalece o estilo de administrar, liderar, comunicar, engajar pessoas, resolver conflitos e até tomar decisões criativas e extremamente bem-sucedidas. O que você pensa a respeito?

1.2 AS TEORIAS ADMINISTRATIVAS

A Administração trata do governo das organizações que atuam em ambientes externos que as envolvem em um *continuum* de influências recíprocas: as organizações são influenciadas por seus contextos externos e, simultaneamente, os influenciam. Dessa interação recíproca surgem as mudanças e as transformações inevitáveis. Assim, tudo em Administração depende do tempo, da situação e das circunstâncias. Por isso, existem várias teorias a respeito da Administração. Cada uma delas ensina a discernir o que é relevante e guiar e priorizar suas ações e o que pode e deve ser feito em cada situação ou circunstância. Cada teoria funciona como um modelo de pensar sobre o curso de ação diante de uma situação específica. Todo administrador busca resultados organizacionais, mas sem a teoria adequada para chegar lá, será apenas um palpiteiro ou um chutador às cegas. Teorias científicas são declarações que predizem como o

CHIAVENATO DIGITAL

Aumente seus conhecimentos sobre **TGA** na seção *Saiba mais* TGA 1 1.1

mundo real vai responder quando provocado de certa maneira. E o que confirma ou nega qualquer teoria é a resposta que o mundo dá a ela.[10]

No decorrer deste livro, veremos as principais teorias administrativas descritas no Quadro 1.1.

Quadro 1.1 As principais teorias administrativas

Ênfase	Teorias administrativas	Principais enfoques
Tarefas	Administração Científica	■ Racionalização do trabalho ■ Ciência da Administração
Estrutura	Clássica	■ Organização formal ■ Princípios gerais da Administração
	Neoclássica	■ Funções do administrador
	Burocracia e Estruturalista	■ Organização formal burocrática ■ Múltipla abordagem ■ Organizações formal e informal
Pessoas	Matemática e tecnologia	■ Análise intraorganizacional ■ Análise extraorganizacional
Ambiente	Relações Humanas	■ Grupos sociais ■ Organização informal
Tecnologia	Comportamental	■ Teoria das decisões ■ Estilos de Administração
Competitividade	Sistemas	■ Análise organizacional ■ Abordagem de sistema aberto
	Contingência	■ Análise ambiental (imperativo ambiental)
	Contingência	■ Administração da tecnologia
	Novas abordagens	■ Caos e complexidade ■ Aprendizagem organizacional ■ Capital intelectual

Tanto o significado quanto o conteúdo da Administração sofreram uma formidável ampliação e aprofundamento por meio das diferentes teorias que abordaremos neste livro. O conteúdo do estudo da Administração varia de acordo com a teoria ou escola considerada. Cada autor em Administração tende a abordar as variáveis e assuntos típicos da orientação teórica de sua escola ou teoria. Aliás, uma das razões que nos levou a escrever este livro foi a necessidade de abordarmos as várias teorias da Administração de maneira integrada, seus respectivos temas, assuntos e conteúdos. Com isso, pretendemos apresentar não especificamente a abordagem e o conteúdo de uma única corrente em detrimento das demais, mas uma visão ampla, profunda e comparativa e, sobretudo, crítica de cada uma delas, e uma síntese das teorias da Administração.

SAIBA MAIS **Sobre a gradativa ampliação do escopo**

A TGA começou com a ênfase nas tarefas (atividades executadas pelos operários em uma fábrica), por meio da Administração Científica de Taylor. Em seguida, a preocupação básica passou para a ênfase na estrutura, com a Teoria Clássica de Fayol, a Teoria da Burocracia de Weber e, mais tarde, a Teoria Estruturalista. A reação humanística surgiu com a ênfase nas pessoas, por meio da Teoria das Relações Humanas, mais tarde desenvolvida pela Teoria Comportamental e pela Teoria do Desenvolvimento Organizacional. A ênfase no ambiente surgiu com a Teoria dos Sistemas, sendo completada pela Teoria da Contingência. Essa, posteriormente, desenvolveu a ênfase na tecnologia. Mais recentemente, as novas abordagens trouxeram à tona a emergente necessidade de competitividade das organizações em um mundo globalizado e carregado de mudanças e transformações.

Cada uma das seis variáveis que envolvem a Administração – tarefas, estrutura, pessoas, ambiente, tecnologia e competitividade/sustentabilidade – provocou ao seu tempo uma diferente teoria administrativa, marcando um gradativo passo no desenvolvimento da TGA. Cada teoria administrativa privilegia ou enfatiza uma ou mais dessas cinco variáveis.

Anos:	Teorias:
1903	Administração Científica
1909	Teoria da Burocracia
1916	Teoria Clássica
1932	Teoria das Relações Humanas
1947	Teoria Estruturalista
1951	Teoria dos Sistemas
1953	Abordagem sociotécnica
1954	Teoria Neoclássica
1957	Teoria Comportamental
1962	Desenvolvimento organizacional
1970	Teoria Matemática
1972	Teoria da Contingência
1978	Tecnologias emergentes
1990	Novas abordagens
2000	Caos e complexidade
2020	Quarta Revolução Industrial
?	Para onde vai a Administração?

Figura 1.2 Principais teorias do pensamento administrativo.

PARA REFLEXÃO

As dificuldades de Roberto

Roberto é um excelente profissional, responsável e admirado por seus conhecimentos técnicos. Depois de diplomar-se em Administração, não parou mais de estudar e de tentar atualizar e ampliar seus conhecimentos. Sabe melhor do que ninguém equacionar os problemas e definir as melhores soluções. Sua dificuldade é lidar com pessoas: não sabe explicar as coisas, nem treinar ou argumentar, tampouco tem paciência com subordinados. Apesar de seu excelente preparo técnico, Roberto não consegue progredir na empresa. Quer ser promovido a gerente de equipe, mas fica sempre na fila de espera. O que está acontecendo com Roberto? Qual é o seu ponto de vista?

1.3 O ESTADO ATUAL DA TEORIA GERAL DA ADMINISTRAÇÃO

As rápidas pinceladas a respeito dos gradativos passos da TGA mostram o efeito cumulativo e gradativamente abrangente e expansivo das diversas teorias com suas diferentes contribuições e abordagens.[11] Todas as teorias administrativas são válidas, embora cada uma valorize uma ou algumas das seis variáveis básicas. Na realidade, cada teoria administrativa surgiu como uma resposta aos problemas empresariais mais relevantes de sua época. E, nesse caso, todas elas foram bem-sucedidas ao apresentarem soluções específicas para tais problemas. De certo modo, todas as teorias administrativas são aplicáveis às situações atuais e o administrador precisa conhecê-las bem para ter à sua disposição um naipe de alternativas adequadas para cada ocasião.

A TGA estuda a Administração das organizações e empresas do ponto de vista da interação e da interdependência entre as seis variáveis principais: tarefa, estrutura, pessoas, tecnologia, ambiente e competitividade/sustentabilidade. Todas elas constituem os principais componentes no estudo da Administração das organizações e empresas. O comportamento desses componentes é sistêmico e complexo: cada um influencia e é influenciado pelos outros. Modificações em um componente provocam modificações em maior ou menor grau em todos os demais. O comportamento de seu conjunto é diferente da soma dos componentes considerados isoladamente. A adequação, a integração e o alinhamento entre essas seis variáveis constituem o desafio fundamental da Administração.

Figura 1.3 As variáveis básicas da TGA.

A teoria administrativa está continuamente se expandindo e se reinventando a cada instante à medida que o mundo organizacional se torna cada vez mais dinâmico, mutável, competitivo e até mesmo exponencial.

PARA REFLEXÃO

Focalização na Alpha & Beta

Rita Bastos acabara de assumir importante cargo na Alpha & Beta, uma empresa no ramo de produtos educacionais. Aprendera que as teorias administrativas se centram em seis variáveis básicas: tarefas, estrutura, pessoas, tecnologia, ambiente e competitividade/sustentabilidade. Ela queria trabalhar envolvendo todas essas variáveis em uma focalização equilibrada, mesmo sabendo que as pessoas têm primazia sobre todas as demais. Como você procederia no lugar de Rita?

1.4 A ADMINISTRAÇÃO NA SOCIEDADE MODERNA

A Administração é um fenômeno organizacional e universal no mundo moderno. Toda organização requer o alcance de seus objetivos em um cenário de mudança e concorrência acirrada por meio da tomada de decisões, coordenação de múltiplas atividades, condução de diferentes pessoas, avaliação do desempenho dirigido a metas previamente determinadas, obtenção e alocação de recursos, geração de competências e oferta de valor. Numerosas atividades administrativas são desempenhadas por vários administradores e orientadas para áreas e problemas específicos. Elas precisam ser realizadas e coordenadas de maneira integrada e coesa em cada organização ou empresa.

A tarefa do administrador é lidar com organizações ou com parte delas. Assim, ele não é um mero executor de tarefas, mas o responsável pelo trabalho das pessoas a ele subordinadas, sejam diretores, gerentes, supervisores ou executores. Ele não pode cometer erros ou arriscar apelando para estratagemas improvisados de ensaio e erro, já que isso implicaria conduzir seus subordinados pelo caminho menos indicado. O administrador é um profissional cuja formação é ampla e variada: precisa conhecer disciplinas heterogêneas (como Matemática, Direito, Psicologia, Sociologia, Estatística etc.); e lidar com pessoas que gerenciam ou executam diferentes tarefas ou que planejam, organizam, controlam, assessoram ou pesquisam, que lhe estão subordinadas ou que estão no mesmo nível ou acima dele. Precisa estar atento aos eventos passados e presentes, bem como às previsões ou tendências futuras, pois seu horizonte temporal deve ser amplo, já que ele é o responsável pela direção de pessoas que seguem suas ordens e orientação. Precisa lidar com eventos internos (localizados dentro da empresa) e externos (localizados no ambiente que envolve externamente a empresa). Precisa ver mais longe que os outros, pois está orientado para os objetivos que a empresa pretende alcançar por meio da atividade conjunta de todos. Não que o administrador seja um herói que pretendamos consagrar e exaltar: ele é um agente, não só de condução ou manutenção, mas de mudança e transformação das organizações, levando-as a novos rumos, estratégicas, processos e produtos, tecnologias e patamares cada vez mais elevados. Ele também é um agente educador e orientador: com sua direção e orientação, modifica atitudes e comportamentos das pessoas. Ele é um agente cultural à medida que, com o seu estilo de gestão, modifica a cultura organizacional e a mentalidade existente nas empresas. Assim, o administrador deixa marcas profundas na vida das pessoas à medida que lida com elas e com seus destinos dentro das empresas e que sua atuação influi também no comportamento dos consumidores, clientes, fornecedores, concorrentes e demais organizações humanas. Sua influência é poderosa, tanto interna quanto externamente.

> CHIAVENATO DIGITAL
>
> Aumente seus conhecimentos sobre **A importância e a abrangência da Administração** na seção *Saiba mais* TGA 1 1.2

1.5 PERSPECTIVAS FUTURAS DA ADMINISTRAÇÃO

Gradativa e rapidamente, o mundo está presenciando o fim da forma organizacional de hoje (a organização burocrática que ainda predomina em muitas organizações) e o surgimento de novas arquiteturas organizacionais adequadas às novas demandas da Era Digital Pós-Industrial.[12] Essa previsão se baseia no princípio evolucionário de que cada era ou idade desenvolve uma forma organizacional apropriada às suas características e exigências. As fraquezas da tradicional organização burocrática serão os germes dos futuros sistemas organizacionais, devido a quatro aspectos:[13]

1. **Mudanças rápidas e inesperadas no mundo dos negócios**: seja no campo do conhecimento, seja no campo explosão populacional, impondo novas e crescentes necessidades que as atuais organizações não têm condições de atender.
2. **Crescimento e expansão das organizações**: que se tornam cada vez mais complexas, virtuais, ágeis, envolventes e globalizadas.

3. **Atividades complexas que exigem diferentes pessoas com competências diversas e especializadas**: envolvendo problemas de coordenação e, principalmente, de capacitação e constante atualização profissional em função das rápidas mudanças no mundo dos negócios.
4. **Incrível e extraordinário avanço tecnológico**: trazendo novas ferramentas, *softwares*, *hardwares*, sistemas, concepções e conceitos, proporcionando velocidade, eficiência, eficácia e elevadíssima produtividade.

A tarefa administrativa nos próximos anos será incerta e desafiadora, pois deverá ser atingida por uma infinidade de variáveis, mudanças e transformações carregadas de ambiguidades, volatilidades e incertezas. O administrador defrontar-se-á com problemas multifacetados e cada vez mais complexos, e sua atenção será disputada por eventos e grupos situados dentro e fora da organização, que lhe proporcionarão informações contraditórias que complicarão seu diagnóstico perceptivo e sua visão dos problemas a resolver ou das situações a enfrentar. São as exigências da sociedade, dos clientes, dos fornecedores, das agências regulamentadoras; são os desafios dos concorrentes, as expectativas da alta Administração, dos colaboradores, dos acionistas etc. Porém, essas exigências, desafios e expectativas sofrem mudanças e transformações que tendem a aumentar com a inclusão de novas variáveis à medida que o processo se desenvolve, criando uma turbulência que perturba e complica a tarefa administrativa de planejar, organizar, dirigir e controlar uma empresa eficiente e eficaz. E o futuro parece complicar cada vez mais essa realidade.

1.5.1 O que vem por aí

Vários fatores deverão provocar profundos impactos sobre as organizações e empresas ao longo do tempo, tais como:[14]

- **Crescimento das organizações**: as organizações bem-sucedidas tendem ao crescimento, à ampliação e à diversificação de suas atividades, seja em termos de tamanho e de recursos e competências, seja na expansão de mercados, seja no volume de operações. O crescimento é uma decorrência inevitável do êxito organizacional. À medida que a organização cresce, ocorre uma subdivisão interna (divisão do trabalho), a especialização dos órgãos e, em decorrência, a maior necessidade de coordenação e integração das partes envolvidas para garantir a eficiência e a eficácia. O mundo externo é caracterizado por mudanças rápidas e frequentes e, para acompanhar tais mudanças, os administradores "generalistas", dotados de habilidades genéricas e variadas, terão perspectivas mais promissoras do que os administradores "especialistas" e concentrados em poucas ou únicas habilidades gerenciais. A visão estratégica será indispensável para uma abordagem ampla e global do novo comportamento organizacional.
- **Concorrência mais aguda**: à medida que aumentam os mercados e os negócios, crescem a competição e os riscos da atividade empresarial. O desenvolvimento de produtos ou serviços exigirá maiores investimentos em pesquisa e desenvolvimento (P&D), aperfeiçoamento e sofisticação das tecnologias emergentes, dissolução de velhos e criação de novos departamentos, busca incessante de novos mercados e a necessidade de competir com outras organizações, concorrendo com elas para sobreviver e crescer.
- **Sofisticação crescente e avanço impetuoso da tecnologia**: com o uso das telecomunicações, do computador e do transporte, as organizações internacionalizaram suas

operações e atividades em tempo real. A tecnologia proporciona eficiência maior, precisão maior, incrível rapidez e a liberação da atividade humana para tarefas mais complicadas, que exijam planejamento e criatividade. A tecnologia está introduzindo novos processos e ferramentas que causaram e causarão profundos impactos sobre as organizações, como automação, robotização, sensores, internet das coisas, algoritmos, *big data*, análises preditivas, inteligência artificial, inteligência avançada, realidade virtual, impressão em três dimensões, que transformaram subitamente as organizações, cada vez mais virtuais e digitalizadas. E um mundo novo e exponencial está chegando com uma velocidade incrível.

- **Globalização da economia e internacionalização dos negócios:** o esforço de exportação e criação de subsidiárias para deitar suas raízes em outros territórios estrangeiros é um fenômeno que influenciará as organizações do futuro e sua Administração. A globalização e o intercâmbio planetário fazem com que a competição se torne mundial.
- **Visibilidade maior das organizações:** enquanto crescem, as organizações tornam-se competitivas, sofisticadas, internacionalizam-se e, com isso, aumentam sua influência ambiental. Com isso, elas chamam mais a atenção do ambiente e do público, e passam a ser mais visíveis e percebidas pela opinião pública. A visibilidade da organização – sua capacidade de chamar a atenção dos outros – pode ocorrer de maneira positiva (imagem positiva perante o público) ou negativa (imagem deteriorada). De toda forma, a organização jamais será ignorada pelos consumidores, fornecedores, imprensa, política, governo etc., e isso influencia poderosamente o seu sucesso ou fracasso.

Todos esses desafios trarão uma consequência para a Administração das organizações: a gestão da incerteza e da imponderabilidade. As mudanças rápidas e bruscas, o crescimento exponencial, a competitividade aguçada, os fenômenos econômicos planetários, a visibilidade e interferência da opinião pública e a internacionalização das atividades farão com que as organizações passem a lidar não mais com a permanência, a previsibilidade, a continuidade e a estabilidade, mas com um ambiente de negócios volátil, mutável, incerto, complexo e com forte tendência de imprevisibilidade, descontinuidade e instabilidade – exponencialidade – em todos os setores de atividade. Toffler já salientava, tempos atrás, o surgimento da sociedade do futuro, com a ideia de sociedade pós-industrial e da economia da informação.[15] Novas formas e modelos de organização e uma nova mentalidade dos administradores serão necessários e imprescindíveis para os novos tempos.

VOLTANDO AO CASO INTRODUTÓRIO

A promoção de Marcelo

Marcelo Gonçalves refletiu bastante sobre sua recente promoção ao cargo de gerente do Departamento de Novos Produtos da empresa. O que ele deveria fazer para começar de maneira satisfatória? Suas principais dúvidas estão relacionadas com os seguintes desafios:

- Quais as tarefas a serem desenvolvidas pelo seu departamento?
- Quais são a estrutura e a distribuição das atividades?
- Como ele deveria lidar com o pessoal de sua equipe?
- Quais as tecnologias que deveria utilizar?
- Qual seria o ambiente de trabalho em seu departamento?
- Como contribuir para a produtividade da empresa?

Como você poderia ajudar Marcelo em sua iniciação à Administração?

1.5.2 As megatendências

Além disso, o futuro parece complicar cada vez mais essa realidade. A sociedade passou por grandes transformações – megatendências – com forte impacto na vida das organizações, já que elas constituem parte integrante e inseparável da sociedade. Essas megatendências, segundo Naisbitt, foram:[16]

- **Da sociedade industrial para a sociedade da informação.** A Era Industrial viveu o seu estágio final. A mudança foi definitiva. A sociedade pós-industrial não é uma sociedade de serviços como se imaginava, mas uma sociedade de informação, na qual a informação passa a ser o recurso estratégico, assumindo o lugar do capital financeiro. As inovações nas tecnologias modernas tornaram essa mudança irreversível. E a digitalização e a Quarta Revolução Industrial já estão por aqui.
- **Da tecnologia simples para a tecnologia sofisticadíssima.** Estão surgindo tecnologias totalmente novas, e não apenas desdobramentos das tecnologias atuais. A conversão da tecnologia em um produto ou serviço acabado e disponível para o consumo é cada vez mais rápida. Com isso, serão criadas novas empresas com novas estruturas organizacionais mais adequadas a essas tecnologias e que tornarão rapidamente obsoletas as grandes organizações atualmente existentes. Existe uma tendência para a sofisticação da tecnologia, que deverá proporcionar eficiência cada vez maior, precisão mais avançada e liberação da atividade humana para atividades mais complexas e que exijam conhecimento.
- **Da economia nacional para a economia mundial.** O mundo tornou-se um enorme ambiente de trabalho, um mercado único, um centro de compras global. Passamos de uma economia internacional para uma economia mundial. A globalização faz com que os países deixem de atuar apenas em termos de mercados internos para se projetarem em negócios internacionais. Mais do que nunca, o produto ou serviço que demonstra ser superior – mais avançado, seguro, desejável – será o mais procurado em qualquer lugar do mundo. O resultado será um novo sentido de urgência para criar e desenvolver tais produtos e serviços e, para isso, maiores investimentos em P&D.
- **Do curto prazo para o futuro.** O administrador típico do passado era orientado para o curto prazo: fazer o próximo trimestre ser melhor do que o anterior. Esse estilo de atuação contrasta com o estilo japonês, no qual a visão de longo alcance é que orienta as ações cotidianas, ou seja, a orientação estratégica é que norteia o dia a dia das operações e não o contrário. Essa mudança radical de enfoque implica uma versão conceitual do tipo:

"qual é realmente o nosso negócio?" Os próprios bancos já se conscientizaram de que dinheiro representa informação em circulação. O negócio hoje é criar o futuro e garantir a criação e a oferta de valor.

- **Da democracia representativa para a democracia participativa.** A revolução política em curso está implícita na seguinte afirmação: as pessoas cujas vidas são afetadas por uma decisão devem fazer parte do processo de se chegar a essa decisão. A passagem da democracia representativa – na qual as pessoas escolhem pelo voto aqueles que irão representá-las no processo decisório da vida política de um país – para a democracia participativa – na qual as pessoas serão consultadas sobre suas opiniões e pontos de vista, convicções e expectativas – é um dado importante na vida de muitos países e de suas organizações.
- **Das hierarquias para a comunicação lateral intensiva.** A decorrência maior da passagem da democracia representativa para a democracia participativa será a maior influência dos membros da organização, em todos os seus níveis. As empresas estão adotando modelos de equalização do poder em substituição ao modelo atual de diferenciação hierárquica para reduzir as diferenças impostas pela hierarquia da autoridade que tolhe a liberdade, a iniciativa individual e a inovação. A tradicional organização hierárquica e piramidal, com características autocráticas e impositivas, cede lugar a redes informais e virtuais de comunicação para facilitar a interação das pessoas e a dinamização das organizações.
- **Da opção dual para a opção múltipla.** Uma das mudanças mais importantes é a proliferação da variedade. A simples opção dual (ou isto ou aquilo) do tipo aberto ou fechado, burocrático ou não burocrático, autocrático ou democrático, simples ou complexo, Teoria X ou Teoria Y, tem demonstrado seu reducionismo e sua extrema simplificação. A sociedade caminha para a sofisticação crescente com múltiplas opções, variações e alternativas intermediárias. As soluções para os problemas deixam de constituir receitas únicas, fixas e absolutas para serem opções multivariadas dentro de uma abordagem sistêmica e contingencial.
- **Da centralização para a descentralização.** As organizações – indústria, bancos, comércio, serviços, entretenimento etc. – passam por um gradativo processo de deslocamento rumo à periferia e à virtualização. Essa descentralização provoca um espalhamento geográfico não somente de empresas, mas de mercados e negócios. Isso aumenta consideravelmente o volume de variáveis e contingências ambientais sobre o comportamento das empresas, o que complica e aumenta o grau de incerteza e imprevisibilidade com relação ao ambiente externo. E com o advento das plataformas virtuais e das *startups*, o mundo organizacional está se tornando cada vez mais diferente, a cada dia que passa.
- **Da ajuda institucional para a autoajuda.** Os cidadãos estão aprendendo a se desligar de instituições que os haviam desiludido e reaprendendo como agir por si mesmos para resolver seus problemas. Isso ocorre em todo o mundo. Educação, saúde, segurança pública, previdência social, habitação passaram a constituir pontos de ruptura institucional, pois os serviços públicos não acompanharam as novas e crescentes necessidades dos cidadãos. Esses passaram a lançar mão de esquemas próprios ou cooperativos para solucionar seus problemas. Essa passagem gradativa da ajuda institucional para a autoajuda é um fenômeno que afeta as organizações, que passam a sofrer as pressões provocadas pelo descompasso e pela defasagem dos serviços públicos. Os sistemas de

autoajuda estão sendo planejados, organizados e dirigidos pelas próprias empresas para resolverem os problemas das pessoas, como suplemento ou substituição à assistência institucional. Os planos empresariais de previdência privada, assistência médico-hospitalar, seguro de vida e acidentes pessoais servem de suporte, complemento ou substituição dos benefícios do Estado.

Quadro 1.2 As megatendências segundo Naisbit[17]

De	Para	Alteração
Sociedade industrial	Sociedade da informação	Inovação e mudança
Tecnologia simples	Tecnologia sofisticada	Maior eficiência e rapidez
Economia nacional	Economia mundial	Globalização e competitividade
Curto prazo	Longo prazo	Visão do negócio e do futuro
Democracia representativa	Democracia participativa	Pluralismo e participação
Hierarquia	Comunicação lateral	Democratização e *empowerment*
Opção dual ou binária	Opção múltipla	Visão sistêmica e contingencial
Centralização	Descentralização	Incerteza e imprevisibilidade
Ajuda institucional	Autoajuda	Autonomia e serviços diferenciados

SAIBA MAIS **Um mundo novo para o administrador**

O sucesso das organizações dependerá, de um lado, de sua capacidade de ler e interpretar a realidade externa, rastrear mudanças e transformações e identificar oportunidades ao seu redor para responder pronta e adequadamente a elas, e, de outro lado, reconhecer ameaças e dificuldades para neutralizá-las ou amortecê-las. À medida que a conjuntura econômica se retrai ou se expande e se alteram as necessidades dos clientes, que mudam os hábitos e as tendências do público, as organizações precisam modificar sua linha de ação, renovar-se, ajustar-se, transformar-se e adaptar-se rapidamente. Surgirão cada vez mais novos e diferentes problemas, enquanto os antigos passarão por novas soluções. No fundo, os problemas apenas mudarão de figura, natureza ou roupagem, e a mudança será sempre a constante. A Administração é um processo de ajustes constantes a coisas novas e complexas, que nunca aconteceram antes.

Nessas condições, a Administração das organizações torna-se uma das tarefas mais difíceis e complexas para alcançar eficiência e eficácia. A ênfase pragmática nas técnicas e no "como fazer as coisas", com a utilização de fórmulas e receitas universais de gestão já utilizadas com sucesso, sem que se visualize cada nova e diferente situação, não basta. Mais importante que a terapêutica é o diagnóstico correto e rápido. Mais importante do que saber como fazer é saber o que fazer. Nisso reside a essência fundamental da Administração contemporânea: a visão estratégica de cada operação ou atividade. Para isso, é preciso visualizar cada tarefa ou atividade em um contexto ambiental mais amplo e que se modifica a cada instante. Se isso é abordagem sistêmica ou abordagem contingencial, pouco importa. O que realmente deve ser considerado é que, em Administração, nada é absoluto ou definitivo. Tudo é relativo e tudo depende da situação, do momento, dos objetivos a atingir e do valor que se pretende oferecer e entregar. Essa visão expansiva é a consequência da gradativa ampliação do conceito de Administração, que veremos nos dois volumes deste livro. A Administração é recente e tem pouco mais de cem anos. E foi um produto típico do século 20.

PARA REFLEXÃO

O administrador como agente de mudanças

O administrador deve estar focalizado no futuro para poder preparar sua empresa para enfrentar os novos desafios que surgem, por meio de novas tecnologias, novas condições sociais e culturais, novos produtos e serviços ou uma concorrência acirrada. Além disso, deve pensar globalmente (ver o mundo) e agir localmente (atuar na empresa). Para levar sua empresa à excelência, o administrador deve ter espírito empreendedor, aceitar desafios, assumir riscos e possuir um senso de inconformismo sistemático rumo à melhoria contínua e constante. Além disso, ele deve entregar valor, não somente ao cliente ou consumidor, mas a todos os públicos estratégicos direta ou indiretamente ligados ao negócio da empresa. Somente assim o administrador pode conduzir sua empresa a uma situação melhor. O que você acha de tudo isso?

CONCLUSÃO

A Administração constitui hoje uma das mais importantes áreas do conhecimento humano. Sua influência nas organizações, na sociedade e no governo é profunda. O mundo de hoje reconhece na Administração a fonte básica e inesgotável de progresso e desenvolvimento das organizações e das nações; a mola mestra que conduz organizações e nações ao desenvolvimento e à melhor qualidade de vida dos cidadãos; a ciência que permite às demais ciências a transformação de suas respectivas invenções e descobertas em produtos e serviços disponíveis pelas organizações à sociedade; a ciência que permite transformar esforços individuais e coletivos em valor agregado e em resultados tangíveis. Nesse novo mundo, o administrador passa a exercer enorme influência, tanto nas organizações quanto nos países e na sociedade em geral.

CHIAVENATO DIGITAL

Acesse conteúdo sobre **Não se pode mais desprezar o futuro** na seção *Tendências em ADM* 1 1.1

Figura 1.4 Mapa mental da Administração e suas perspectivas.

RESUMO

A Administração constitui uma importante atividade em nossa sociedade pluralista, que se baseia no esforço cooperativo das pessoas por meio das organizações.

A tarefa básica da Administração é fazer as coisas por meio das pessoas e dos recursos disponíveis, com os melhores resultados. Em qualquer tipo de organização humana, busca-se o alcance de determinados objetivos com eficiência e eficácia. A Administração dirige o esforço dos grupos organizados.

O conteúdo da Administração varia conforme a teoria considerada: para a Administração Científica, eram os métodos e os processos de trabalho de cada operário; para a Teoria Clássica, a Administração envolve previsão, organização, direção, coordenação e controle do trabalho realizado em toda a organização; para a Teoria das Relações Humanas, a Administração deve buscar os melhores resultados por meio de condições que permitam a integração das pessoas nos grupos sociais e a satisfação das necessidades individuais.

O objeto da Administração é a atividade organizacional. Inicialmente, seu objeto era simplesmente a atividade fabril; depois, estendeu-se às empresas industriais e, mais adiante, a todo tipo de organização humana, passando gradativamente a envolver também o intercâmbio entre as organizações e seus ambientes.

A Administração na sociedade moderna tornou-se vital e indispensável. Em uma sociedade de organizações, onde a complexidade e a interdependência das organizações constituem o aspecto crucial, a Administração avulta como o fator-chave para a melhoria da qualidade de vida e para a solução dos problemas mais complexos que afligem a humanidade de hoje.

QUESTÕES

1. Quais são as habilidades necessárias ao administrador, tendo em vista a variedade de situações com a qual se defronta?
2. O que é Administração?
3. Qual é o objetivo do estudo da Administração?
4. O que é TGA?
5. Comente o estado atual da TGA.
6. O que você pensa sobre a Administração na sociedade moderna?
7. Quais são os principais desafios da Administração na Era Digital?
8. Comente as megatendências da sociedade moderna e o papel da Administração ao redor delas.

REFERÊNCIAS

1. DRUCKER, P. F. *Uma era de descontinuidade*. Rio de Janeiro: Zahar Editores, 1970.
2. CERTO, S. C. *Modern management*: diversity, quality, ethics, and the global environment. Boston: Allyn & Bacon, 1994. p. 3.
3. STONER, J. A. F.; FREEMAN, R. E.; GILBERT JR., D. R. *Management*. Englewood Cliffs: Prentice Hall, 1995. p. G5.
4. SCHERMERHORN JR., J. R. *Management*. New York: John Wiley & Sons, 1996. p. G6.
5. DAFT, R. L. *Management*. Fort Worth: The Dryden Press, 1993. p. G6.
6. MONTANA, P. J.; CHARNOV, B. H. *Administração*. São Paulo: Saraiva, 2003. p. 2.
7. HITT, M. A.; BLACK, J. S.; PORTER, L. W. *Management*. Upper Saddle Upper: Prentice Hall, 2005. p. 8.
8. MINTZBERG, H. *Managing*. San Francisco: Berrett-Koehler Publ., Inc., 2009.
9. MINTZBERG, H. *Managing*, *op. cit*., p. 12.
10. NÓBREGA, C. *A ciência da gestão*. Rio de Janeiro: Senac Rio, 2004. p. 23-25.
11. CHIAVENATO, I. Novas abordagens na Teoria Administrativa. *Revista de Administração de Empresas*, Fundação Getuúlio Vargas, Rio de Janeiro, v. 19, n. 2, p. 27-42, abr./jun. 1979.
12. BENNIS, W. G. Organizations of the future. *In*: CARROL JR., S. J.; PAINE, F. T.; MINER, J. B. *The management process*. Cases and readings. New York: MacMillan Publ, 1973. p. 378.
13. BENNIS, W. G. *Organizations of the future*, *op. cit*., p. 379-380.
14. BASIL, D.; COOK, C. *O empresário diante das transformações sociais, econômicas e tecnológicas*. São Paulo: McGraw-Hill do Brasil, 1978. p. 135-140.
15. TOFFLER, A. *O choque do futuro*. São Paulo: Artenova, 1974.
16. NAISBITT, J. *Megatrends*. São Paulo: Abril Cultural, 1985.
17. NAISBITT, J. *Megatrends*, *op. cit*.

PARTE II ABORDAGEM CLÁSSICA DA ADMINISTRAÇÃO

A Administração é uma ciência recente. Somente a partir do início do século 20 é que a Administração surgiu e explodiu em um desenvolvimento de notável pujança e inovação. Mas tudo isso envolveu uma longa e vagarosa gestação ao longo dos séculos anteriores.

II.1 OS PRIMÓRDIOS DA ADMINISTRAÇÃO

Parece incrível, mas, embora de maneira simples e improvisada, alguns princípios elementares de Administração foram utilizados desde tempos imemoriais para resolver problemas de organização do trabalho, de cidades e de pessoas. A História mostra que a maioria dos empreendimentos religiosos, militares, sociais, políticos e econômicos da Antiguidade teve uma forma de organização piramidal baseada em uma estrutura hierárquica, concentrando no vértice superior as funções de poder e decisão. A teoria da estrutura organizacional hierárquica não é nova: Hamurabi, Platão e Aristóteles já tratavam dela. Contudo, muito antes deles, Jetro parece ser o precursor dos modernos consultores de Administração.

SAIBA MAIS **Os conselhos de Jetro**

A Bíblia relata os conselhos de Jetro, sogro de Moisés e sacerdote de Midiã, na longa viagem dos judeus para Canaã. Notando as dificuldades do genro em atender ao povo e julgar suas lides, após longuíssimas filas à espera de suas decisões para cada caso, Jetro disse a Moisés:[1]

> Não é bom o que fazes, pois tu desfalecerás, bem como este povo que está contigo: pois isto é pesado demais para ti; tu não podes fazer tudo sozinho. Eu te aconselharei e Deus seja contigo. Representa o povo perante Deus. Leva a Deus as suas causas, ensina-lhes os estatutos e as leis e faze-lhes

> saber o caminho em que devem andar e a obra que devem fazer. Procura dentre o povo homens capazes e tementes a Deus, homens de verdade, aos quais aborreça a avareza. Põe-nos sobre eles, por chefes de 1.000, chefes de 100, chefes de 50 e chefes de 10, para que julguem este povo em todo tempo. Toda causa grave, trá-la-ão a ti, mas toda causa pequena eles mesmos a julgarão. Será, assim, mais fácil para ti e eles levarão a carga contigo. Se fizeres isso e assim Deus to mandar, poderás então suportar e, assim, também, todo este povo tornará em paz ao seu lugar.

O texto bíblico conta que Moisés seguiu os conselhos do sogro e construiu sua pirâmide humana: escolheu homens capazes de todo o Israel e delegou-lhes autoridade, como se fossem seus representantes. Eles julgaram todas as causas simples, e as mais graves, levaram-nas a Moisés.

Referências pré-históricas acerca das magníficas construções erigidas durante a Antiguidade no Egito, na Mesopotâmia e na Assíria, testemunharam a existência, em épocas remotas, de dirigentes capazes de planejar e guiar os esforços de milhares de trabalhadores em monumentais obras que perduram até nossos dias, como as pirâmides do Egito. Os papiros egípcios atribuídos à época de 1300 a.C. já indicam a importância da organização e da Administração da burocracia pública no Antigo Egito. Na China, as parábolas de Confúcio sugerem práticas para a boa Administração pública.

II.2 ANTECEDENTES HISTÓRICOS DA ADMINISTRAÇÃO

Ao longo da história da humanidade, os prenúncios da moderna Administração foram aparecendo aos poucos, com lentidão impressionante. A sociedade era completamente diferente. As organizações eram poucas e pequenas. Predominavam as pequenas oficinas, os artesãos independentes, havia pouquíssimas escolas, e profissionais como médicos, advogados, artistas e lavradores trabalhavam por conta própria. Apesar de o trabalho sempre ter existido na história da humanidade, nunca houve uma preocupação em torná-lo melhor e mais racional.

II.3 INFLUÊNCIA DOS FILÓSOFOS

Desde os tempos da Antiguidade, a filosofia sugeriu muitos dos conceitos elementares de Administração.[2]

- **Sócrates (470 a.C.-399 a.C.)**: o filósofo grego, em sua discussão com Nicomaquides, expõe seu ponto de vista sobre a Administração: uma habilidade pessoal separada do conhecimento técnico e da experiência.[3]
- **Platão (429 a.C.-347 a.C.)**: filósofo grego discípulo de Sócrates, analisou os problemas políticos e sociais decorrentes do desenvolvimento social e cultural do povo grego. Em sua obra *A República*,[4] expõe a forma democrática de governo como a preferida na Administração dos negócios públicos.
- **Aristóteles (384 a.C.-322 a.C.)**: discípulo de Platão, foi o filósofo mais influente até o início da Idade Moderna.[5] Deu o impulso inicial à Filosofia, à Cosmologia, à Nosologia,

à Metafísica, à Lógica e às Ciências Naturais, abrindo as perspectivas do atual conhecimento humano. No livro *Política*, que versa sobre a organização do Estado, distingue as três formas de Administração pública:

- Monarquia ou governo de um só: que pode redundar em tirania.
- Aristocracia ou governo de uma elite: que pode tender a uma oligarquia.
- Democracia ou governo do povo: que pode degenerar em anarquia.

Durante os séculos que vão desde a Antiguidade até o início da Idade Moderna, a Filosofia voltou-se para uma variedade de preocupações gradativamente distanciadas dos problemas administrativos.

- **Thomas Hobbes (1588-1679)**: filósofo e político inglês, defendia o governo absoluto em função de sua visão pessimista da humanidade.[6] Na ausência do governo, os indivíduos tendem a viver em guerra permanente e conflito interminável para obtenção de meios de subsistência. Em seu livro *Leviatã*, assinala que o povo renuncia a seus direitos naturais em favor de um governo que, investido do poder a ele conferido, impõe a ordem, organiza a vida social e garante a paz. Todavia, o Estado representa um pacto social que, ao crescer, alcança as dimensões de um dinossauro ameaçando a liberdade dos cidadãos.
- **Jean-Jacques Rousseau (1712-1778)**: desenvolveu a Teoria do Contrato Social: o Estado surge a partir de um acordo de vontades.[7] O contrato social é um acordo entre os membros de uma sociedade pelo qual reconhecem a autoridade de um governo, regime político ou um conjunto de leis ou regras que atua sobre todos de modo igualitário. Para Rousseau, o homem é bom por natureza e a vida em sociedade o deturpa.

A partir da Filosofia Moderna, o campo de estudo filosófico passa a se afastar dos problemas organizacionais.

II.4 INFLUÊNCIA DAS CIÊNCIAS

A partir do início do século 17, as ciências passaram a mudar.

- **Francis Bacon (1561-1626)**: filósofo e estadista inglês e fundador da Lógica Moderna baseada no método experimental e indutivo ao separar experimentalmente o que é essencial do que é acidental ou acessório, antecipando-se ao princípio da prevalência do principal sobre o acessório em Administração.[8]
- **René Descartes (1596-1650)**: filósofo, matemático e físico francês, considerado o fundador da Filosofia Moderna, criou as coordenadas cartesianas e deu impulso à Matemática e à Geometria da época.[9] Na Filosofia, celebrizou-se pelo livro *O discurso do método*, no qual descreve seu método filosófico denominado método cartesiano, cujos princípios são:
  - **Princípio da dúvida sistemática ou da evidência**: consiste em não aceitar como verdadeira coisa alguma, enquanto não se souber com evidência – clara e distintamente – aquilo que é realmente verdadeiro. Com a dúvida sistemática, evita-se a prevenção e a precipitação, aceitando-se apenas como certo o que seja evidentemente certo.
  - **Princípio da análise ou da decomposição**: consiste em dividir e decompor cada dificuldade ou problema em tantas partes quantas sejam possíveis e necessárias à sua compreensão e solução, e resolvê-las separadamente.

- **Princípio da síntese ou da composição**: consiste em conduzir ordenadamente os pensamentos e o raciocínio, começando pelos aspectos mais fáceis e simples de conhecer para passar gradualmente aos mais difíceis.
- **Princípio da enumeração ou da verificação**: consiste em fazer verificações, recontagens e revisões para assegurar que nada foi omitido ou deixado de lado.

O método cartesiano teve decisiva influência na Administração, principalmente nas abordagens normativas e prescritivas, como na Administração Científica e nas teorias Clássica e Neoclássica. Muitos de seus princípios foram baseados na metodologia cartesiana, com a predominância da análise e da divisão do trabalho.

- **Galileu Galilei (1564-1642)**: físico, matemático e astrônomo italiano, é considerado o pai da ciência moderna de cunho experimental.[10] Partiu da observação de fatos isolados, estabeleceu leis capazes de prever acontecimentos futuros e criou as condições para o surgimento da física newtoniana.
- **Isaac Newton (1643-1727)**: considerado o mais influente na história da Ciência, sua física tradicional trouxe forte tendência ao determinismo matemático e à exatidão na Administração.[11] Para ele, o mundo físico era um mundo ordenado, lógico e matematicamente previsível. A influência da física newtoniana, com seu racionalismo, exatidão, causalidade e mecanicismo, foi profunda nas demais ciências e tornou-se a lógica fundamental no início da Teoria Administrativa.

SAIBA MAIS **Influências na Administração**

Foi a partir da observação de fatos particulares que Galileu e Newton inferiram um conjunto de leis gerais e, a partir delas, passaram a prever outros fatos particulares que a experimentação comprovou em seguida. Para Newton, existem no mundo físico uma variedade de forças, por exemplo, gravitacional (que mantém a Lua em órbita), nuclear, magnética etc. Ao saber como elas atuam, pode-se saber o que acontecerá. O mesmo acontece na Administração: algumas forças são econômicas, outras são tecnológicas, culturais, sociais, políticas etc. Essas forças atuam sobre organizações, pessoas, valores, processos, entre outros. A Administração – como ciência – permite saber o que vai acontecer na organização quando entendemos as forças envolvidas.[12]

II.5 INFLUÊNCIA DA ORGANIZAÇÃO DA IGREJA CATÓLICA

Com a queda do Império Romano em 476 d.C., a Igreja Católica passou a constituir a maior organização de sua época. As normas administrativas e os princípios de organização pública foram sendo transferidos das instituições dos Estados (como era o caso de Atenas, Roma etc.) para as instituições da Igreja Católica e da organização militar. Essa transferência ocorreu lentamente, porque a unidade de propósitos e objetivos – princípios fundamentais na organização eclesiástica e militar – nem sempre era encontrada na ação política que se desenvolvia nos Estados, movida por objetivos contraditórios de cada partido, dirigente ou classe social.

SAIBA MAIS **O exemplo da Igreja Católica**

Após a queda do Império Romano e ao longo dos séculos, a Igreja Católica estruturou a sua organização com uma hierarquia de autoridade, um estado-maior (assessoria) e a coordenação funcional para assegurar integração. A organização hierárquica da Igreja é tão simples e eficiente que sua enorme organização mundial pode operar sob o comando de uma só cabeça executiva: o Papa, cuja autoridade coordenadora lhe foi delegada de forma mediata por uma autoridade divina superior.[13] A estrutura da organização eclesiástica serviu de modelo para as organizações empresariais e militares que, ávidas por experiências bem-sucedidas, passaram a incorporar seus princípios e suas normas.

II.6 INFLUÊNCIA DA ORGANIZAÇÃO MILITAR

A organização militar influenciou poderosamente o aparecimento das teorias da Administração. O general filósofo chinês Sun Tzu (544 a.C.-496 a.C.)[14] – ainda reverenciado nos dias de hoje – escreveu um livro sobre a arte da guerra no qual trata da preparação dos planos, das manobras e das táticas, dos pontos fortes e fracos do inimigo e da organização do exército. Suas lições ganharam muitas versões contemporâneas.

Nos tempos da Antiguidade e da Idade Média, a organização militar dos exércitos utilizava a chamada estrutura linear. O princípio da unidade de comando – cada subordinado só pode ter um superior – constitui o núcleo das organizações militares. A escala hierárquica – ou seja, os escalões hierárquicos de comando, com graus de autoridade e responsabilidade – é um aspecto típico da organização militar utilizado em muitas organizações de hoje. À medida que o volume de operações militares aumentou, cresceu também a necessidade de se delegar autoridade para os níveis mais baixos da organização militar. Na época de Napoleão Bonaparte (1769-1821), cada general, ao chefiar seu exército, cuidava da totalidade do campo de batalha.[15] Com as guerras de maior alcance e de âmbito continental, o comando das operações exigiu novos princípios de organização e planejamento e controle centralizados, paralelamente a operações de campo descentralizadas. Com isso, passou-se à centralização do comando e à descentralização da execução das operações militares.

SAIBA MAIS **O exemplo da organização militar**

O conceito de hierarquia na organização militar é tão antigo quanto a própria guerra. O estado-maior formal como um quartel-general apareceu em 1665 com a Marca de Brandenburgo, e evoluiu com o Imperador Frederico II, o Grande (1712-1786), da Prússia. Para aumentar a eficiência de seu exército, ele criou um estado-maior (*staff*) para assessorar o comando (linha) militar. Os oficiais de assessoria (*staff*) cuidavam do planejamento e os de linha se incumbiam da execução das operações em campo de guerra. Os oficiais formados no estado-maior (*staff*) eram transferidos para posições de comando no campo de operações (linha) e novamente para o estado-maior, o que assegurava experiência nas funções de gabinete, campo e novamente de gabinete.[16]

Na organização militar, o princípio de direção preceitua que todo soldado deve saber perfeitamente o que se espera dele e aquilo que ele deve fazer. Mesmo Napoleão Bonaparte, o general mais autocrata da história militar, nunca deu uma ordem sem explicar o seu objetivo e certificar-se de que o haviam compreendido corretamente, pois estava convencido de que a obediência cega jamais leva a uma execução inteligente.

O general prussiano Karl von Clausewitz (1780-1831) é considerado o pai do pensamento estratégico. Escreveu um tratado sobre a estratégia de guerra e os princípios de guerra[17] e sobre como administrar os exércitos em situação de guerra. Para ele, a guerra sempre foi um jogo, e a considerava uma continuação da política por outros meios. Embora cruel e destruidora, a guerra sempre constituiu um fato frequente e normal da sociedade humana e um instrumento racional de política. Dava importância à organização, à disciplina e ao planejamento cuidadoso, no qual as decisões devem ser científicas e não apenas intuitivas. O general deve aceitar a incerteza e planejar de maneira a minimizar seus efeitos.

II.7 INFLUÊNCIA DA REVOLUÇÃO INDUSTRIAL

A partir do final do século 18, com a invenção da máquina a vapor em 1776 por James Watt (1736-1819) e sua posterior aplicação à produção, surgiu uma nova concepção de trabalho que modificou completamente a estrutura social e comercial da época, provocando profundas e rápidas mudanças de ordens econômica, política e social. Em um lapso de um século, essas mudanças foram maiores do que todas as ocorridas no milênio anterior. É a chamada Revolução Industrial, que iniciou na Inglaterra e se alastrou por todo o mundo. Ela pode ser dividida em duas épocas bem distintas:[18]

1. 1780 a 1860: Primeira Revolução Industrial ou revolução do carvão e do ferro.
2. 1860 a 1914: Segunda Revolução Industrial ou do aço e da eletricidade.

A Primeira Revolução Industrial passou por quatro fases distintas:[19]

- **1ª fase – mecanização da indústria e da agricultura**: marcada, em fins do século 18, pela máquina de fiar (inventada pelo inglês Hargreaves em 1767), pelo tear hidráulico (inventado por Arkwright em 1769), pelo tear mecânico (criado por Cartwright em 1785) e pelo descaroçador de algodão (criado por Whitney em 1792), que substituíram o trabalho e a força motriz muscular do homem, do animal ou da roda de água. Eram máquinas enormes, mas com incrível superioridade sobre os processos manuais de produção da época. O descaroçador de algodão trabalhava mil libras de algodão, enquanto, no mesmo tempo, um escravizado conseguia trabalhar apenas cinco libras.
- **2ª fase – a aplicação da força motriz à indústria**: a força elástica do vapor, descoberta por Dénis Papin no século 17, foi aplicada por Watt na invenção da máquina a vapor. Sua aplicação trouxe grandes transformações nas oficinas (convertidas em fábricas), nos transportes, nas comunicações e na agricultura.
- **3ª fase – o desenvolvimento do sistema fabril**: o artesão e sua pequena oficina patronal cederam lugar ao operário e às fábricas e usinas baseadas na divisão do trabalho. Surgiram novas indústrias em detrimento da atividade rural. A migração de massas humanas das áreas agrícolas para as proximidades das fábricas provocou a crescente urbanização.

- **4ª fase – um espetacular aceleramento dos transportes e das comunicações**: a navegação a vapor surgiu com Robert Fulton, em 1807, e logo depois as rodas propulsoras foram substituídas por hélices. A locomotiva a vapor foi aperfeiçoada por Stephenson, surgindo a primeira estrada de ferro na Inglaterra (1825) e, posteriormente, nos Estados Unidos (1829) e no Japão (1832), propagando-se vertiginosamente. Outros meios de comunicação apareceram com rapidez surpreendente: Morse inventou o telégrafo elétrico (1835); surgiu o selo postal na Inglaterra (1840); Graham Bell inventou o telefone (1876). Surgem os primeiros sintomas do enorme desenvolvimento econômico, social, tecnológico e industrial, e as profundas transformações que ocorreriam velozmente.

A partir de 1860, a Revolução Industrial entrou em sua segunda época, provocada por três fatos importantes: o processo de fabricação do aço (1856), do dínamo (1873) e a invenção do motor de combustão interna (1873) por Daimler.

As características principais da Segunda Revolução Industrial são:[20]

- **Substituição do ferro pelo aço**: como material industrial básico.
- **Substituição do vapor pela eletricidade e por derivados do petróleo**: como fontes básicas de energia.
- **Desenvolvimento da maquinaria automática e da especialização do trabalhador**: o artesão que trabalhava com ferramentas é substituído pelo operário especializado que trabalha com máquinas.
- **Crescente domínio da indústria pela ciência.**
- **Transformações radicais nos transportes e nas comunicações**: as vias férreas são ampliadas e, a partir de 1880, Daimler e Benz constroem automóveis na Alemanha, Dunlop aperfeiçoa o pneumático em 1888 e Henry Ford inicia a produção do seu modelo "T" em 1908. Em 1906, Santos Dumont faz a primeira experiência com o avião.
- **Novas formas de organização capitalista – do capitalismo industrial para o capitalismo financeiro**: as firmas de sócios solidários – formas típicas de organização comercial cujo capital provinha dos lucros auferidos (capitalismo industrial) e que tomavam parte ativa na direção dos negócios – deram lugar ao chamado capitalismo financeiro. O capitalismo financeiro apresenta quatro características principais:
  1. **Dominação da indústria por inversões bancárias e instituições financeiras de crédito**: como a formação da United States Steel Corp., em 1901, pela J. P. Morgan & Co.
  2. **Formação de imensas acumulações de capital**: provenientes de trustes e fusões de empresas.
  3. **Separação entre a propriedade particular e a direção das empresas**: com o aparecimento dos primeiros profissionais de gestão de empresas.
  4. **Aparecimento das empresas *holdings***: que detêm o controle de duas ou mais empresas por meio da propriedade da maioria das cotas ou ações, permitindo coordenar e integrar negócios diversificados. Sua vantagem foi o controle de operações muito maiores com menor capital.
- **Expansão da industrialização:** desde a Europa até o Extremo Oriente e Japão com o surgimento dos países industrializados, denominados países do primeiro mundo.

A calma produção do artesanato – em que os operários se conheciam e eram organizados em corporações de ofício regidas por estatutos – foi substituída pelo regime de produção por meio de máquinas em grandes fábricas. Em função disso, houve uma súbita transformação provocada por dois aspectos, a saber:

1. **Transferência da habilidade do artesão para a máquina**: para produzir com rapidez, em maior quantidade e melhor qualidade, permitindo forte redução nos custos de produção e menor preço de venda.
2. **Substituição da força do animal ou do homem pela máquina a vapor (e depois pelo motor)**: permitindo maior produção e enorme economia de tempo e dinheiro.

O rápido e intenso fenômeno da maquinização das oficinas provocou fusões de pequenas oficinas, que passaram a integrar outras maiores, transformando-se em fábricas. O operário foi substituído pela máquina nas tarefas automatizáveis e aceleradas pela repetição. Com o aumento dos mercados decorrente da redução de preços e da popularização dos produtos, as fábricas passaram a exigir grandes contingentes humanos. A mecanização levou à divisão do trabalho e à simplificação das operações, substituindo os ofícios tradicionais por tarefas automatizadas e repetitivas que podiam ser executadas por operários sem qualificação e com facilidade de controle. A unidade doméstica de produção – a oficina e o artesanato em família – desapareceu, surgindo um enorme contingente de operários nas fábricas trabalhando juntos durante longas jornadas diárias de trabalho, em condições perigosas e insalubres e com acidentes em larga escala. O crescimento industrial era improvisado e baseado no empirismo. A intensa migração de mão de obra dos campos agrícolas para os centros industriais provocou um surto acelerado e desorganizado de urbanização. O capitalismo se solidificou e cresceu uma nova classe social: o proletariado. O baixo padrão de vida, a promiscuidade nas fábricas, os riscos de graves acidentes e os longos períodos de trabalho em conjunto proporcionaram uma interação estreita entre os trabalhadores e uma crescente conscientização da precariedade das condições de vida e de trabalho e da exploração por uma classe social economicamente favorecida. Conflitos entre a classe operária e os proprietários de indústrias não tardaram a aparecer. Alguns países passaram a intervir nas relações entre operários e fábricas, baixando leis trabalhistas. Em 1802, o governo inglês sancionou uma lei protegendo a saúde dos trabalhadores nas indústrias têxteis, e a fiscalização de seu cumprimento passou a ser feita voluntariamente por pastores protestantes e juízes locais. Outras leis foram impostas aos poucos à medida que os problemas foram se agravando.

SAIBA MAIS **Em busca da Administração**

Com o ingresso na Era Industrial, as novas tecnologias dos processos de produção, a construção das máquinas e as incipientes leis de proteção da saúde e da integridade física do trabalhador, a gestão das indústrias passou a ser a maior preocupação dos proprietários. A prática ajudou a selecionar ideias e métodos empíricos. O desafio agora era dirigir batalhões de operários da nova classe proletária e a operação de máquinas cuja complexidade crescia. Os produtos passaram a ser fabricados em operações sequenciais, cada uma delas entregue a operários especializados em tarefas específicas, ignorando as demais operações e estranhos à finalidade da tarefa que executavam. Essa nova situação apagou da mente do operário o valor social mais intenso: o sentimento de estar produzindo algo e contribuindo para o bem da sociedade. O capitalista passou a se distanciar dos operários e a considerá-los uma enorme massa anônima, ao mesmo tempo em que os agrupamentos sociais nas empresas geravam reivindicações ao lado de problemas de rendimento do trabalho. A preocupação dos empresários era melhorar a produção com o objetivo de produzir quantidades maiores de produtos melhores e de menor custo. E a gestão do pessoal e a coordenação do esforço produtivo eram aspectos de pouca importância. Assim, a Revolução Industrial, embora tenha provocado uma profunda mudança na estrutura empresarial e econômica da época, não chegou a influenciar os princípios de Administração das empresas até então utilizados. Os dirigentes de empresas tratavam de cuidar como podiam ou como sabiam das demandas de uma economia em rápida expansão. Alguns empresários baseavam suas decisões tendo por modelos as organizações militares ou eclesiásticas da época.[21]

A organização e a empresa moderna nasceram com a Revolução Industrial graças a vários fatores, como:

- A ruptura das estruturas corporativas da Idade Média.
- O avanço tecnológico e a aplicação dos progressos científicos à produção, descoberta de novas formas de energia e a enorme ampliação de mercados.
- A substituição do tipo artesanal pelo tipo industrial de produção. O artesão que trabalhava solitariamente em sua casa transformou-se em um operário de fábrica.

Em resumo, a Revolução Industrial provocou profundas mudanças na época, tais como:

- Aparecimento das fábricas e das empresas industriais.
- Substituição do artesão pelo operário especializado.
- Crescimento das cidades e aumento da necessidade da Administração pública.
- Surgimento dos sindicatos como organização proletária a partir dos anos 1800. Somente a partir de 1890, alguns deles foram legalizados.
- Início do marxismo em função da exploração capitalista na época.
- Doutrina social da Igreja para contrabalancear o conflito entre capital e trabalho.
- Primeiras experiências sobre Administração de empresas.
- Consolidação da Administração como área de conhecimento.
- Início da Era Industrial, que se prolongou até a última década do século 20.

II.8 INFLUÊNCIA DOS ECONOMISTAS LIBERAIS

A partir do século 17, desenvolveu-se uma variedade de teorias econômicas centradas na explicação dos fenômenos empresariais (microeconômicos) com base em dados empíricos, na experiência cotidiana e nas tradições do comércio da época. Ao término do século 18, os economistas clássicos liberais conseguiram aceitação de suas teorias, e a reação para o liberalismo culminou na Revolução Francesa. As ideias liberais decorrem do direito natural: a ordem natural é a ordem mais perfeita. Os bens naturais, sociais e econômicos são os bens que possuem caráter eterno. Os direitos econômicos humanos são inalienáveis e existe uma harmonia preestabelecida em toda a coletividade de indivíduos. Segundo o liberalismo, a vida econômica deve se afastar da influência estatal, pois o trabalho segue os princípios econômicos e a mão de obra está sujeita às mesmas leis da economia que regem o mercado de matérias-primas ou comércio internacional. A livre concorrência é o postulado principal do liberalismo econômico, mas os operários ficam à mercê dos patrões, os donos dos meios de produção. As ideias básicas dos economistas clássicos liberais constituem os germes iniciais do pensamento administrativo de nossos dias.[22]

- **Adam Smith (1723-1790)**: fundador da economia clássica, cuja ideia central é a competição. Embora os indivíduos ajam apenas em proveito próprio, os mercados em que vigora a competição funcionam espontaneamente, de modo a garantir (por algum mecanismo abstrato que ele chamava de "a mão invisível que governa o mercado") a alocação mais eficiente dos recursos e da produção, sem que haja excesso de lucros.
  Por essa razão, o papel econômico do governo (além do básico, que é garantir a lei e a ordem) é a intervenção na economia quando o mercado não existe ou quando deixa de funcionar em condições satisfatórias, ou seja, quando não ocorre competição livre.
  Smith já visualizava o princípio da especialização dos operários em uma manufatura de agulhas e já enfatizava a necessidade de se racionalizar a produção. O princípio da especialização e o princípio da divisão do trabalho aparecem em referências em seu livro *A riqueza das nações*, publicado em 1776.[23] Para Adam Smith, a origem da riqueza das nações reside na divisão do trabalho e na especialização das tarefas, preconizando o estudo dos tempos e movimentos que, mais tarde, Taylor e Gilbreth iriam desenvolver como a base fundamental da Administração Científica. Adam Smith reforçou a importância do planejamento e da organização dentro das funções da Administração.

SAIBA MAIS **O liberalismo econômico**

O liberalismo econômico corresponde ao período de desenvolvimento da economia capitalista baseada no individualismo, no jogo das leis econômicas naturais e na livre concorrência. Essa, por seu turno, criou conflitos sociais intensos. A acumulação crescente de capitais gerou profundos desequilíbrios, mas a partir da segunda metade do século 19, o liberalismo econômico foi perdendo sua influência à medida que o capitalismo se agigantou com o despontar de DuPont, Rockefeller, Morgan, Krupp etc. O novo capitalismo se inicia com a produção em larga escala de grandes concentrações de maquinaria e de mão de obra, criando situações problemáticas de organização do trabalho, concorrência econômica, padrão de vida etc.

O socialismo e o sindicalismo obrigam o capitalismo do início do século 20 a enveredar pelo caminho do aperfeiçoamento de todos os fatores de produção envolvidos e sua adequada remuneração. Dentro dessa situação, surgem os primeiros esforços nas empresas capitalistas para a implantação de métodos e processos de racionalização do trabalho, cujo estudo metódico e exposição teórica coincidiram com o início do século 20.

II.9 INFLUÊNCIA DOS PIONEIROS E EMPREENDEDORES

O século 20 assistiu a um monumental desfile de inovações e mudanças no cenário empresarial. Estava surgindo a Era Industrial. O mundo e as empresas estavam mudando; e as condições para o aparecimento da teoria administrativa estavam se consolidando.

Nos Estados Unidos, por volta de 1820, o maior negócio empresarial foram as estradas de ferro, empreendimentos privados que constituíram um poderoso núcleo de ações de investimentos de toda uma classe de investidores. As ferrovias permitiram o desbravamento do território e provocaram o fenômeno da urbanização, que criou novas necessidades de habitação, alimentação, vestimenta, luz e aquecimento, o que se traduziu em rápido crescimento das empresas voltadas para o consumo direto.

SAIBA MAIS **Em busca da Administração 2**

Antes de 1850, poucas empresas tinham uma estrutura administrativa que exigia os serviços de um administrador em tempo integral, pois as empresas industriais eram pequenas ou negócios de família, em que dois ou três parentes cuidavam de todas as atividades principais. As empresas da época – agropecuárias, mineradoras, construtoras, têxteis, estradas de ferro, caça e comércio de peles e os incipientes bancos – faziam parte de um contexto rural que não conhecia a Administração de empresas. O presidente era o tesoureiro, o comprador ou o vendedor e que atendia aos agentes comissionados. Ao crescer o negócio, os agentes se tornavam sócios da firma, integrando produção e distribuição. Após 1850, os grandes troncos ferroviários cobriam todo o mercado norte-americano, do leste urbano ao oeste agrícola. O desenvolvimento ferroviário e a construção urbana criaram o mercado de ferro e aço.

Em 1865, John D. Rockefeller (1839-1937) fundou a Standard Oil. Em 1871, a Inglaterra era a maior potência econômica mundial, mas, em 1890, Andrew Carnegie (1835-1919) fundou o truste de aço, ultrapassando rapidamente toda a produção inglesa. Swift e Armour formam o truste das conservas; Guggenheim forma o truste do cobre; e Mello, o truste do alumínio. Em seguida, teve início a integração vertical nas empresas. Os "criadores de impérios" (*empire builders*) passaram a comprar e a integrar concorrentes, fornecedores ou distribuidores para garantir seus interesses. Junto às empresas e às instalações vinham os antigos donos e os respectivos empregados. Surgiram os primitivos impérios industriais, aglomerados de empresas que se tornaram grandes demais para serem dirigidos pelos pequenos grupos familiares. Logo apareceram os gerentes profissionais, os primeiros organizadores que se preocupavam mais com a fábrica do que com vendas ou compras. As empresas manufaturavam, comprando matérias-primas e vendendo produtos por meio de agentes comissionados, atacadistas ou intermediários. Até essa época, os empresários achavam melhor ampliar sua produção do que organizar uma rede de distribuição e vendas.[24]

Na década de 1880, a Westinghouse e a General Electric dominavam o ramo de bens duráveis e criaram organizações próprias de vendas com vendedores treinados, dando início ao que hoje denominamos marketing. Ambas assumiram a organização do tipo funcional que seria adotada pela maioria das empresas norte-americanas, com os seguintes órgãos básicos:[25]

- Departamento de Produção, para cuidar da manufatura de fábricas isoladas.
- Departamento de Vendas, para administrar um sistema nacional de escritórios distritais com vendedores.
- Departamento Técnico de Engenharia, para desenhar e desenvolver produtos.
- Departamento Financeiro.

Por volta de 1889, os capitais da Westinghouse Electric e da General Electric já ultrapassavam a marca de 40 milhões de dólares cada. Para dominar novos mercados, as empresas acumulavam instalações e pessoal além do necessário. Os custos das várias unidades precisavam ser reduzidos por meio da criação de uma estrutura funcional que coordenasse fabricação, engenharia, vendas e finanças para reduzir os riscos de flutuação do mercado. Os lucros iriam depender da organização e da racionalização dessa estrutura funcional.

Entre 1880 e 1890, as indústrias passaram a controlar as matérias primas por meio de seus departamentos de compras, adquirindo firmas fornecedoras e controlando a distribuição para vender seus produtos diretamente ao varejista ou ao consumidor final. Procurava-se maior eficiência na produção, compras, distribuição e vendas. Os meios de reduzir custos diminuíram, as margens de lucro baixaram, o mercado foi se tornando saturado e as empresas passaram a procurar novos mercados por meio da diversificação de produtos. A velha estrutura funcional começou a emperrar. Assim, surge a empresa integrada e multidepartamental.

SAIBA MAIS **O embrião da moderna organização**

A empresa integrada verticalmente era formada por vários pequenos produtores de determinado produto que se agregavam em uma combinação horizontal – uma federação – sob o controle de uma companhia *holding*. Essas alianças levaram a uma organização com escritórios centrais, permitindo a economia de escala por meio do processo padrão, a concentração da produção em fábricas e investimentos em pesquisa e desenvolvimento do produto. Isso fez com que o escritório central passasse a decidir as atividades das fábricas e filiais de vendas e compras. Essas unidades deixaram de ser dirigidas pelos antigos donos ou famílias associadas e passaram a ser administradas por gerentes assalariados, como fizeram grandes corporações norte-americanas, como Standard Oil e American Bell Telephone.

A etapa seguinte foi o controle do mercado de distribuição, eliminando os intermediários para vender mais barato ao consumidor final e deixando de depender dos atacadistas. Entre 1890 e 1900, ocorreu uma onda de fusões de empresas – a mais famosa foi a criação da U. S. Steel Corporation, um negócio de bilhões de dólares – como meio de utilização racional das fábricas e de redução de preços.

Um dos empreendedores da época, Gustavus Swift (1839-1903), o pioneiro da indústria frigorífica, criou uma estratégia que consistia em consolidar a fabricação, avançar para a distribuição própria e voltar atrás até o controle da matéria-prima.[26] A partir de 1895, com o crescimento da integração vertical, a indústria frigorífica tornou-se um oligopólio. Os departamentos funcionais centrais controlavam as unidades de campo e os *big five* cobriam a totalidade do mercado, utilizando filiais, um sistema de transporte frigorificado, escritório central e departamentos funcionais. Todos os pioneiros da indústria manufatureira – como United Fruit, American Tobacco e máquinas agrícolas – seguiram os passos de Swift na sistematização de seus impérios industriais.

SAIBA MAIS **O desafio: organizar as empresas**

Os grandes capitães de indústrias – como John D. Rockefeller, Gustavus Swift, James Duke, Westinghouse, Daimler e Benz e outros – não tinham condições de sistematizar seus vastos negócios com eficiência, pois eram empreendedores e não organizadores. A organização era um desafio tão ou mais difícil do que a criação dessas empresas. A magnitude dos recursos que conseguiram reunir complicava as coisas. O final do século 20 revelou o crescimento de impérios corporativos e a expansão da indústria. A preocupação dominante se deslocou para os riscos do crescimento progressivo sem uma organização adequada.[27] Entre 1860 e 1900, ocorreu a "idade heroica das invenções", que provocou um explosivo desenvolvimento científico e tecnológico. O primeiro laboratório de pesquisas surgiu com a síntese da aspirina – a primeira droga puramente sintética – por Adolf von Bayer (1835-1917), em 1899. O sucesso mundial da aspirina convenceu a indústria química do valor da pesquisa e da tecnologia.

- Na entrada do século 20, grandes corporações sucumbiram financeiramente. Dirigir grandes empresas não era apenas uma questão de habilidade pessoal, mas de organização. Os capitães das indústrias – pioneiros e empreendedores – cederam seu lugar para os organizadores. Estava chegando a era da competição e da concorrência como decorrência de fatores como:[28]
- Desenvolvimento tecnológico, que proporcionou um crescente número de empresas e nações concorrendo nos mercados mundiais.
- Livre-comércio.
- Mudança dos mercados vendedores para mercados compradores.
- Aumento da capacidade de investimento de capital e elevação dos níveis de ponto de equilíbrio.
- Rapidez do ritmo de mudança tecnológica, que torna obsoleto um produto ou reduz drasticamente seus custos de produção.
- Crescimento dos negócios e das empresas.

Quadro II.1 A idade heroica das invenções

1823 – Eletroímã, por William Sturgeon
1832 – Telégrafo com fio, por Samuel Morse
1839 – Vulcanização da borracha, por Charles Goodyear
1839 – Fotografia, por Louis Daguerre
1845 – Máquina de costura, por Elias Howe
1852 – Elevador, por Elisha G. Otis
1866 – Máquina de escrever, por C. L. Sholes
1867 – Dinamite, por Alfred Nobel
1868 – Freio a ar, por George Westinghouse
1876 – Telefone, por Alexander Graham Bell
1877 – Fonógrafo, por Thomas Alva Edison
1879 – Lâmpada elétrica, por Thomas Alva Edison
1885 – Aço, por Henry Bessemer
1885 – Motor de explosão, por G. Daimler
1886 – Linotipia, por Ottmar Mergenthaler
1892 – Motor a diesel, por Rudolf Diesel
1895 – Projetor cinematográfico, por Francis Jenkins
1895 – Telégrafo sem fio, por Guglielmo Marconi
1895 – Veículo com motor de explosão, por Karl F. Benz
1895 – Raios X, por Wilhelm K. Roentgen
1896 – Rádio, por Guglielmo Marconi
1898 – Submarino, por John P. Holland
1906 – Avião, por Alberto Santos Dumont

Todos esses fatores iriam completar as condições propícias para a busca de bases científicas para a melhoria da prática empresarial e para o surgimento da teoria administrativa. A Revolução Industrial abriu as portas para o início da Era Industrial, que passou a dominar o mundo econômico até quase o final do século 20 e que foi o separador de águas entre países industrializados (os mais avançados) e países não industrializados (emergentes e subdesenvolvidos) – assim como entre organizações mais bem administradas e organizações precariamente administradas.

II.10 ORIGENS DA ABORDAGEM CLÁSSICA DA ADMINISTRAÇÃO

No despontar do século 20, surgiu a abordagem clássica da Administração, desdobrada em duas orientações, até certo ponto, opostas entre si, mas que se complementam com relativa coerência:

- A Administração Científica nos Estados Unidos, a partir dos trabalhos de Taylor. A preocupação era aumentar a eficiência no nível operacional, isto é, no nível dos operários. Daí a ênfase na análise e na divisão do trabalho do operário, uma vez que as tarefas do cargo e o ocupante constituem a unidade fundamental da organização. Portanto, a abordagem da Administração Científica é de baixo para cima (do operário para o gerente) e das partes (operários e seus cargos) para o todo (organização da fábrica). Os focos eram o método de trabalho, a padronização e a determinação do tempo padrão para sua execução: a organização racional do trabalho (ORT), uma engenharia industrial dentro de uma concepção pragmática. A ênfase nas tarefas é a principal característica da Administração Científica.
- A corrente dos anatomistas e fisiologistas da organização na França, com os trabalhos pioneiros de Fayol. Essa corrente recebe o nome de Teoria Clássica. A preocupação era

aumentar a eficiência da empresa por meio da forma e da disposição dos órgãos componentes da organização (departamentos) e das suas inter-relações estruturais. Daí a ênfase na anatomia (estrutura) e na fisiologia (funcionamento) da organização.[29] Nesse sentido, a abordagem da Teoria Clássica é inversa à da Administração Científica: de cima para baixo (da direção para a execução) e do todo (organização) para as suas partes (departamentos). Os objetos de interesse eram a estrutura organizacional, os elementos da Administração, os princípios gerais da Administração e a departamentalização. A síntese e a visão global permitiam a melhor maneira de subdividir a empresa sob a centralização de um chefe principal.[30] Foi uma corrente teórica e administrativamente orientada.[31] A ênfase na estrutura é a sua principal característica.

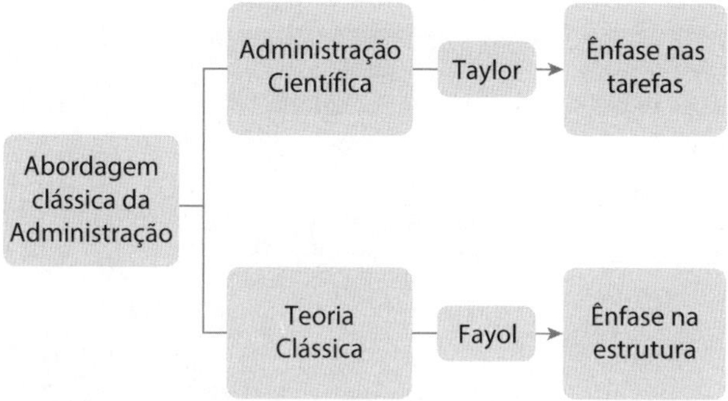

Figura II.1 Desdobramentos da abordagem clássica.

As origens da abordagem clássica da Administração remontam às consequências geradas pela Revolução Industrial e podem ser resumidas em dois fatos genéricos, a saber:

1. **Crescimento acelerado e desorganizado das empresas**: ocasionando uma gradativa complexidade na sua Administração e exigindo uma abordagem científica e mais apurada que substituísse o empirismo e a improvisação até então dominantes. O aumento da dimensão das empresas leva à substituição das teorias de caráter totalizante e global – como vimos no Capítulo 1 – por teorias microindustriais de alcance médio e parcial – como veremos nos próximos capítulos. Com as grandes empresas de dimensões mais amplas surgem as condições iniciais de planejamento da produção, reduzindo a improvisação.
2. **Necessidade de aumentar a eficiência e a competência das organizações**: no sentido de se obter o melhor rendimento dos recursos e preparar-se para a concorrência e a competição entre as empresas. Com a substituição do capitalismo liberal pelos monopólios, instalou-se nos Estados Unidos, entre 1880 e 1890, a produção em massa, aumentando o número de assalariados nas indústrias. Tornou-se então necessário evitar o desperdício e economizar mão de obra. Surgiu a divisão de trabalho entre os que pensam e os que executam – os primeiros fixam os padrões de produção, descrevem os cargos, fixam funções e definem métodos e normas de trabalho, criando as condições econômicas e técnicas para o surgimento do *taylorismo* nos Estados Unidos e do *fayolismo* na Europa.

O panorama industrial no início do século 20 apresentou todas as características e condições para inspirar uma Ciência da Administração: uma variedade incrível de empresas, com tamanhos diferenciados, problemas de baixo rendimento da maquinaria utilizada, desperdício, insatisfação generalizada entre os operários, intensa concorrência, elevado volume de perdas por decisões mal formuladas etc. Inicialmente, os autores clássicos pretenderam desenvolver uma Ciência da Administração, cujos princípios, em substituição às leis científicas, pudessem ser aplicados para resolver os problemas da organização.[32]

Para o enfoque da abordagem clássica da Administração, desenvolveremos um capítulo sobre a Administração Científica de Taylor e de seus seguidores (Capítulo 3) e, depois, um capítulo sobre a Teoria Clássica de Fayol (Capítulo 4). Nesses dois capítulos, pretendemos apresentar uma visão abrangente da abordagem clássica, suas características e seus modelos de aplicação. Em outros termos, pretendemos mostrar o figurino de Administração utilizado pelas empresas norte-americanas e europeias nas cinco primeiras décadas do século 20, e apresentar as suas adequações e vantagens, de um lado, e suas restrições e falhas, de outro.

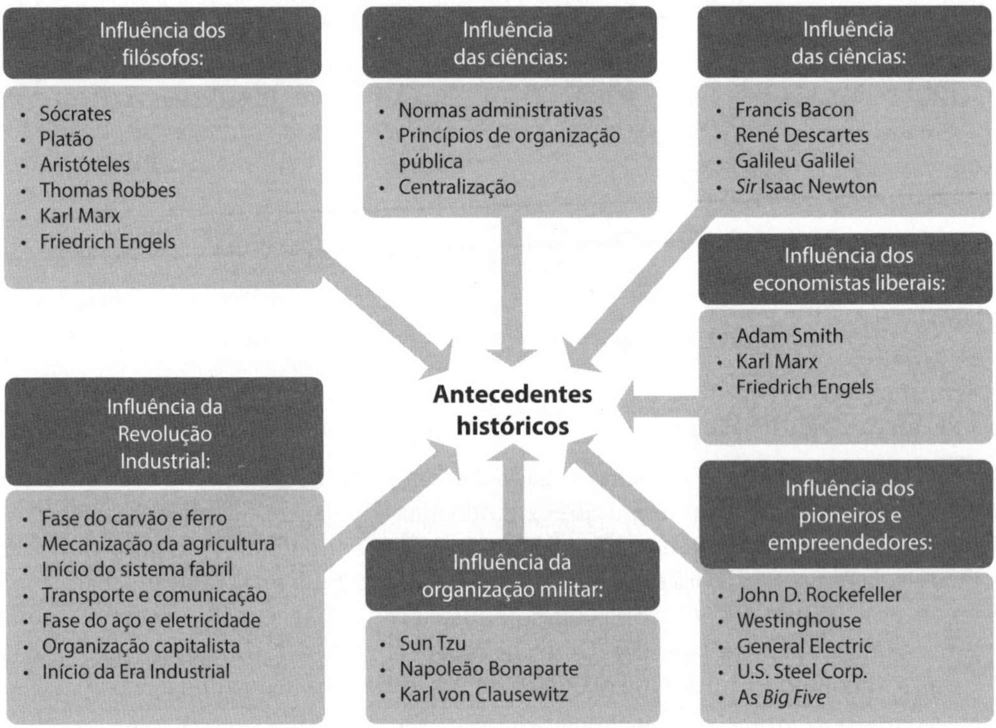

Figura II.2 Mapa mental dos antecedentes históricos da Administração.

Quadro II.2 Cronologia dos principais eventos da abordagem clássica

Anos	Autores	Livros
1895	Frederick Winslow Taylor	*Piece rating system*
1903	Frederick Winslow Taylor	*Shop management*
1909	Harrington Emerson	*Efficiency as a basic for operations and wages*

(continua)

(continuação)

Anos	Autores	Livros
1910	Henry L. Gantt	*Work, wages and profits*
1911	Frederick Winslow Taylor	*The principles of scientific management*
	F. B. Gilbreth	*Motion study*
1912	Harrington Emerson	*The twelve principles of efficiency*
	F. B. Gilbreth	*Primer of scientific management*
1914	L. M. Gilbreth	*The psychology of management*
1915	R. F. Hoxie	*Scientific management and labor*
1916	Henri Fayol	*Administration industrielle et généralle*
1919	F. B. Gilbreth	*Fatigue study*
	Henry L. Gantt	*Organizing for work*
1923	Oliver Sheldon	*The philosophy of management*
	Henry Ford	*My life and work*
1930	Henri Fayol	*Industrial and general administration* (tradução inglesa)
1931	J. D. Mooney & A. C. Reiley	*Onward industry*
	H. S. Dennison	*Organization engineering*
1932	H. Myers	*Human engineering*
1933	Lyndall F. Urwick	*Management of tomorrow*
1937	L. Gulick & L. F. Urwick	*Papers on the science of administration*
1939	James D. Mooney	*The principles of organization*
	L. D. White	*Introduction to the study of public administration*
1943	Lyndal F. Urwick	*The elements of administration*
1944	Peter F. Drucker	*Concept of a corporation*
1945	L. F. Urwick & E. F. L. Brech	*The making of scientific management*
1949	R. M. Barnes	*Motion and time study*
1999	Robert Kanigel	*The one best way: Frederick Winslow Taylor and the enigma of efficiency*

REFERÊNCIAS

1. *Êxodo*, Cap. 18, v. 13-27.
2. HAIMANN, T. *Dirección y gerencia*. Madri: Ed. Hispano-Europea, 1965.
3. A respeito de Sócrates, *vide* na internet:
   www.mundodosfilosofos.com.br/socrates.htm
   pt.wikipedia.org/wiki/Sócrates
   www.antroposmoderno.com/antro-articulo.php?
   educacao.uol.com.br/biografias/ult1789u369.jhtm
4. A respeito de Platão, *vide* na internet:
   www.mundodosfilosofos.com.br/platao.htm
   pt.wikipedia.org/wiki/Platão
   www.10emtudo.com.br/artigos_1.asp?...41
   www.cfh.ufsc.br/~wfil/platao.htm
   greciantiga.org/arquivo.asp?num=0336
5. A respeito de Aristóteles, *vide* na internet:
   www.mundodosfilosofos.com.br/aristoteles.htm
   pt.wikipedia.org/wiki/Aristóteles
   www.suapesquisa.com/aristoteles/
   www.vidaslusofonas.pt/aristoteles.htm
   educaterra.terra.com.br/.../aristoteles_politica.htm
6. A respeito de Thomas Hobbes, *vide* na internet:
   www.arqnet.pt/portal/teoria/hobbes.html
   educacao.uol.com.br/biografias/ult1789u395.jhtm
   pt.wikipedia.org/wiki/Thomas_Hobbes
   www.mundodosfilosofos.com.br/hobbes.htm
   www.consciencia.org/hobbesjune.shtml
7. A respeito de Jean-Jacques Rousseau, *vide* na internet:
   www.culturabrasil.pro.br/rousseau.htm
   educacao.uol.com.br/biografias/ult1789u420.jhtm
   pt.wikipedia.org/wiki/Jean-Jacques_Rousseau
   www.consciencia.org/rousseau.shtml
8. A respeito de Francis Bacon, *vide* na internet:
   www.mundodosfilosofos.com.br/bacon.htm
   educacao.uol.com.br/biografias/francis-
   bacon.jhtmpt.wikipedia.org/wiki/Francis_Bacon_(filósofo)
   www.pensador.info > Autores > Francis Bacon
9. A respeito de René Descartes, *vide* na internet:
   www.mundodosfilosofos.com.br/descartes.htm
   pt.wikipedia.org/wiki/René_Descartes

www.mundodosfilosofos.com.br/descartes2.htm
educacao.uol.com.br/biografias/ult1789u702.jhtm
www.consciencia.org/descartes.shtml

10. A respeito de Galileu Galilei, *vide* na internet:
pt.wikipedia.org/wiki/Galileu_Galilei
www.suapesquisa.com/biografias/galileu/
www.fortunecity.com/tatooine/.../272/galileu.htm
educacao.uol.com.br/biografias/ult1789u202.jhtm
www.coladaweb.com
www.pdfqueen.com
11. A respeito de Sir Isaac Newton, *vide* na internet:
www.ifi.unicamp.br/~ghtc/.../Newton/Newton3.htm
www.suapesquisa.com/biografias/isaacnewton/
pt.wikipedia.org/wiki/Isaac_Newton
astro.if.ufrgs.br/bib/newton.htm
www.netsaber.com.br/.../ver_biografia.php?c=773
www.pensador.info > Autores > Isaac Newton
12. PEREIRA, C. *A ciência da gestão*. Rio de Janeiro: Senac Rio, 2004. p. 33.
13. MOONEY, J. D. *The principles of organization*. New York: Harper & Bros., 1947. p. 102-117.
14. SUN TZU. *A arte da guerra*. Lisboa: Europa-América, 1994.
A respeito de Sun Tzu, vide na internet:
www.suntzu.com.br/
pt.wikipedia.org/wiki/A_Arte_da_Guerra
pt.wikipedia.org/wiki/Sun_Tzu
www.pensador.info > Autores > Sun Tzu
www.culturabrasil.pro.br/artedaguerra.htm
books.google.com.br/books?isbn=0976072696...
15. A respeito de Napoleão Bonaparte, *vide* na internet:
educacao.uol.com.br/biografias/ult1789u153.jhtm
www.suapesquisa.com/biografias/napoleao.htm
www.vidaslusofonas.pt/napoleao_bonaparte.htm
pt.wikipedia.org/wiki/Napoleão_Bonaparte
16. MOONEY, J. D. *The principles of organization*, *op. cit.*, p. 131.
17. CLAUSEWITZ, C. von. *Principles of war*. Harrisburgh: Military Service Publ., 1832.
18. BURNS, E. M. *História da civilização ocidental*. Porto Alegre: Globo, 1957. p. 647-658.
19. BURNS, E. M. *História da civilização ocidental*, *op. cit.*, p. 658-674.
20. BURNS, E. M. *História da civilização ocidental*, *op. cit.*, p. 658-674.
21. MOONEY, J. D. *The principles of organization*, *op. cit.*, p. 131.
22. GEORGE Jr., C. S. The history of management thought. Englewood Cliffs: Prentice-Hall, 1968. *Vide* a tradução brasileira: *História do pensamento administrativo*. São Paulo: Cultrix, 1974.

23. SMITH, A. *An inquiry into the nature of the wealth of nations*. London: A. Strahan & T. Cadell, 1776.

24. GEORGE Jr., C. S. *The history of management thougt*. Englewood Cliffs: Prentice-Hall, 1968.

25. LODI, J. B. *História da Administração*. São Paulo: Pioneira, 1987. p. 6.

26. DALE, E. *The great organizers*. New York: McGraw-Hill, 1960.

27. SCHANDLER Jr. A. *strategy and structure*: chapters in the history of the American Industrial Enterprise. Cambridge: The MIT Press, Massachusetts Institute of Technology, 1976.

28. KOONTZ, H.; O'DONNELL, C. *Management*. Tóquio: McGraw-Hill Kogakusha, 1980. p. 33.

29. WAHRLICH, B. M. S. *Uma análise das teorias de organização*. Rio de Janeiro: Fundação Getúlio Vargas, 1971. p. 7-19.

30. GULICK, L. Notes on the theory of organization. *In*: GULICK, L.; URWICK, L. F. (eds.). *Papers on the science of administration*. Columbia University: Institute of Public Administration, 1937. p. 11.

31. WALDO, D. The status and prospects of Administrative Theory. *In*: *49º Annual Conference of American Political Science Association*, set. 1953, Washington, D.C.

32. MERRIL, H. F. (ed.). *Classics in management*. New York: American Management Association, Inc., 1960, apresenta os autores clássicos em Administração, a saber:

Robert Owen (1771-1858);
Charles Babbage (1792-1871);
Henry Metcalfe (1847-1917);
Henry Robinson Towne (1844-1924);
Frederick Winslow Taylor (1856-1915);
Henry Lawrence Gantt (1861-1919);
Russel Robb (1864-1927);
Harrington Emerson (1853-1931);
Alexander Hamilton Church (1866-1936);
Henri Fayol (1841-1925);
Leon Pratt Alford (1877-1942);
Frank Bunker Gilbreth (1868-1924);
Oliver Sheldon (1894-1951);
Mary Parker Follet (1868-1933).

2 ADMINISTRAÇÃO CIENTÍFICA: ARRUMANDO O CHÃO DA FÁBRICA

OBJETIVOS DE APRENDIZAGEM

- Mostrar os fundamentos da Administração Científica.
- Identificar a ênfase na tarefa e nos meios (métodos e processos de trabalho) e na busca da eficiência (a melhor maneira de fazer um trabalho).
- Indicar a mudança das atitudes e dos comportamentos em função da Administração Científica.
- Identificar as limitações e as restrições da Administração Científica.

O QUE VEREMOS ADIANTE

- A obra de Taylor.
- Administração como ciência.
- Organização Racional do Trabalho (ORT).
- Princípios da Administração Científica.
- Apreciação crítica da Administração Científica.
- Conclusões.

CASO INTRODUTÓRIO

A Tecno Componentes

Estêvão Marques recebeu uma incrível notícia da diretoria da Tecno Componentes: a sua promoção ao cargo de Gerente de Produção. A empresa se dedica à produção de materiais elétricos e está perdendo mercado devido aos seus elevados custos industriais e à consequente perda de competitividade. Sem dúvida, a diretoria espera que ele faça melhorias rápidas para reposicionar a empresa no mercado. Como Estêvão poderia planejar seu trabalho?

INTRODUÇÃO

No início do século 20, surgiu a Administração como ciência graças aos trabalhos do engenheiro norte-americano Frederick Winslow Taylor, considerado o seu fundador. Sua abordagem, conhecida como Escola da Administração Científica, baseia-se na ênfase colocada nas tarefas e em sua racionalização. Apesar de o trabalho sempre ter existido ao longo da história da humanidade, nunca se pensou em estudá-lo ou melhorá-lo. Taylor foi um dos primeiros a fazê-lo. O nome *Administração Científica* é devido à tentativa de aplicação dos métodos da ciência – como observação e mensuração – aos problemas da Administração, a fim de aumentar a eficiência industrial. Taylor teve seguidores (como Gantt, Gilbreth, Emerson, Ford, Barth, entre outros) e provocou uma verdadeira revolução no pensamento administrativo e no mundo industrial de sua época. A sua preocupação original foi eliminar o fantasma do desperdício e das perdas sofridas pelas indústrias e elevar os níveis de produtividade por meio da aplicação de métodos e técnicas da Engenharia Industrial.

2.1 A OBRA DE TAYLOR

Frederick Winslow Taylor (1856-1915) veio de uma família *quaker* de princípios rígidos e foi educado com forte mentalidade de disciplina, devoção ao trabalho e poupança. Iniciou sua carreira como operário na Midvale Steel Co., passando a capataz, contramestre até chegar a engenheiro, quando se formou pelo Stevens Institute. Na época, vigorava o sistema de pagamento por peça ou por tarefa. Os patrões procuravam ganhar o máximo na hora de fixar o preço da tarefa, enquanto os operários reduziam o ritmo de produção para contrabalancear o pagamento por peça, determinado pelos patrões. Isso levou Taylor a estudar o problema de produção para tentar uma solução justa tanto para os patrões quanto para os empregados.

2.1.1 Primeiro período de Taylor

O primeiro período de Taylor corresponde à época da publicação de seu livro *Shop management* ("Administração de oficinas"), em 1903,[1] sobre as técnicas de racionalização do trabalho do operário, por meio do estudo de tempos e movimentos (*motion-time study*). Taylor começou por baixo, junto com os operários no nível de execução, efetuando um paciente trabalho de análise das tarefas de cada um deles, decompondo os seus movimentos e processos de trabalho para aperfeiçoá-los e racionalizá-los. Verificou que o operário médio e com o equipamento disponível produzia muito menos do que era potencialmente capaz. Concluiu que se o operário mais produtivo percebe que obtém a mesma remuneração que o seu colega menos produtivo, acaba se acomodando, perdendo o interesse e não produzindo de acordo com sua capacidade. Daí a necessidade de criar condições de pagar mais ao operário que produz mais como um prêmio ao bom trabalho. Em essência, Taylor alegava que:

- O objetivo da Administração é pagar salários melhores e reduzir custos de produção.
- Para realizar tal objetivo, a Administração deve aplicar métodos científicos de pesquisa e experimentos para formular princípios e estabelecer processos padronizados que permitam o controle das operações fabris.
- Os empregados devem ser cientificamente selecionados e colocados em seus postos com condições de trabalho adequadas, para que as normas possam ser cumpridas.

- Os empregados devem ser cientificamente treinados para aperfeiçoar suas aptidões e executar as tarefas para que a produção normal seja cumprida.
- A Administração precisa criar uma atmosfera de íntima e cordial cooperação com os trabalhadores para garantir a permanência desse ambiente psicológico.[2]

SAIBA MAIS **Sobre a aplicação do método cartesiano**

O ponto de partida de Taylor foi a aplicação dos princípios da tecnologia de sua época ao trabalho manual. Aplicou às operações manuais os mesmos princípios que os projetistas aplicavam às operações das máquinas no século 19. Taylor identificava o trabalho a ser feito e o decompunha em suas operações individuais para definir a maneira certa de realizar cada operação com mais rapidez e com maior economia de tempo e movimentos. O método cartesiano está na base desse raciocínio. Foi a primeira vez que se deu atenção ao trabalho manual. Ao longo de toda a história da humanidade, o trabalho sempre fora considerado um fato natural e consumado, e que não chamava a atenção de ninguém.

2.1.2 Segundo período de Taylor

Corresponde à publicação do seu livro *Princípios de Administração Científica* (1911)[3] quando concluiu que a racionalização do trabalho do operário deveria ser acompanhada de uma estruturação geral para tornar coerente a aplicação dos seus princípios na empresa como um todo. A partir daí, desenvolveu seus estudos sobre a Administração geral, a qual denominou Administração Científica, sem deixar de lado a sua preocupação quanto à tarefa do operário.

Para Taylor, as indústrias de sua época padeciam de três males:

1. Vadiagem sistemática dos operários, que reduziam a produção a cerca de um terço da que seria normal, para evitar a redução das tarifas de salários pela gerência. Há três causas determinantes da vadiagem no trabalho:[4]
   - O engano dos trabalhadores de que quanto maior o rendimento do homem e da máquina, maior o desemprego.
   - O sistema defeituoso de Administração, que força os operários à ociosidade no trabalho a fim de proteger seus interesses pessoais.
   - Os métodos empíricos e ineficientes utilizados nas empresas, com os quais o operário desperdiça grande parte de seu esforço e tempo.
2. Desconhecimento da gerência a respeito das rotinas de trabalho e do tempo necessário para sua realização.
3. Falta de uniformidade das técnicas e dos métodos de trabalho.

Para sanar esses males, Taylor idealizou a Administração Científica, Gerência Científica ou ORT. Segundo ele, a Administração Científica é uma evolução e não uma teoria, tendo como ingredientes 75% de análise e 25% de bom senso. Sua implantação deve ser gradual e obedecer a um período de tempo para evitar alterações bruscas que causem descontentamento por parte dos empregados e prejuízo aos patrões. No fundo, a Administração Científica é uma combinação de "ciência em lugar de empirismo; harmonia em vez de discórdia; cooperação e não individualismo; rendimento máximo em lugar de produção reduzida; desenvolvimento de cada homem a fim de alcançar maior eficiência e prosperidade".[5]

CHIAVENATO DIGITAL

Aumente seus conhecimentos sobre **A lenta construção da eficiência** na seção *Saiba mais* TGA 1 2.1

Pena que Taylor não foi bem compreendido em sua época.

2.2 ADMINISTRAÇÃO COMO CIÊNCIA

Para Taylor, a organização e a Administração devem ser estudadas e tratadas cientificamente e não empiricamente. A improvisação deve ceder lugar ao planejamento, e o empirismo, à ciência. O mérito de Taylor como pioneiro reside em encarar sistematicamente o estudo da organização. O fato de ter sido o primeiro a fazer uma análise completa do trabalho - analisar, inclusive, os tempos e os movimentos, estabelecer padrões de execução, treinar os operários, especializar o pessoal (inclusive o de direção), instalar uma sala de planejamento –, ou seja, assumir uma atitude metódica ao observar e organizar a unidade fundamental de trabalho, adotando esse critério até o topo da organização, eleva Taylor a um nível não comum no campo da organização.[6]

SAIBA MAIS **Sobre Administração Científica**

A Administração Científica constitui uma combinação dos seguintes ingredientes:

- "Ciência, em lugar de empirismo.
- Harmonia, em vez de discórdia.
- Cooperação, não individualismo.
- Rendimento máximo, em lugar de produção reduzida.
- Desenvolvimento de cada homem, no sentido de alcançar maior eficiência e prosperidade".[7]

Taylor procurou aplicar a Administração Científica aos padrões de produção, à padronização de máquinas e ferramentas, aos métodos e às rotinas para execução de tarefas e aos prêmios de produção para incentivar a produtividade.[8] Embora ele se preocupasse mais com a filosofia - com a essência da ideia que exige uma revolução mental tanto da direção quanto dos operários –, a tendência de seus seguidores foi uma preocupação maior com as técnicas do que com a filosofia da Administração Científica.[9]

O principal objetivo da Administração é assegurar o máximo de prosperidade ao patrão e, ao mesmo tempo, o máximo de prosperidade ao empregado. O princípio da máxima prosperidade para o patrão acompanhada da máxima prosperidade para o empregado deve ser o objetivo final da Administração. Com isso, obtém-se uma identidade de interesses entre empregados e empregadores.

PARA REFLEXÃO

A desconfiança gerencial

Dora Lopes sempre foi uma pessoa muito desconfiada e relutante. Sua maior preocupação é que nenhum de seus funcionários fique vadiando nos corredores da fábrica. Quase sempre, Dora percorre as instalações para se certificar de que todos estejam trabalhando. Você acha isso correto? Como Dora deveria proceder?

2.3 ORGANIZAÇÃO RACIONAL DO TRABALHO

Taylor verificou que os operários aprendiam seu trabalho por meio da observação dos companheiros vizinhos. Notou que isso levava a diferentes métodos para fazer a mesma tarefa e a uma enorme variedade de instrumentos e ferramentas diferentes em cada operação. Sempre há um método mais rápido e um instrumento mais adequado que os demais, que podem ser encontrados e aperfeiçoados por meio de uma análise científica e um acurado estudo de tempos e movimentos, em vez de ficar a critério de cada operário. Essa tentativa de substituir métodos empíricos e rudimentares pelos métodos científicos recebeu o nome de ORT.

SAIBA MAIS **Sobre a divisão do trabalho entre gerência e execução**

Para Taylor, o operário não tem capacidade, nem formação, nem meios para analisar cientificamente seu trabalho e estabelecer racionalmente o método mais eficiente. Antes, o supervisor deixava ao critério de cada operário a escolha do método de execução de seu trabalho para encorajar sua iniciativa. Com a Administração Científica, ocorre uma repartição de responsabilidades: a Administração (gerência) fica com o planejamento (estudo do trabalho do operário e estabelecimento do método de trabalho) e a supervisão (assistência contínua ao trabalhador durante a produção), enquanto o trabalhador fica somente com a execução do trabalho. A gerência pensa e o trabalhador executa.

A ORT se fundamenta nos aspectos que veremos a seguir:

2.3.1 Análise do trabalho e estudo dos tempos e movimentos

O instrumento básico para se racionalizar o trabalho dos operários era o estudo de tempos e movimentos (*motion-time study*). O trabalho é executado melhor e mais economicamente por meio da análise do trabalho, isto é, da divisão e da subdivisão de todos os movimentos necessários à execução de cada operação de uma tarefa. Observando metodicamente a execução de cada operação a cargo dos operários, Taylor viu a possibilidade de decompor cada tarefa e cada operação da tarefa em uma série ordenada de movimentos simples.

Os movimentos inúteis são eliminados, enquanto os movimentos úteis são simplificados, racionalizados ou fundidos com outros movimentos para proporcionar economia de tempo e de esforço ao operário. À análise do trabalho, segue-se o estudo dos tempos e movimentos com a utilização do cronômetro, para a determinação do tempo médio que o operário comum levaria para a execução da tarefa. Ao tempo médio, são adicionados os tempos elementares e mortos (esperas, tempos de saída do operário da linha para suas necessidades pessoais etc.), para resultar no tempo padrão. Com isso, padroniza-se o método de trabalho e o tempo médio destinado à sua execução. Método é a maneira de se fazer alguma coisa para obter determinado resultado. O estudo dos tempos e movimentos permite a racionalização do método de trabalho e a fixação do tempo padrão para sua execução.

SAIBA MAIS

As vantagens do método[10]

- Elimina o desperdício de esforço humano e de movimentos inúteis.
- Racionaliza a seleção dos operários e sua adaptação ao trabalho.
- Facilita o treinamento dos operários e melhora a eficiência e o rendimento da produção pela especialização das atividades.
- Distribui uniformemente o trabalho e evita períodos de falta ou excesso de trabalho.
- Define métodos e estabelece normas para a execução do trabalho.
- Estabelece uma base uniforme para salários equitativos e prêmios de produção.

Frank B. Gilbreth (1868-1924) foi um engenheiro norte-americano que acompanhou Taylor em seu trabalho pelo aumento da produtividade.[11] Introduziu o estudo dos tempos e movimentos dos operários como técnica administrativa básica para a racionalização do trabalho. Para ele, todo trabalho manual pode ser reduzido a movimentos elementares (aos quais deu o nome de *therblig*, anagrama de Gilbreth) para definir os movimentos necessários à execução de qualquer tarefa.[12]

Quadro 2.1 Os movimentos elementares (*therbligs*) de Gilbreth

1. Procurar	10. Utilizar
2. Escolher	11. Soltar a carga
3. Pegar	12. Inspecionar
4. Transportar vazio	13. Segurar
5. Transportar cheio	14. Esperar inevitavelmente
6. Posicionar (colocar em posição)	15. Esperar quando evitável
7. Preposicionar – preparar para pôr em posição	16. Repousar
8. Unir (ligar ou amarrar)	17. Planejar
9. Separar	

Os movimentos elementares (*therbligs*) permitem decompor e analisar qualquer tarefa. Por exemplo, colocar parafusos envolve sete *therbligs*: pegar o parafuso, transportar até a peça, posicionar, pegar e transportar a chave de fenda até o parafuso, utilizar e posicionar na situação correta. Para Gilbreth, o *therblig* é a unidade fundamental de trabalho e o elemento básico da Administração Científica.

2.3.2 Estudo da fadiga humana

A fadiga é considerada um redutor da eficiência. O estudo dos movimentos leva em conta a anatomia e fisiologia humanas. Nesse sentido, Gilbreth efetuou estudos (estatísticos e não fisiológicos, pois era engenheiro) sobre os efeitos da fadiga na produtividade do operário. Verificou que a fadiga predispõe o trabalhador à diminuição da produtividade e da qualidade do trabalho, à perda de tempo e esforço, ao aumento da rotatividade de pessoal, a doenças e acidentes.

SAIBA MAIS **Gilbreth e o estudo dos movimentos humanos**

Para Gilbreth, o estudo dos movimentos humanos tem uma tripla finalidade:

- Evitar movimentos inúteis na execução de uma tarefa.
- Execução econômica dos movimentos úteis do ponto de vista fisiológico.
- Seriação dos movimentos (princípios de economia de movimentos).

Para reduzir a fadiga dos operários, Gilbreth propõe três princípios de economia de movimentos:

- Relativo ao uso do corpo humano.
- Relativo ao arranjo material do local de trabalho.
- Relativo ao desempenho das ferramentas e do equipamento.

A Administração Científica pretendia racionalizar os movimentos, eliminando aqueles que não estão diretamente relacionados com a tarefa e os que produzem fadiga.

2.3.3 Divisão do trabalho e especialização do operário

A ORT provocou a reestruturação das operações industriais nos Estados Unidos, eliminando os movimentos desnecessários e economizando energia e tempo. Duas das decorrências do estudo dos tempos e movimentos foram a divisão do trabalho e a especialização do operário, a fim de elevar sua produtividade. Cada operário passou a ser especializado na execução de uma única tarefa para se ajustar aos padrões e às normas de desempenho definidos pelo método.

CHIAVENATO DIGITAL

Aumente seus conhecimentos sobre **O aparecimento da linha de montagem e a rotinização do trabalho** na seção *Saiba mais* TGA 1 2.2

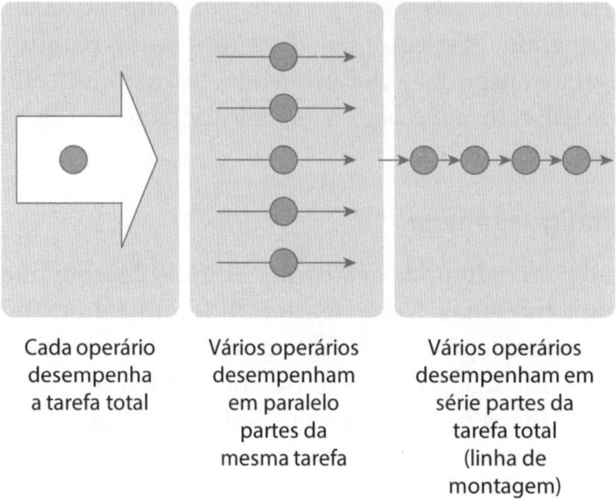

Figura 2.1 Os caminhos da divisão do trabalho e da especialização do operário.

VOLTANDO AO CASO INTRODUTÓRIO

A Tecno Componentes

O primeiro passo de Estêvão Marques como Gerente de Produção foi analisar os tempos e movimentos das principais operações da fábrica. Queria definir tempos padrões para poder planejar o trabalho, saber o tempo médio de produção de cada produto e, com isso, saber quantos produtos poderia fabricar por hora, dia, semana ou mês. Isso lhe daria uma ideia precisa do custo de mão de obra por produto. Como você poderia ajudar Estêvão?

2.3.4 Desenho de cargos e tarefas

A primeira tentativa de definir e estabelecer racionalmente cargos e tarefas surgiu com a Administração Científica. Nesse aspecto, Taylor foi o pioneiro. E como todo pioneiro, é reverenciado por alguns e criticado por outros.

Tarefa é toda atividade executada por uma pessoa no seu trabalho, é a menor unidade possível dentro da divisão do trabalho em uma organização. Cargo é o conjunto de tarefas executadas de maneira cíclica ou repetitiva. Desenhar um cargo é especificar seu conteúdo (tarefas), os métodos de executar as tarefas e as relações com os demais cargos existentes. O desenho de cargos é a maneira pela qual um cargo é criado, projetado e combinado com outros cargos para a execução das tarefas.

A simplificação no desenho dos cargos permite as seguintes vantagens:

- Contratação de empregados com qualificações mínimas e salários menores para reduzir os custos de produção.
- Minimização dos custos de treinamento.

- Redução de erros na execução, diminuindo os refugos e as rejeições.
- Facilidade de supervisão, permitindo que cada supervisor controle um número maior de subordinados.
- Aumento da eficiência do trabalhador, permitindo maior produtividade.

2.3.5 Incentivos salariais e prêmios de produção

Uma vez analisado o trabalho, racionalizadas as tarefas, definido o tempo padrão, selecionado cientificamente o operário e o treinado de acordo com o método preestabelecido, resta fazer com que o operário colabore com a empresa e trabalhe dentro dos padrões de tempo previstos. Para obter a colaboração do operário, foram desenvolvidos planos de incentivos salariais e de prêmios de produção. A ideia básica era a de que a remuneração baseada no tempo (salário mensal, diário ou por hora) não estimula ninguém a trabalhar mais e deve ser substituída por remuneração baseada na produção de cada operário (salário por peça): o operário que produz pouco ganha pouco, e o que produz mais ganha na proporção de sua produção. O estímulo salarial adicional para que os operários ultrapassem o tempo padrão é o prêmio de produção.

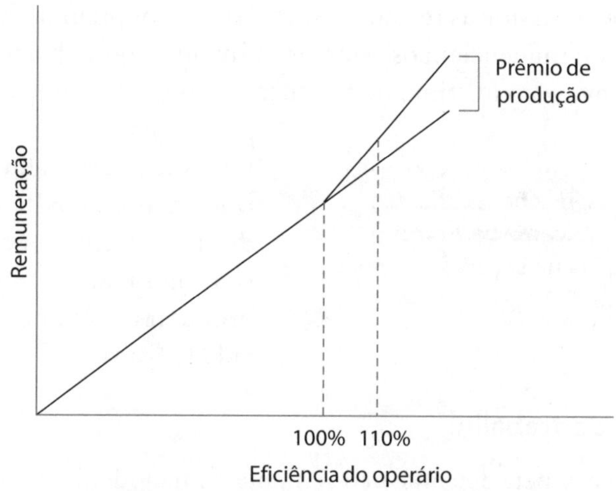

Figura 2.2 Plano de incentivo salarial.

> **SAIBA MAIS** **Sobre a criação de riqueza**
>
> Com o plano de incentivo salarial, Taylor pretendia conciliar os interesses da empresa – redução do custo de produção e maior rendimento e produtividade – com os dos operários – obtenção de salários mais elevados. Essa identidade de interesses de patrões e empregados quanto à participação nos ganhos proporcionados pela Administração Científica levou Taylor a julgar que o que era bom para a empresa

(eficiência = maior lucro) era igualmente bom para os empregados (maior produção = maior salário). A implantação da Administração Científica levou o operário norte-americano a ser um dos operários mais bem pagos do mundo industrializado e detentor de elevado padrão de vida graças aos seus salários. Contudo, esse operário teve de suportar, durante longas décadas, um trabalho simples, repetitivo, padronizado e monótono. Os engenheiros da Administração Científica partiam de pressuposições errôneas a respeito da natureza humana.

2.3.6 Conceito de *homo economicus*

A Administração Científica baseou-se no conceito de homem econômico – *homo economicus*. Segundo esse conceito, toda pessoa é influenciada exclusivamente por recompensas salariais, econômicas e materiais. Em outros termos, o homem procura o trabalho não porque gosta dele, e sim como um meio de ganhar a vida por meio do salário que o trabalho proporciona. O homem é motivado a trabalhar pelo medo da fome e pela necessidade de dinheiro para viver. Assim, as recompensas salariais e os prêmios de produção (salário baseado na produção) influenciam os esforços individuais do trabalho, fazendo com que o trabalhador desenvolva o máximo de produção de que é fisicamente capaz para obter ganho maior. A expectativa reinante: uma vez selecionado cientificamente, o trabalhador, após lhe ensinarem o método de trabalho e condicionarem sua remuneração à eficiência, passaria a produzir o máximo dentro de sua capacidade física.

CHIAVENATO DIGITAL

Aumente seus conhecimentos sobre **O conceito de *homo economicus*** na seção *Saiba mais* TGA 1 2.3

2.3.7 Condições de trabalho

Verificou-se que a eficiência depende não somente do método de trabalho e do incentivo salarial, mas também de um conjunto de condições de trabalho que garantam o bem-estar físico do trabalhador e diminuam a fadiga. As condições de trabalho que mais preocuparam a Administração Científica foram:

- Adequação de instrumentos e ferramentas de trabalho para minimizar o esforço do operário e a perda de tempo na execução da tarefa.
- Arranjo físico dos equipamentos para racionalizar o fluxo da produção.
- Melhoria do ambiente físico de trabalho para que o ruído, a ventilação, a iluminação e o conforto no trabalho não reduzam a eficiência do trabalhador.
- Projeto de instrumentos e equipamentos de apoio, como transportadores, seguidores, contadores e utensílios, para reduzir movimentos inúteis.

SAIBA MAIS **Conforto e produtividade andam de mãos dadas**

A Administração Científica deu muita importância às condições de trabalho no aumento da eficiência. O conforto do operário e a melhoria do ambiente físico (iluminação, ventilação, ruído, aspectos visuais da fábrica etc.) passam a ser valorizados, não porque as pessoas os merecessem, mas porque eram essenciais para a melhoria da eficiência do trabalhador.

2.3.8 Racionalização do trabalho

A contribuição de Taylor à Administração foi logo enriquecida com uma torrente de outras contribuições feitas por contemporâneos, cada qual preocupado em divulgar a sua própria versão da nova Ciência da Administração.

CHIAVENATO DIGITAL

Aumente seus conhecimentos sobre **As contribuições de Henry Lawrence Gantt para a Administração** na seção *Saiba mais* TGA 1 2.4

2.3.9 Padronização

A ORT não se preocupou apenas com a análise do trabalho, o estudo dos tempos e movimentos, a fadiga do operário, a divisão do trabalho, a especialização do operário e os planos de incentivos salariais. Ela foi além: passou a se preocupar também com a padronização dos métodos e dos processos de trabalho, com a padronização das máquinas e equipamentos, ferramentas e instrumentos de trabalho, matérias-primas e componentes no intuito de reduzir a variabilidade e a diversidade no processo produtivo e, daí, eliminar o desperdício e aumentar a eficiência.

SAIBA MAIS **Sobre conceito de padrão**

Padrão é uma unidade de medida adotada e aceita comumente como critério. A padronização é a aplicação de padrões em uma organização para obter uniformidade e redução de custos. Ela passa a ser vital para a Administração Científica na melhoria da eficiência. A padronização conduz à simplificação à medida que a uniformidade reduz a variabilidade e as exceções que complicam o processo produtivo.

2.3.10 Supervisão funcional

A especialização do operário deve ser acompanhada da especialização do supervisor. Taylor era contrário à centralização da autoridade e propunha a chamada supervisão funcional, que nada mais é do que a existência de diversos supervisores, cada qual especializado em determinada área e que tem autoridade funcional (relativa somente à sua especialidade) sobre os mesmos subordinados. A autoridade funcional é relativa e parcial. Para Taylor, o tipo de organização por excelência é a organização funcional. "A administração funcional consiste em dividir o trabalho de maneira que cada homem, desde o assistente até o superintendente, tenha que executar a menor variedade possível de funções. Sempre que possível, o trabalho de cada homem deverá limitar-se à execução de uma única função".[13]

Para Taylor, "[...] a característica mais marcante da administração funcional consiste no fato de que cada operário, em lugar de se pôr em contato direto com a administração em um único ponto (por meio de seu chefe de turma), recebe orientação e ordens diárias de vários encarregados diferentes, cada qual desempenhando sua própria função particular".[14]

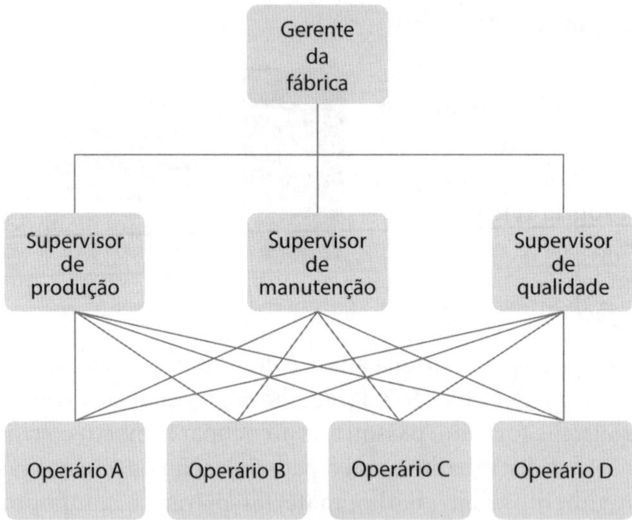

Figura 2.3 A supervisão funcional.

SAIBA MAIS **Sobre a divisão do trabalho e a especialização da supervisão**

A supervisão funcional representa a aplicação da divisão do trabalho e da especialização no nível dos supervisores e chefes. A Administração funcional é um tipo de organização que permite que especialistas – e não os mestres – transmitam a cada operário o conhecimento e a orientação. Permite a utilização do princípio da divisão do trabalho, reduzindo ao mínimo as funções de cada operário. Tende a produzir elevada eficiência em cada operário e no conjunto deles.[15] Na realidade, a funcionalização da supervisão foi uma contribuição da Administração Científica e pressupõe a autoridade funcional, relativa e dividida que logo depois foi abandonada por não produzir resultados satisfatórios.

Essa concepção funcional de supervisão trouxe muitas críticas, pois se argumenta que um operário não pode se subordinar a dois ou mais chefes. Apesar disso, o tipo funcional de Administração foi uma revolução e, mais do que isso, uma previsão notável, na época, do rumo que os problemas administrativos e empresariais haveriam de tomar com a crescente complexidade das empresas.

PARA REFLEXÃO

Produtividade da BMZ

João Salgado é gerente da fábrica de motores da BMZ. Sua responsabilidade é manter a fábrica funcionando regularmente e com eficiência. João está preocupado, pois não consegue alcançar os padrões alcançados pelas outras fábricas concorrentes, que atingem uma média de 10.000 motores anuais por empregado. João está tentando melhorar a produtividade de sua fábrica, que não chega a 7.000 motores por ano por empregado. O que fazer?

2.4 PRINCÍPIOS DA ADMINISTRAÇÃO CIENTÍFICA

A preocupação de racionalizar, padronizar e prescrever normas de conduta ao administrador levou os engenheiros da Administração Científica a pensar que tais princípios pudessem ser aplicados a todas as situações possíveis. Um princípio é uma afirmação válida para determinada situação; é uma previsão antecipada do que deverá ser feito quando ocorrer tal situação.

2.4.1 Princípios da Administração Científica de Taylor

Para Taylor, a gerência deve seguir quatro princípios:

1. **Princípio de planejamento**: substituir, no trabalho, o critério individual do operário, a improvisação e a atuação empírico-prática por métodos baseados em procedimentos científicos; substituir a improvisação pela ciência por meio do planejamento do método de trabalho.
2. **Princípio de preparo**: selecionar cientificamente os trabalhadores de acordo com suas aptidões e prepará-los e treiná-los para produzirem mais e melhor, de acordo com o método planejado; preparar máquinas e equipamentos em um arranjo físico e disposição racional.
3. **Princípio do controle**: controlar o trabalho para se certificar de que está sendo executado de acordo com os métodos estabelecidos e segundo o plano previsto. A gerência deve cooperar com os trabalhadores para que a execução seja a melhor possível.
4. **Princípio da execução**: distribuir atribuições e responsabilidades para que a execução do trabalho seja disciplinada.

CHIAVENATO DIGITAL

Aumente seus conhecimentos sobre **Outros princípios implícitos da Administração segundo Taylor** na seção *Saiba mais* TGA 1 2.5

2.4.2 Princípios de eficiência de Emerson

Harrington Emerson (1853-1931) foi um engenheiro que simplificou os métodos de trabalho, popularizou a Administração Científica e desenvolveu os primeiros trabalhos sobre seleção e treinamento de empregados. Seus princípios são:[16]

- Traçar um plano bem definido e de acordo com os objetivos a alcançar;
- Estabelecer o predomínio do bom senso;
- Oferecer orientação e supervisão aos operários;
- Manter a disciplina;
- Impor honestidade nos acordos e aplicar justiça social no trabalho;
- Manter registros precisos, imediatos e adequados;
- Oferecer remuneração proporcional ao trabalho;
- Fixar normas padronizadas para as condições de trabalho;
- Fixar normas padronizadas para o trabalho em si;
- Fixar normas padronizadas para as operações;
- Estabelecer instruções precisas ao pessoal;
- Oferecer incentivos ao pessoal para aumentar o rendimento e a eficiência.

Emerson antecipou-se à Administração por Objetivos, proposta por Peter Drucker por volta da década de 1960.

PARA REFLEXÃO

Expansão da MMWX

A MMWX é uma indústria produtora de peças para automóveis. Em função das exigências do mercado, a fábrica precisa aumentar sua produção em 15% no próximo ano. Para tanto, deverão ser contratados cerca de 80 empregados, além de alterações em máquinas e equipamentos e nos métodos de produção. Como você procederia nessa situação?

2.4.3 Princípios básicos de Ford

Provavelmente o mais conhecido de todos os precursores da Administração Científica, Henry Ford (1863-1947) iniciou sua vida como mecânico. Projetou um modelo de carro e, em 1899, fundou sua primeira fábrica de automóveis, que logo depois foi fechada. Sem desanimar, fundou, em 1903, a Ford Motor Co, com a ideia de popularizar um produto caro, que antes era artesanal e destinado a poucos milionários. Revolucionou a estratégia comercial da época ao vender carros a preços populares e com assistência técnica garantida, quando não havia ruas e estradas adequadas. Entre 1905 e 1910, promoveu a grande inovação do século 20: a produção em massa. Embora não tenha inventado o automóvel, nem mesmo a linha de montagem, Ford inovou na organização do trabalho: a produção de maior número de produtos acabados com a maior garantia de qualidade e pelo menor custo possível. E essa inovação teve maior impacto sobre a maneira de viver do ser humano do que muitas das maiores invenções do passado da humanidade. Em 1913, Ford já fabricava 800 carros por dia. Em 1914, repartiu com seus empregados uma parte do controle acionário da empresa. Estabeleceu o salário mínimo de US$ 5,00 por dia e a jornada diária de oito horas em uma época em que a jornada variava entre dez e 12 horas. Em 1926, já tinha 88 fábricas e empregava 150.000 pessoas, fabricando 2.000.000 carros por ano. Utilizou um sistema de concentração vertical, produzindo desde a matéria-prima inicial até o produto final acabado, além da concentração horizontal, por meio de uma cadeia de distribuição comercial por intermédio de agências próprias. Henry Ford conquistou uma das maiores fortunas do mundo graças ao constante aperfeiçoamento de seus métodos e processos de trabalho.

CHIAVENATO DIGITAL

Aumente seus conhecimentos sobre **O fordismo** na seção *Saiba mais* TGA 1 2.6

Para Ford, a condição-chave da produção em massa é a simplicidade. Três aspectos suportam o sistema:

1. A progressão do produto por meio do processo produtivo é planejada, ordenada e contínua.
2. O trabalho é entregue ao trabalhador em vez de deixá-lo com a iniciativa de ir buscá-lo.
3. As operações são analisadas em seus elementos constituintes.

Para obter um esquema que se caracteriza pela aceleração da produção por meio de um trabalho ritmado, coordenado e econômico, Ford adotou três princípios:

1. **Princípio de intensificação**: diminuir o tempo de execução com o uso imediato dos equipamentos e da matéria-prima e a rápida colocação do produto no mercado.
2. **Princípio de economicidade**: reduzir ao mínimo o volume do estoque da matéria-prima em transformação, fazendo com que o automóvel fosse pago à empresa antes de vencido o prazo de pagamento dos salários e da matéria-prima adquirida. A velocidade de produção deve ser rápida: "o minério sai da mina no sábado e é entregue sob a forma de um carro ao consumidor na terça-feira, à tarde".[17]
3. **Princípio de produtividade**: aumentar a capacidade de produção do homem no mesmo período (produtividade) por meio da especialização e da linha de montagem. O operário ganha mais e o empresário tem maior produção.

VOLTANDO AO CASO INTRODUTÓRIO

A Tecno Componentes

O segundo passo de Estêvão Marques foi aprimorar os métodos de trabalho na fábrica. Conhecendo os movimentos utilizados pelos operários, tornou-se possível racionalizá-los, eliminando movimentos inúteis e aprimorando movimentos úteis. Estêvão queria reduzir em 20% o tempo de produção com a melhoria dos métodos de trabalho. E isso representaria um excelente aumento da produtividade na empresa.

2.4.4 Princípio da exceção

Taylor adotou um sistema de controle operacional simples e baseado não no desempenho médio, mas na verificação das exceções ou desvios dos padrões normais. Em outros termos, tudo o que ocorre dentro dos padrões normais não deve ocupar demasiadamente a atenção do administrador. Ele deve preocupar-se com as ocorrências que se afastam dos padrões – as exceções –, para que sejam corrigidas. Os desvios positivos ou negativos que fogem dos padrões normais devem ser identificados e localizados para a tomada de providências.

SAIBA MAIS **Sobre o princípio da exceção**

Segundo esse princípio, as decisões mais frequentes devem ser transformadas em rotina e delegadas aos subordinados, deixando os problemas mais sérios e importantes para os superiores. O princípio da exceção é um sistema de informação que acusa os resultados concretos que divergem ou se distanciam dos resultados previstos.[18] Ele se baseia em relatórios condensados e resumidos que mostram apenas os desvios ou afastamentos (o que não se situa nos quartis 1 a 3), omitindo as ocorrências normais, tornando-os comparativos e de fácil utilização e visualização. Essa foi a forma pela qual Taylor concebeu a delegação que se tornaria depois um princípio de organização amplamente aceito.[19]

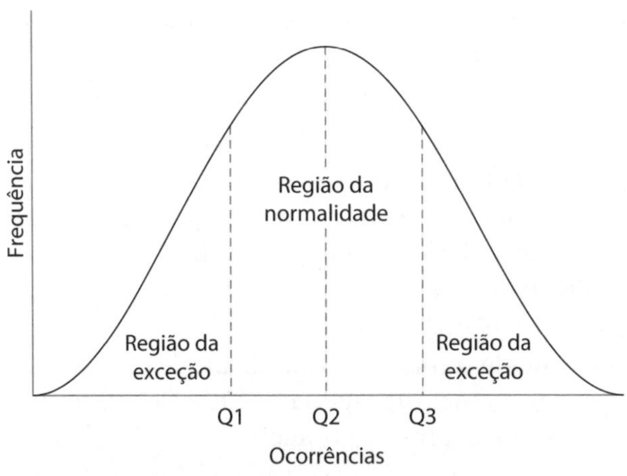

Figura 2.4 Princípio da exceção.

PARA REFLEXÃO

Rendimento da linha de montagem

Para melhorar o rendimento da linha de montagem de sua seção, Alexandra pretende medir os tempos e movimentos do pessoal para melhor balancear o ritmo e a cadência do trabalho. Como Alexandra deveria agir como supervisora da seção?

2.5 APRECIAÇÃO CRÍTICA DA ADMINISTRAÇÃO CIENTÍFICA

Na verdade, a Administração Científica deveria ser denominada Estudo Científico do Trabalho. Foi a precursora da moderna organização do trabalho e da Engenharia Industrial.

A Administração Científica é passível de críticas que não diminuem o mérito e o galardão de pioneiros e desbravadores da nascente teoria administrativa. Na época, a mentalidade reinante e os preconceitos – tanto dos dirigentes quanto dos empregados –, a falta de conhecimento sobre assuntos administrativos, a precária experiência industrial e empresarial não apresentava condições propícias de formulação de hipóteses, nem o suporte adequado para a elaboração de conceitos mais rigorosos.

CHIAVENATO DIGITAL

Aumente seus conhecimentos sobre **A revolução industrial provocada pela Administração Científica** na seção *Saiba mais* TGA 1 2.7

As principais críticas à Administração Científica são apresentadas a seguir:

2.5.1 Mecanicismo da Administração Científica

A Administração Científica restringiu-se às tarefas e aspectos diretamente relacionados com o cargo e função do operário. Embora toda organização seja constituída de pessoas, deu-se pouca atenção ao elemento humano. A organização era concebida como "um arranjo rígido e estático de peças",[20] ou seja, como uma máquina dotada de peças e especificações. Daí a denominação "teoria da máquina"[21] dada à Administração Científica.

SAIBA MAIS **Sobre a visão lógica do trabalho humano**

Os engenheiros da Administração Científica acreditavam que o estudo dos tempos e movimentos permite a determinação do melhor método de trabalho e que, junto à seleção científica do trabalhador e aos cuidados para evitar a fadiga humana, proporcionariam um padrão de produção mais elevado e que, coadjuvado por uma supervisão do tipo funcional, com um plano de incentivo salarial e condições ambientais adequadas de trabalho, conduziria à máxima eficiência possível e, portanto, a maiores lucros e salários. Essa visão mecanicista e lógica nem sempre foi plenamente realizada.

Quanto à Administração Científica, suas principais ferramentas: "[...] foram os estudos dos tempos e movimentos. Os períodos de descanso durante o dia de trabalho foram estudados em termos de recuperação da fadiga fisiológica. Os salários e pagamentos de incentivos, como fontes de motivação, foram concebidos em termos de um modelo do homem econômico".[22]

A pressuposição é a de que os empregados "são essencialmente instrumentos passivos, capazes de executar o trabalho e receber ordens, mas sem poder de iniciativa e sem exercerem influência provida de qualquer significado".[23]

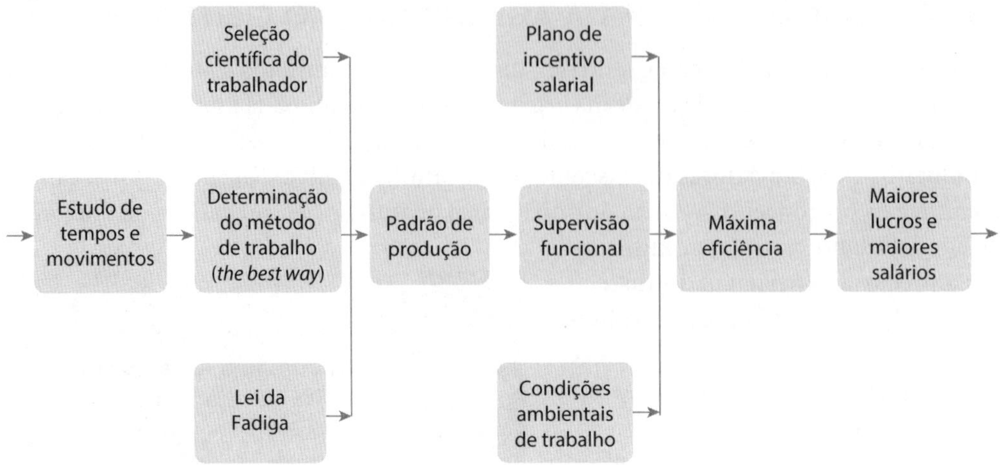

Figura 2.5 A abordagem microscópica e mecanicista da Administração Científica.

> CHIAVENATO DIGITAL — Aumente seus conhecimentos sobre **A pesquisa Hoxie** na seção *Saiba mais* TGA 1 2.8

Verificou-se que a velocidade não é o melhor critério para medir a facilidade com que o operário realiza a operação. O método é mais uma intensificação do ritmo de trabalho do que uma racionalização do processo de trabalho, procurando sempre o rendimento máximo e não apenas o rendimento ótimo.

Os princípios adotados por Taylor para conciliar interesses entre patrões e empregados foram a causa de transtornos e críticas sofridas posteriormente. O fato de supor que o empregado age motivado pelo interesse do ganho material e financeiro, produzindo o máximo possível (conceito do *homo economicus*), mas sem levar em consideração outros fatores motivacionais importantes foi, sem dúvida, outro aspecto mecanicista típico dessa teoria. De modo geral, a abordagem dos engenheiros norte-americanos concebeu a organização dentro de um sentido mecânico, e o emprego de técnicas mecanicistas passou a representar a desumanização do trabalho industrial.

> CHIAVENATO DIGITAL — Aumente seus conhecimentos sobre **Produtividade como consequência do conhecimento** na seção *Saiba mais* TGA 1 2.9

2.5.2 Superespecialização do operário

Na busca da eficiência, a Administração Científica preconizava a especialização do operário por meio da divisão do trabalho em seus elementos constitutivos. As tarefas mais simples – o resultado daquela divisão – podem ser mais facilmente ensinadas e a perícia do operário pode ser incrivelmente aumentada. Por outro lado, alcança-se uma respeitável padronização no desempenho dos operários, pois à medida que as tarefas vão se fracionando, a maneira de executá-las torna-se padronizada.[24] No entanto, essas "formas de organização de tarefas privam os operários da satisfação no trabalho, e, o que é pior, violam a dignidade humana".[25]

SAIBA MAIS **Sobre a superespecialização do operário**

A especialização do operário por meio da fragmentação das tarefas torna supérflua sua qualificação: facilita-se, com isso, a seleção, o treinamento e a supervisão do pessoal. A partir daí, a divisão do trabalho contribui para facilitar a execução da tarefa e permitir a constante troca de indivíduos, além de incorporar forças de trabalho de nível mais baixo, ampliando o mercado de trabalho. Até certo ponto, esse esquema será o responsável pelo alcance de altos lucros no curto prazo, com baixo nível salarial e à custa de tensões sociais e sindicais. Mas o desencanto se fez presente com a grande depressão. No seu livro *Admirável mundo novo*, publicado em 1932, Aldous Huxley (1894-1963) retrata a sociedade do futuro, em que a tecnologia é o senhor e o homem, o seu escravo. Charles Chaplin (1889-1977) trouxe essa ideia em 1936 com seu filme *Tempos Modernos*, no qual pintava Carlitos como o homem robotizado, a desafortunada vítima de uma tecnologia desumana. O repúdio à tecnologia não é a melhor resposta, e sim o esforço de fazê-la trabalhar como nosso instrumento e como nossa serva: novos instrumentos devem requerer carpinteiros mais competentes e não carpinteiros mais servis.

O taylorismo demonstrou que a maneira espontânea com que os trabalhadores executavam suas tarefas era a mais fatigante, a menos econômica e a menos segura. "Em lugar dos erros do passado o taylorismo propõe uma verdadeira racionalização; é esse seu papel positivo. Uma nova ordem de coisas. O taylorismo propõe diminuir o número de atribuições de cada indivíduo e especializar as atribuições de cada chefe. Isso é a negação de apreender a situação total em cada nível. Trata-se de uma decomposição analítica das funções, a recusa de reconhecer os grupos e a negação da visão da situação a cada nível".[26]

Contudo, a proposição de que "a eficiência administrativa aumenta com a especialização do trabalho" não encontrou amparo nos resultados de pesquisas posteriores: qualquer aumento na especialização não consegue redundar necessariamente em um aumento de eficiência.[27]

2.5.3 Visão microscópica do ser humano

A Administração Científica visualiza cada empregado tomado individualmente, ignorando que o trabalhador é um ser humano e social. A partir de sua concepção negativista do homem – as pessoas são preguiçosas e ineficientes –, Taylor enfatiza o papel monocrático do administrador: "[...] a aceleração do trabalho só pode ser obtida por meio da padronização obrigatória dos métodos, adoção obrigatória de instrumentos e condições de trabalho e cooperação obrigatórias. E essa atribuição de impor padrões e forçar a cooperação compete exclusivamente à gerência".[28]

Assim, "o esquema de Taylor implica na proliferação do trabalho desqualificado que coexiste com uma estrutura administrativa monocrática, alienante, na qual a principal virtude é a obediência a ordens".[29]

Ao lado dessa concepção atomística do homem há outra decorrência da visão microscópica do trabalhador. Apesar de Taylor e seguidores terem se preocupado com a adequação dos dois elementos que constituem a essência do trabalho – as características do homem e as da máquina –, essa preocupação inicial não chegou a se confirmar em seus trabalhos posteriores. Os engenheiros norte-americanos limitaram-se às características físicas do corpo humano em trabalhos rotineiros, com ênfase nos estudos sobre os movimentos e a fadiga. O trabalho do operário foi sendo abordado como um processo assessório da máquina, substituindo a inicial preocupação de se adaptarem mutuamente os recursos humanos e mecânicos. O desempenho humano passou a ser estudado dentro de seus limites físicos em termos de carga de trabalho, velocidade e fadiga. A utilização dos seres humanos na organização limitou-se às tarefas que se executam na linha de produção e nos escritórios, abrangendo apenas as variáveis fisiológicas. Assim, a Administração Científica pode ser chamada de teoria fisiológica da organização.[30] No fundo, Taylor considerou os recursos humanos e materiais não tanto reciprocamente ajustáveis, mas, sobretudo, o homem trabalhando como um apêndice da maquinaria industrial.[31]

2.5.4 Ausência de comprovação científica

A Administração Científica é criticada por pretender criar uma ciência sem o cuidado de apresentar comprovação científica das suas proposições e princípios. Em outros termos, utilizou pouquíssima pesquisa e experimentação científica para comprovar suas teses. Seu método é empírico e concreto, no qual o conhecimento é alcançado pela evidência e não pela abstração: baseia-se em dados singulares e observáveis pelo analista de tempos e movimentos relacionados com o **como** e não com o **porquê** da ação do operário.

2.5.5 Abordagem incompleta da organização

A Administração Científica é incompleta, parcial e inacabada por se limitar apenas aos aspectos formais da organização, omitindo a organização informal e os aspectos humanos da organização. Essa perspectiva incompleta ignora a vida social interna dos participantes da organização. As pessoas são tomadas como indivíduos isolados e arranjados de acordo com suas habilidades pessoais e com as demandas da tarefa a ser executada. Também omite certas variáveis críticas, como o compromisso pessoal e a orientação profissional dos membros da organização, o conflito entre objetivos individuais e objetivos organizacionais etc.

2.5.6 Limitação do campo de aplicação

A Administração Científica também ficou restrita aos problemas de produção na fábrica, não considerando os demais aspectos da vida da organização, como financeiros, comerciais, logísticos etc. Além disso, o desenho de cargos e tarefas retrata suas concepções a respeito da natureza humana (homem econômico) e se baseia em uma expectativa de estabilidade e previsibilidade das operações da organização no longo prazo.

SAIBA MAIS **Padronização e rotinização**

O desenho de cargos e os métodos e procedimentos padronizados e rotinizados baseiam-se na presunção de que a tecnologia utilizada permanecerá inalterada para compensar o investimento de tempo, dinheiro e esforço aplicado à análise e ao estudo do trabalho. A estabilidade do produto e do processo funciona como limitação ao desenho dos cargos e tarefas: a não ocorrência de mudanças é essencial para que o pensar seja separado do fazer e que os empregados sejam selecionados e treinados para executar, no longo prazo, tarefas simples e repetitivas. Tais aspectos são importantes na continuidade da produção em massa, da superespecialização dos cargos e da repetição constante do trabalho. No mutável mundo de hoje, essa permanência e continuidade funcionam como limitadores e bloqueadores da inovação e da mudança.

2.5.7 Abordagem prescritiva e normativa

A Administração Científica se caracteriza pela preocupação em prescrever princípios normativos que devem ser aplicados como receituário em todas as circunstâncias para que o administrador possa ser bem-sucedido. Essa abordagem prescritiva e normativa padroniza situações para poder prescrever a maneira como elas deverão ser administradas. É uma abordagem com receitas antecipadas, soluções enlatadas e princípios normativos que regem o **como fazer** as coisas dentro das organizações. Essa perspectiva visualiza a organização como ela deveria funcionar em vez de explicar o seu funcionamento.[32]

2.5.8 Abordagem de sistema fechado

A Administração Científica não consegue enxergar a organização como um todo e a visualiza como se ela existisse no vácuo ou como se fosse entidade autônoma, absoluta e hermeticamente fechada a qualquer influência vinda de fora dela. É uma abordagem de sistema fechado que, como veremos em capítulos posteriores, caracteriza-se pelo fato de visualizar somente aquilo que acontece dentro de uma organização, sem levar em conta o meio ambiente em que ela está situada. Outra característica da abordagem de sistema fechado é a maneira de ver tudo o que acontece dentro de uma organização do ponto de vista de apenas algumas variáveis mais importantes, omitindo-se outras cuja influência não seja bem conhecida no conjunto.

SAIBA MAIS **A organização como um sistema fechado e hermético**

O comportamento de um sistema fechado é mecânico, previsível e determinístico: suas partes funcionam dentro de uma lógica irrepreensível. Porém, as organizações nunca se comportam como sistemas fechados nem podem ser reduzidas a algumas poucas variáveis ou a alguns poucos aspectos importantes.

2.5.9 Pioneirismo na Administração

A Administração Científica constitui o ponto de partida da Administração nos seguintes aspectos:

- É o primeiro esforço organizado e científico para analisar e padronizar os processos produtivos com o objetivo de aumentar a produtividade e a eficiência.
- Obteve enorme êxito na racionalização das empresas da época.
- Complementou a tecnologia da época, desenvolvendo técnicas e métodos que racionalizaram a produção, logrando forte aumento da produtividade.

Na verdade, ela se preocupa com a competência técnica como o principal requisito para o gerente, adotando o pressuposto simplista de que mais engenharia, melhores métodos e melhores equipamentos produzem necessariamente melhores resultados.[33] Essa é uma simplificação enganosa, como veremos adiante, e que tem custado muito caro às organizações de hoje.[34]

Quadro 2.2 As principais críticas à Administração Científica

- Mecanicismo da Administração Científica.
- Superespecialização do operário.
- Visão microscópica do ser humano.
- Ausência de comprovação científica.
- Abordagem incompleta da organização empresarial.
- Limitação do campo de aplicação.
- Abordagem prescritiva e normativa.
- Abordagem de sistema fechado.
- Pioneirismo na Administração.

CONCLUSÃO

Em resumo, os alicerces fundamentais da Administração Científica foram:[35]

- **Comando e controle**: a gerência funciona como uma ditadura benigna inspirada nos modelos militares. O gerente planeja e controla o trabalho, e os trabalhadores o executam. Em suma, o gerente deve pensar e mandar, e os trabalhadores devem obedecer e fazer de acordo com o plano.
- **Uma única maneira certa (*the one best way*)**: o método estabelecido pelo gerente é a melhor maneira de executar uma tarefa. O papel dos trabalhadores é utilizar o método sem questioná-lo.
- **Mão de obra e não recursos humanos**: a força de trabalho é a mão de obra, ou seja, a mão contratada sem qualquer envolvimento da pessoa na organização. Como a oferta de trabalhadores era abundante, a empresa nada devia a eles, embora esperasse lealdade de sua parte.
- **Segurança, não insegurança**: embora os operários não ganhassem reconhecimento ou responsabilidade, havia um acordo tácito baseado na segurança e na permanência no emprego. As empresas davam uma sensação de estabilidade dominando seus mercados. O futuro parecia previsível e o destino de cada empresa no futuro ainda mais previsível.

Com a Administração Científica começa a incessante e permanente luta pela produtividade, que iria perdurar até os dias de hoje. Produtividade significa a relação entre a quantidade de produto resultante do processo de produção e a quantidade de fatores e recursos necessários para sua obtenção. Contudo, há uma diferença entre produtividade e rentabilidade: rentabilidade implica em definição dos resultados em dinheiro na relação entre fator e produto, enquanto a produtividade considera o dispêndio de trabalho do fator para a produção da quantidade desejada do produto.[36]

SAIBA MAIS **Sobre o surgimento da Engenharia Industrial**

Na década de 1920, Barnes[37] condensou as principais ideias da Administração Científica estabelecendo as bases da chamada Engenharia Industrial, que passaria a ser o figurino para a organização racional da produção e manufatura das fábricas do mundo ocidental. Até o final do século 20, a Engenharia Industrial – subproduto da Administração Científica – reinou absoluta e tranquilamente no chão das fábricas de todo o mundo. Somente na década de 1980 surgiu a Teoria das Restrições:[38] a eficiência da cadeia produtiva nunca é maior do que o seu elo mais fraco. Em outras palavras, o fluxo de produção tem o seu nível máximo de eficiência determinado pelo seu ponto de maior ineficiência. Para melhorar e aumentar a eficiência, deve-se descobrir e localizar as restrições e os estrangulamentos ao longo do processo produtivo e corrigi-los adequadamente.

O importante é que a Administração Científica comprovou o fato de que existe uma nova maneira de ganhar dinheiro que as empresas não têm sabido usar: deixar de perdê-lo. A luta contra o desperdício – de tempo, esforço, energia, capacidade instalada, dinheiro etc. – foi uma de suas principais bandeiras.[39] E ela deu certo: transformou os Estados Unidos na nação mais produtiva do mundo.

CHIAVENATO DIGITAL

Aumente seus conhecimentos sobre **O toyotismo** na seção *Saiba mais* TGA 1 2.10

Apesar de todas as críticas formuladas à Administração Científica, há uma forte tendência atual no intuito de reabilitar e realçar a imagem de Taylor. Alguns autores[47] chegam a apontá-lo como um cientista social interessado pelos problemas de motivação e de comportamento das pessoas dentro da sua maneira lógica de ver as coisas. O certo é que Taylor teve profunda influência na vida do século 20 e no forte desenvolvimento industrial que suas ideias proporcionaram ao mundo todo. Sua importância decorre de um fato extremamente simples: ele deu certo! E é cada vez mais atual.

PARA REFLEXÃO

O problema de Waldemar Lemos

Diante dos problemas existentes em sua indústria, Waldemar Lemos pediu a assessoria de um consultor de empresas. Depois de um cuidadoso diagnóstico da situação da indústria, o consultor elaborou um longo relatório no qual mencionava, entre outras coisas, que a empresa se preocupava somente com sua área industrial; que a visão predominante era tipicamente mecanicista, com uma abordagem de sistema fechado; que os operários eram superespecializados; que os gerentes tinham uma visão microscópica de seus subordinados e se preocupavam mais com o como fazer as coisas do que com o que era importante fazer. O que o consultor queria dizer com essas afirmações?

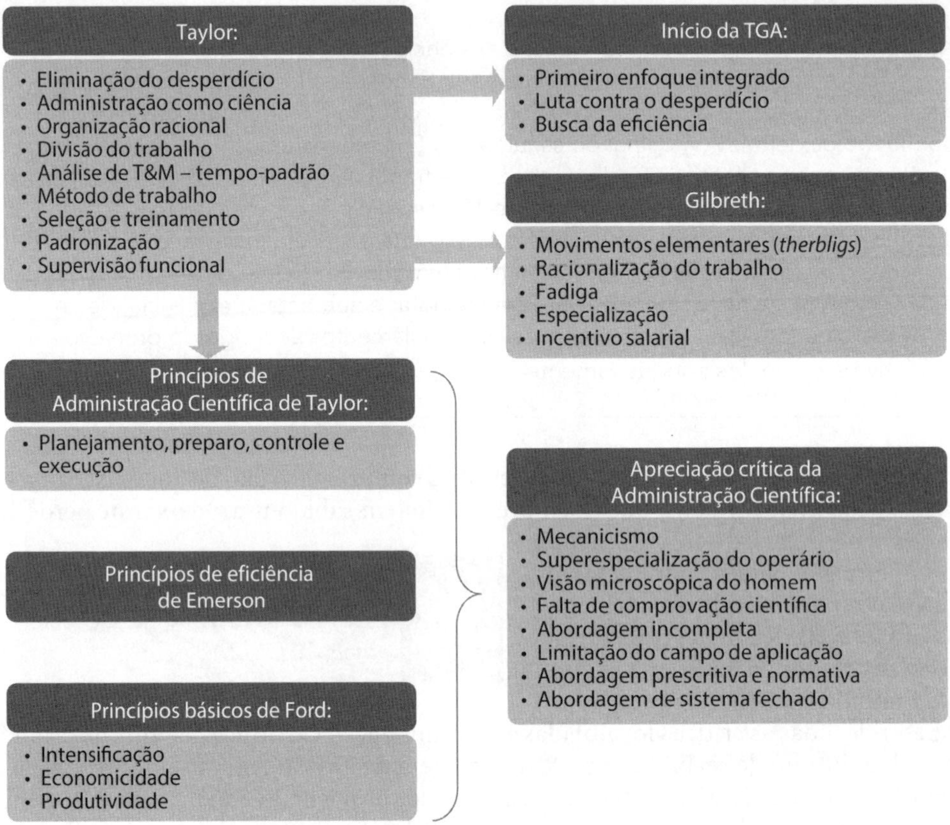

Figura 2.6 Mapa mental da Administração Científica.

RESUMO

A Administração Científica – inaugurada por Taylor e seguidores – constitui a primeira Teoria da Administração. A preocupação em criar uma Ciência da Administração começou com a experiência concreta e imediata do trabalho de operários e com a ênfase nas tarefas. No primeiro período de sua obra, Taylor voltou-se para a racionalização do trabalho dos operários, estendendo-se, no segundo período, à definição de princípios de Administração aplicáveis a todas as situações da empresa. A ORT se fundamenta na análise do trabalho operário, no estudo dos tempos e movimentos, na fragmentação das tarefas e na especialização do trabalhador. Buscava-se a eliminação do desperdício, da ociosidade operária e a redução dos custos de produção. A forma de obter a colaboração dos operários foi o apelo aos planos de incentivos salariais e de prêmios de produção, com base no tempo padrão (eficiência = 100%) e na convicção de que o salário constitui a única fonte de motivação para o trabalhador (homem econômico). O desenho de cargos e tarefas enfatiza o trabalho simples e repetitivo das linhas de produção e montagem, a padronização e as condições de trabalho que asseguram a eficiência. Verificou-se que não adiantava racionalizar o trabalho do operário se o supervisor, o chefe, o gerente, o diretor continuavam a trabalhar dentro do mesmo empirismo anterior. Para envolver os escalões mais elevados, os engenheiros da Administração Científica passaram a se preocupar com os princípios de Administração capazes de balizar o comportamento dos gerentes e chefes. Contudo, inúmeras críticas são feitas à Administração Científica: o mecanicismo de sua abordagem, que lhe garante o nome de "teoria da máquina"; a superespecialização, que robotiza o operário; a visão microscópica do homem tomado isoladamente e como um apêndice da maquinaria industrial; a ausência de qualquer comprovação científica de suas afirmações e princípios; a abordagem incompleta envolvendo apenas a organização formal; a limitação do campo de aplicação à fábrica, omitindo o restante da vida de uma empresa; a abordagem prescritiva, normativa e típica de sistema fechado, entre outras. Contudo, essas limitações e restrições não apagam o fato de que a Administração Científica foi o primeiro passo na busca de uma teoria administrativa. E um passo pioneiro e irreversível.

QUESTÕES

1. Comente os princípios de Administração de Taylor.
2. Em que aspectos a análise do trabalho e o estudo dos tempos e movimentos serviram de base para o trabalho de Taylor?
3. Explique o que é eficiência.
4. O que é divisão do trabalho e especialização do operário?
5. O que é desenho de cargos e tarefas para a Administração Científica?
6. Explique o conceito de *homo economicus*.
7. Qual é a influência das condições de trabalho para a Administração Científica?
8. O que é padronização?
9. O que significa supervisão funcional?
10. Comente os princípios de eficiência de Emerson.
11. Comente os princípios básicos de Ford.
12. O que é princípio da exceção?
13. Explique o mecanicismo da Administração Científica.
14. Explique a superespecialização do operário como um problema imposto pela Administração Científica.
15. Por que se fala em visão microscópica do ser humano?
16. A Administração Científica se caracteriza por ausência de comprovação científica. Como?

17. Por que se fala em abordagem incompleta da organização?

18. O que significa limitação do campo de aplicação?

REFERÊNCIAS

1. TAYLOR, F. W. *Shop management*. New York: Harper & Bros, 1903.
2. GEORGE JR., C. S. *História do pensamento administrativo*. São Paulo: Cultrix, 1974. p. 136.
3. TAYLOR, F. W. *The principles of scientific management*. New York: Harper & Bros., 1911.
4. TAYLOR, F. W. *Princípios de Administração Científica*. São Paulo: Atlas, 1970. p. 34.
5. TAYLOR, F. W. *Princípios de Administração Científica, op. cit.*, p. 29-31.
6. WAHRLICH, B. M. S. *Uma análise das teorias de organização*. Rio de Janeiro: Fundação Getúlio Vargas, 1971. p. 17.
7. TAYLOR, F. W. *Princípios de Administração Científica, op. cit.*, p. 126.
8. TAYLOR, F. W. *Princípios de Administração Científica, op. cit.*, p. 126.
9. WAHRLICH, B. M. S. *Uma análise das teorias de organização, op. cit.*, p. 11.
10. HAYNES, W.; MASSIE, J. L. *Management*: analysis, concepts and cases. New Jersey: Prentice-Hall Inc., 1969. p. 26.
11. As principais obras de Frank B. Gilbreth são:

    - *Concret system*. New York: The Engineering New Publishing Co., 1908;
    - *Bricklaying system*. New York: The Myron C. Clark Publishing Co., 1909;
    - *Motion study*. New York: D. Van Nostrand. Co., Inc., 1911;
    - *Primer of scientific management*. New York: D. Van Nostrand Co., Inc., 1912;
    - *Fatigue study*. New York: Sturgis & Walton Co., 1916.

    As principais obras de Frank B. Gilbreth em coautoria com sua esposa, Lilian M. Gilbreth, são:

    - *Applied motion study*. New York: Sturgis & Walton Co., 1917;
    - Scientific management in other countries than the United States. *Taylor Society Bulletin*, jun. 1924, p. 132;
    - The achievements of motion psychology, *Taylor Society Bulletin*, dez. 1924, p. 322.

    As principais obras de Lilian M. Gilbreth são:

    - *The psychology of management*. New York: Sturgis, Sturgis & Walton Co., 1914;
    - *The quest of the one best way*. Chicago: Society of Industrial Engineers, 1924.

    Mais recentemente, ela publicou outro livro: GILBRETH, L. M.; COOK, A. R. *The foremen in manpower*. New York: McGraw-Hill Book Co., 1947.
12. GILBREHT, F. B.; GILBRETH, L. M. *Applied motion study, op. cit.*
13. TAYLOR, F. W. *Princípios de Administração Científica, op. cit.*, p. 99-100.
14. TAYLOR, F. W. *Princípios de Administração Científica, op. cit.*, p. 99.
15. KIMBALL, D. *Principles of industrial organizations*. New York: McGraw-Hill, 1981. p. 166.
16. Harrington Emerson publicou dois livros: *Efficiency as a basis for operation and wages*. New York: The Engineering Magazine Co., 1909; e *The twelve principles of efficiency, op. cit.*, 1912.
17. FORD, H. *My life work*. New York, 1923. p. 77-90.
18. BITTEL, V. L. R. *Management by exception*: systematizing and simplifying the manager's job. New York: McGraw-Hill Book Co., 1964.

19. WAHRLICH, B. M. S. *Uma análise das teorias de organização, op. cit.*, p. 13.
20. KATZ, D.; KAHN, R. L. *Psicologia social das organizações*. São Paulo: Atlas, 1970. p. 92.
21. WORTHY, J. C. Organizational structure and employee morale. *American Sociological Review*, v. 15, p. 169-179, 1950.
22. KATZ, D.; KAHN, R. L. *Psicologia social das organizações, op. cit.*, p. 92.
23. MARCH, J. G.; SIMON, H. A. *Teoria das organizações*. Rio de Janeiro: Fundação Getúlio Vargas, 1966. p. 9.
24. KATZ, D.; KAHN, R. L. *Psicologia social das organizações, op. cit.*, p. 90-91.
25. SCOTT, W. G. Human relations in management. *Homewood*, Ill., p. 43, 1962.
26. MEIGNIEZ, R. *Pathologie sociale de l'enterprise, la crise et la fonction de direction*. Paris: Gauthier-Villars Editeur, 1971. p. 25.
27. SIMON, H. A. *O comportamento administrativo*. Rio de Janeiro: Fundação Getúlio Vargas, 1974.
28. TAYLOR, F. W. *Princípios de Administração Científica, op. cit.*, p. 82.
29. TRAGTENBERG, M. *Ideologia e burocracia, op. cit.*, p. 194.
30. MARCH, J.; SIMON, H. A. *Teoria das organizações, op. cit.*, p. 18.
31. ETZIONI, A. *Organizações modernas*. São Paulo: Livraria Pioneira Edit., 1967. p. 37-39.
32. HAAS, J. E.; DRABEK, T. E. *Complex organizations*: a sociological perspective. New York: The MacMillan Co., 1973. p. 37-41.
33. MESCON, M. H.; HAMMOND, W. R.; BYARS, L. L.; FOREST JR., J. F. *The management of enterprise*. New York: The MacMillan Co., 1973. Cap. 12.
34. HAAS, J. E.; DRABEK, T. E. *Complex organizations*: a sociological perspective. New York: The MacMillan Co., 1973. p. 37-41.
35. KANIGEL, R. *The one best way*: Frederick Winslow Taylor and the enigma of efficiency. New York: Viking Press, 2000.
36. PETERSEN, P. B. Scientific management at the Watertown Arsenal. *In*: CERTO, S. C. *Modern management*: diversity, quality, ethics, and the global environment. Boston: Allyn & Bacon, 1994. p. 47.
37. BARNES, J. *Handbook of industrial engineering*. New York: Knopf, 1922.
38. GOLDRATT, E. M. *A meta*: um processo de melhoria contínua. São Paulo: Nobel, 1992.
39. CRAINER, S. *Key management ideas*: thinkers that changed the management world, *op. cit.*, p. 19-20.

3 TEORIA CLÁSSICA DA ADMINISTRAÇÃO: ORGANIZANDO A EMPRESA

OBJETIVOS DE APRENDIZAGEM

- Apresentar os fundamentos da Teoria Clássica da Administração.
- Mostrar a ênfase na estrutura da organização como base para o alcance da eficiência.
- Definir os elementos e os princípios da Administração como bases do processo administrativo.
- Identificar as limitações e as restrições da Teoria Clássica em uma apreciação crítica.
- Conclusões.

O QUE VEREMOS ADIANTE

- A época.
- A obra de Fayol.
- Teoria da Administração.
- Elementos da Administração.
- Princípios de Administração.
- Apreciação crítica da Teoria Clássica.

CASO INTRODUTÓRIO

A Castor Comércio e Indústria

A nova diretora-presidente da Castor Comércio e Indústria, Isabela Menezes, pretende revitalizar a empresa fundada há 50 anos pelo seu pai, um empreendedor bem-sucedido. A Castor se dedica à produção e à comercialização de cimento. O desejo de Isabela é tornar a empresa mais competitiva em um mercado caracterizado pelo conservantismo e pela mesmice. A Castor – como todas as empresas concorrentes – é uma empresa tradicional, que pouco mudou nas últimas décadas. É uma empresa típica do início da Era Industrial, e seu produto ainda é essencialmente o mesmo desde a sua fundação. Uma pergunta paira na cabeça de Isabela: quais são as opções para o futuro da Castor? Que ideias você poderia dar a Isabela?

INTRODUÇÃO

Enquanto Taylor e outros engenheiros desenvolviam a Administração Científica nos Estados Unidos, em 1916 surgia, na França, espraiando-se rapidamente pela Europa, a Teoria Clássica da Administração. Enquanto a Administração Científica se caracterizava pela ênfase na tarefa realizada pelo operário, a Teoria Clássica se caracterizava pela ênfase na estrutura que a organização deveria possuir para ser eficiente. Na realidade, o objetivo de ambas as teorias era o mesmo: a busca da eficiência das organizações. Para a Administração Científica, essa eficiência é alcançada por meio da racionalização do trabalho do operário e da soma das eficiências individuais. A Teoria Clássica, ao contrário, partia do todo empresarial e da sua estrutura para garantir eficiência ao conjunto das partes envolvidas, fossem elas órgãos (departamentos, divisões, seções) ou pessoas (dirigentes, gerentes e empregados). Assim, a microabordagem no nível individual de cada operário com relação à tarefa é enormemente ampliada ao nível global da organização como uma totalidade. Essa preocupação com a estrutura da organização como um todo constitui uma substancial ampliação do objeto de estudo da Teoria Geral da Administração (TGA). Henri Fayol, um engenheiro francês, fundador da Teoria Clássica da Administração, partiu de uma abordagem sintética, global e universal da empresa, inaugurando uma abordagem anatômica e estrutural que rapidamente ultrapassou a abordagem analítica e concreta de Taylor.

3.1 A ÉPOCA

A segunda década do século 20 foi tumultuada. A Primeira Guerra Mundial (1914-1917) envolveu a Europa e os Estados Unidos em operações militares conjuntas. O taylorismo trouxe uma formidável ajuda ao esforço militar norte-americano. Terminado o conflito mundial, houve uma forte expansão da indústria e das ferrovias, e iniciou-se a aviação militar, civil e comercial. Nas comunicações houve uma incrível expansão do jornalismo e do rádio em ondas médias e curtas. Todas essas inovações exigiram uma ampliação do conteúdo da Administração Científica e o surgimento da Teoria Clássica da Administração.

3.2 A OBRA DE FAYOL

Henri Fayol (1841-1925), fundador da Teoria Clássica, nasceu em Constantinopla e faleceu em Paris, vivendo as consequências da Revolução Industrial e da Primeira Guerra Mundial. Formou-se em engenharia de minas e ingressou em uma empresa metalúrgica e carbonífera, onde fez sua carreira. Fayol expôs sua teoria de Administração em seu livro *Administration Industrielle et Générale*, publicado em 1916.[1] Seu trabalho, antes da tradução para o inglês, foi divulgado por Urwick e Gulick,[2] dois conhecidos autores clássicos.

3.2.1 As funções básicas da empresa

Fayol salienta que toda empresa apresenta seis funções, a saber:[3]

1. **Funções técnicas**: relacionadas com a produção de bens ou de serviços da empresa.
2. **Funções comerciais**: relacionadas com a venda, a compra e a permutação.
3. **Funções financeiras**: relacionadas com a busca e a gestão de capitais.
4. **Funções de segurança**: relacionadas com a proteção e a preservação dos bens e das pessoas.
5. **Funções contábeis**: relacionadas com inventários, registros, balanços, custos e estatísticas.
6. **Funções administrativas**: relacionadas com a integração de cúpula das demais cinco funções. As funções administrativas coordenam e sincronizam as demais funções da empresa, pairando sempre acima delas.

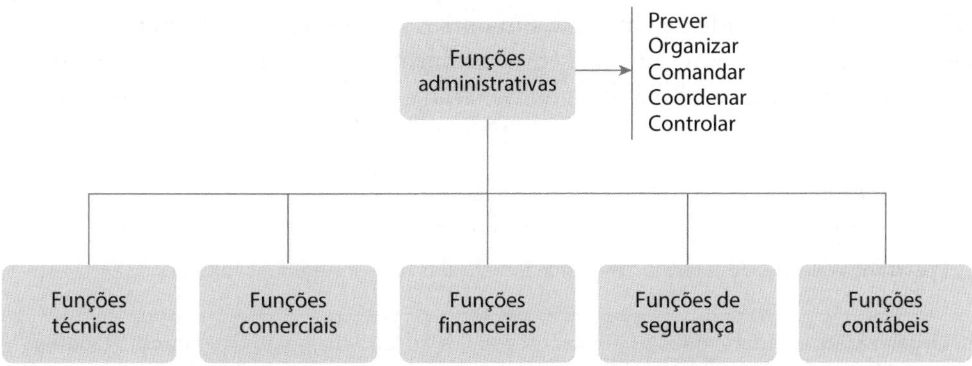

Figura 3.1 As seis funções básicas da empresa para Fayol.

Para Fayol: "[...] nenhuma das cinco funções essenciais precedentes tem o encargo de formular o programa de ação geral da empresa, de constituir o seu corpo social, de coordenar os esforços e de harmonizar os atos. Essas atribuições constituem outra função designada pelo nome de Administração".[4]

SAIBA MAIS **As funções básicas da empresa de hoje**

A visão de Fayol sobre as funções básicas da empresa está ultrapassada. Hoje, elas recebem o nome de áreas da Administração. Assim, as funções administrativas recebem o nome de área de Administração geral; as funções técnicas, área de produção, manufatura ou operações; e as funções comerciais, área de marketing/vendas. As funções de segurança passaram para um nível mais baixo e as funções contábeis passaram a se subordinar às funções financeiras. E, finalmente, surgiu a área de RH ou Gestão de Pessoas (GP). Todavia, outras mudanças estão ocorrendo: as áreas citadas estão sendo geridas por equipes integradas e não mais exclusivamente por departamentos definitivos, como antigamente.

3.2.2 Conceito de Administração

Fayol define o ato de administrar como: prever, organizar, comandar, coordenar e controlar. As funções administrativas envolvem os elementos da Administração – que são as funções do administrador –, a saber:

- **Prever**: visualizar o futuro e traçar o programa de ação.
- **Organizar**: constituir o duplo organismo material e social da empresa.
- **Comandar**: dirigir e orientar o pessoal.
- **Coordenar**: ligar, unir, harmonizar todos os atos e esforços coletivos.
- **Controlar**: verificar se tudo está ocorrendo de acordo com as regras estabelecidas e as ordens dadas.

O Quadro 3.1 discorre sobre esses elementos da Administração, que constituem o chamado processo administrativo: são localizáveis no trabalho do administrador em qualquer nível ou área de atividade da empresa. Em outros termos, tanto o diretor, o gerente e o chefe quanto o supervisor – cada qual em seu respectivo nível – desempenham atividades de previsão, organização, comando, coordenação e controle, atividades administrativas essenciais.

Quadro 3.1 As funções do administrador segundo Fayol

1. **Previsão**: avaliação do futuro e aprovisionamento dos recursos em função dele.
2. **Organização**: estrutura todos os órgãos necessários ao funcionamento da empresa. Pode ser dividida em organização material e organização social.
3. **Comando**: faz a organização funcionar. Seu objetivo é orientar os empregados no interesse dos aspectos globais do negócio.
4. **Coordenação**: harmoniza todas as atividades do negócio, facilitando seu trabalho e sucesso. Sincroniza coisas e ações em proporções certas e adapta meios aos fins visados.
5. **Controle**: consiste na verificação para certificar se as coisas ocorrem em conformidade com o plano adotado, com as instruções transmitidas e os princípios estabelecidos. O objetivo é localizar as fraquezas e os erros no intuito de retificá-los e prevenir a recorrência.

3.2.3 Proporcionalidade das funções administrativas

Para Fayol, existe uma proporcionalidade da função administrativa: ela se reparte por todos os níveis da hierarquia da empresa e não é privativa da alta cúpula. A função administrativa não se concentra exclusivamente no topo da empresa, nem é privilégio dos diretores, mas é distribuída proporcionalmente entre os níveis hierárquicos. À medida que se desce na escala hierárquica, aumenta a proporção das outras funções da empresa; e à medida que se sobe na escala hierárquica, aumenta a extensão e o volume das funções administrativas.

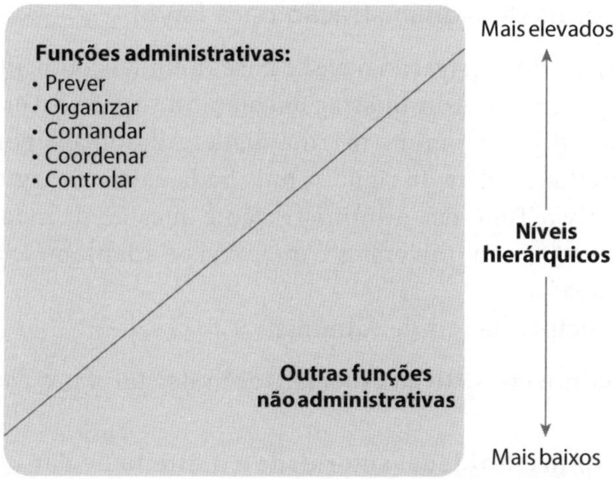

Figura 3.2 A proporcionalidade da função administrativa.

Exercício
A organização formal da Alimenta

A Alimenta é uma empresa tradicional do mercado alimentício com três divisões, cada qual com um gerente, a saber: divisão comercial, divisão industrial e divisão financeira. O diretor geral acumula as funções administrativas e coordena o trabalho dos gerentes. Monte um organograma com a descrição das funções de cada divisão.

3.2.4 Diferença entre Administração e organização

Apesar de utilizar a palavra *Administração* como sinônimo de organização, Fayol faz uma distinção entre esses conceitos. Para ele, Administração é um todo do qual a organização é uma das partes. O conceito amplo e compreensivo de Administração - como um conjunto de processos entrosados e unificados - abrange aspectos que a organização por si só não envolve, como previsão, comando e controle. A organização abrange apenas a definição da estrutura e do formato da empresa, sendo estática e limitada. Com base nisso, a organização passa a ter dois significados:

1. **Organização como uma entidade social**: dentro da qual as pessoas interagem entre si para alcançar objetivos específicos. Nesse sentido, a palavra *organização* significa um empreendimento humano e social moldado intencionalmente para atingir determinados objetivos. Exemplos de organizações: nações, empresas industriais, comerciais, prestadoras de serviços, universidades, hospitais, exércitos, igrejas, partidos políticos, hotéis, emissoras de rádio e TV etc.
2. **Organização como função administrativa e parte do processo administrativo**: como a previsão, o comando, a coordenação e o controle. Nesse sentido, organização significa o ato de organizar, estruturar e alocar os recursos, definir os órgãos, suas atribuições e relações entre si.

3.2.5 Princípios gerais de Administração para Fayol

Como toda ciência, a Administração deve se basear em leis ou princípios. Fayol definiu os "princípios gerais" de Administração coletando-os de diversos autores de sua época e sistematizando-os sem muita originalidade. Adotou a denominação princípio para afastar dela qualquer ideia de rigidez, pois nada existe de rígido ou absoluto em matéria administrativa. Tudo em Administração é questão de medida, ponderação e bom senso. Os princípios são universais e maleáveis e adaptam-se a qualquer tempo, lugar ou circunstância.

Fayol propõe[5] princípios gerais de Administração, a saber:[6]

- **Divisão do trabalho**: consiste na especialização das tarefas e das pessoas para aumentar a eficiência.
- **Autoridade e responsabilidade**: autoridade é o direito de dar ordens e o poder de esperar obediência; responsabilidade é uma consequência natural da autoridade e significa o dever de prestar contas. Ambas devem estar equilibradas entre si.
- **Disciplina**: depende da obediência, da aplicação, da energia, do comportamento e do respeito aos acordos estabelecidos.
- **Unidade de comando**: cada empregado deve receber ordens de apenas um superior. É o princípio da autoridade única.
- **Unidade de direção**: cada objetivo com um único plano e um único responsável.
- **Subordinação dos interesses individuais aos interesses gerais**: os interesses gerais da empresa devem se sobrepor aos interesses individuais das pessoas.
- **Remuneração do pessoal**: deve haver justa e garantida satisfação para os empregados e para a organização em termos de retribuição.
- **Centralização**: refere-se à concentração da autoridade no topo da hierarquia da organização.
- **Cadeia escolar**: é a linha de autoridade que vai desde o escalão mais alto ao mais baixo em função do princípio da unidade de comando.
- **Ordem**: um lugar para cada coisa e cada coisa em seu lugar. É a ordem material e humana.
- **Equidade**: amabilidade e justiça para alcançar a lealdade do pessoal.
- **Estabilidade do pessoal**: a rotatividade do pessoal é prejudicial para a eficiência da organização. Quanto mais tempo uma pessoa permanecer no cargo, melhor para a empresa.
- **Iniciativa**: é a capacidade de visualizar um plano e assegurar pessoalmente o seu sucesso.
- **Espírito de equipe**: a harmonia e a união entre as pessoas são grandes forças para a organização.

SAIBA MAIS **Enfoque prescritivo e normativo**

A Teoria Clássica caracteriza-se pelo seu enfoque prescritivo e normativo: prescreve os elementos da Administração (funções do administrador) e os princípios gerais que o administrador deve adotar em sua atividade. O enfoque prescritivo e normativo sobre como o administrador deve proceder constitui o filão da Teoria Clássica. É a "receita do bolo".

3.3 TEORIA DA ADMINISTRAÇÃO

Os autores clássicos pretendem criar uma teoria da Administração baseada na divisão do trabalho, na especialização, na coordenação e em atividades de linha e de *staff*.

VOLTANDO AO CASO INTRODUTÓRIO

A Castor Comércio e Indústria

Isabela Menezes, a presidente da Castor, sabe que a área industrial predomina na sua empresa: a área de produção determina os objetivos principais da organização. O diretor industrial toma as principais decisões do negócio, enquanto as demais áreas – Marketing, Recursos Humanos, Finanças – operam conforme tais decisões. Isabela pretende alcançar um equilíbrio interno dessas áreas. O volume de produção determina as necessidades de vendas e os custos de produção determinam o preço do produto no mercado. Como você poderia ajudar Isabela?

3.3.1 Administração como ciência

O ponto de partida dos autores da Teoria Clássica é o estudo científico da Administração, substituindo o empirismo e a improvisação por técnicas científicas. Pretendia-se elaborar uma ciência da Administração. Fayol defendia a necessidade de um ensino organizado e metódico da Administração de caráter geral para formar administradores. Em sua época, essa ideia era uma novidade.

3.3.2 Teoria da organização

A Teoria Clássica contempla a organização como se fosse uma estrutura de blocos de construção. Essa maneira de conceber a estrutura organizacional é influenciada pelas concepções antigas de organização (como a organização militar e eclesiástica): tradicionais, rígidas e hierarquizadas. Nesse aspecto, a Teoria Clássica não se desligou do passado.[7] Embora tenha contribuído para tirar a organização industrial da confusão inicial que enfrentava em decorrência da Revolução Industrial, a Teoria Clássica pouco avançou no que diz respeito a uma teoria da organização. Para Fayol, a organização envolve a definição da estrutura e da forma, sendo, portanto, estática e limitada. James Mooney (1884-1957) acrescentou que "a organização é a forma de toda associação humana para a realização de um fim comum. A técnica de organização pode ser descrita como a técnica de correlacionar atividades específicas ou funções em um todo coordenado".[8] Daí a importância da coordenação. Para Lyndall Urwick (1891-1983), a organização militar é o modelo do comportamento administrativo. Assim, a preocupação com a estrutura e a forma da organização marca a essência da Teoria Clássica. Ela concebe a organização em termos de estrutura, forma e disposição das partes que a constituem e do inter-relacionamento entre as partes.

A estrutura organizacional constitui uma cadeia de comando, ou seja, uma linha sequencial de autoridade que interliga as posições da organização e define quem se subordina a quem. A cadeia de comando – ou cadeia escalar – baseia-se no princípio da unidade de comando, que significa que cada empregado deve se reportar a um só superior.

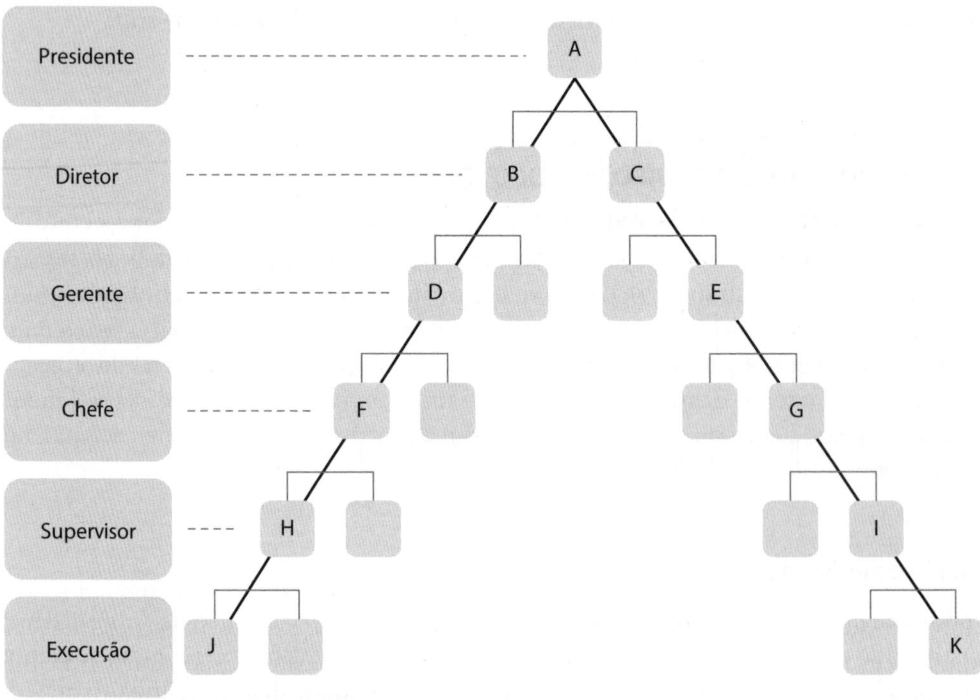

Figura 3.3 Cadeia de comando ou cadeia escalar de Fayol.

Para a Teoria Clássica, a estrutura organizacional é analisada de cima para baixo (da direção para a execução) e do todo para as partes (da síntese para a análise), ao contrário da abordagem da Administração Científica.

3.3.3 Divisão do trabalho e especialização

A organização se caracteriza por uma divisão do trabalho claramente definida. "A divisão do trabalho constitui a base da organização; na verdade, é a própria razão da organização".[9] A divisão do trabalho conduz à especialização e à diferenciação das tarefas, ou seja, à heterogeneidade. A ideia era a de que as organizações com maior divisão do trabalho seriam mais eficientes do que aquelas com pouca fragmentação. Enquanto a Administração Científica se preocupava com a divisão do trabalho no nível do operário, fragmentando as tarefas dele, a Teoria Clássica se preocupava com a divisão dos órgãos que compõem a organização, isto é, com os departamentos, as seções etc. Para a Teoria Clássica, a divisão do trabalho pode ocorrer em duas direções:

1. **Divisão vertical do trabalho**: refere-se aos níveis de autoridade e responsabilidade (como na escala hierárquica de Fayol ou no princípio escalar de Mooney), definindo os escalões hierárquicos da organização que detêm diferentes níveis de autoridade. A autoridade aumenta à medida que se sobe na hierarquia da organização. A hierarquia define a graduação das responsabilidades conforme os graus de autoridade. Em toda organização há uma escala hierárquica de autoridade (princípio escalar ou cadeia escalar). Daí a denominação autoridade de linha para significar a autoridade de comando de um superior sobre um subordinado.
2. **Divisão horizontal do trabalho**: refere-se aos diferentes tipos de atividades da organização (como na especialização de Fayol ou no princípio de homogeneidade de Gulick). No mesmo nível hierárquico, cada departamento ou seção passa a ser responsável por uma função ou atividade específica e própria.

A divisão do trabalho no sentido horizontal, que assegura homogeneidade e equilíbrio, é chamada departamentalização: refere-se à especialização horizontal da organização. A homogeneidade na organização é obtida quando são reunidos, na mesma unidade, todos os que estiverem executando o mesmo trabalho por meio do mesmo processo, para a mesma clientela e no mesmo lugar. Esses quatro fatores – função, processo, clientela e localização – proporciona, respectivamente, departamentalização por função, por processo, por clientela e por localização geográfica. A ideia básica era de que quanto mais departamentalizada, mais a organização é eficiente em suas atividades.[10]

3.3.4 Coordenação

Fayol incluiu a coordenação como um dos elementos da Administração, enquanto outros autores clássicos a incluem nos princípios de Administração. Para Fayol, a coordenação é a reunião, a unificação e a harmonização de toda a atividade e esforço, enquanto para Gulick, se a subdivisão do trabalho é indispensável, a coordenação é obrigatória. Para Mooney, a "coordenação é a distribuição ordenada do esforço do grupo, a fim de obter unidade de ação na consecução de um fio comum".[11] A coordenação deve ser baseada em uma real comunhão de interesses. A coordenação indica que há um alvo ou objetivo a alcançar e que deve guiar os atos de todos.[12] A pressuposição básica era de que quanto maior a organização e a divisão do trabalho, maior a necessidade de coordenação, para assegurar a eficiência da organização como um todo.

3.3.5 Organização linear

Fayol enfatizava a organização linear, que constitui um dos tipos mais simples de organização. A organização linear se baseia nos seguintes princípios:

- **Unidade de comando ou supervisão única**: cada pessoa tem apenas um único e exclusivo chefe.
- **Unidade de direção**: todos os planos devem se integrar a planos maiores que conduzam aos objetivos da organização.
- **Centralização da autoridade**: toda autoridade máxima de uma organização deve estar concentrada em seu topo.
- **Cadeia escalar**: a autoridade deve estar disposta em uma hierarquia, isto é, em escalões hierárquicos, de maneira que todo nível hierárquico esteja subordinado ao nível hierárquico superior (autoridade de comando).

A organização linear é um tipo de estrutura organizacional que apresenta uma forma piramidal. Nela, ocorre a supervisão linear (ou autoridade linear), baseada na unidade de comando e que é o oposto da supervisão funcional proposta pela Administração Científica. Fayol e seus seguidores discordam da supervisão funcional por acharem que ela constitui uma negação da unidade de comando, princípio vital para a coordenação das atividades da organização. Na organização linear, os órgãos de linha que compõem a organização seguem rigidamente o princípio escalar (autoridade de comando). Contudo, para que os órgãos de linha possam se dedicar exclusivamente às suas atividades especializadas, são necessários outros órgãos prestadores de serviços especializados estranhos às atividades dos órgãos de linha. Esses órgãos prestadores de serviços – órgãos de *staff* ou de assessoria – fornecem aos órgãos de linha os serviços, conselhos, recomendações, assessoria e consultoria que esses não têm condições de prover por si próprios. São serviços e assessorias que não podem ser impostos obrigatoriamente aos órgãos de linha, mas simplesmente oferecidos. Assim, os órgãos de *staff* não obedecem ao princípio escalar, nem possuem autoridade de comando em relação aos órgãos de linha. Sua autoridade – autoridade de *staff* – é autoridade de especialista e não autoridade de comando.

CHIAVENATO DIGITAL

Aumente seus conhecimentos sobre **Organização linear** na seção *Saiba mais* TGA 1 3.1

3.3.6 Tipos de autoridade

Assim, os clássicos distinguem dois tipos de autoridade: de linha e de *staff*.

1. **Autoridade de linha**: é a forma de autoridade em que os gerentes têm o poder formal de dirigir e controlar os subordinados imediatos.
2. **Autoridade de *staff***: é a forma de autoridade atribuída aos especialistas de *staff* em suas áreas de atuação e prestação de serviços. A autoridade de *staff* é mais estreita e inclui o direito de aconselhar, recomendar e orientar. É uma relação de comunicação. Os especialistas de *staff* aconselham os gerentes de linha em suas áreas de especialidade.

PARA REFLEXÃO

A reorganização de Sara

Ao ser promovida a presidente da Continental S.A., Sara Plechman queria mudar a empresa. Sua primeira providência foi analisar a estrutura organizacional, a forma e a disposição dos departamentos, a cadeia de comando, as especializações vertical e horizontal existentes, a coordenação necessária entre os diversos órgãos e quais órgãos deveriam trabalhar como suporte e apoio dos demais (como pessoal, contabilidade, propaganda, organização & métodos etc.). Como você procederia no lugar de Sara?

3.4 ELEMENTOS DA ADMINISTRAÇÃO

Ao definir o que é Administração, Fayol estabeleceu os elementos que a compõem: previsão, organização, comando, coordenação e controle. Esses cinco elementos constituem as chamadas funções do administrador. Contudo, seus seguidores não aceitaram os elementos da Administração tais como o velho mestre afirmara. Cada autor clássico define ao seu modo os elementos da Administração, embora não se afastem muito da concepção fayoliana.

3.4.1 Elementos da Administração para Urwick

Para Lyndall Urwick (1891-1983),[13] são sete os elementos da Administração, ou seja, as funções do administrador:

- Investigação;
- Previsão;
- Planejamento;
- Organização;
- Coordenação;
- Comando;
- Controle.

No fundo, Urwick apenas desdobrou a previsão (primeiro elemento de Fayol) em três elementos distintos (investigação, previsão e planejamento). Para ele, os elementos da Administração constituem a base da boa organização, uma vez que uma empresa não pode ser desenvolvida em torno de pessoas, mas de sua organização:

3.4.2 Elementos da Administração para Gulick

Luther Gulick (1892-1993), considerado o autor mais erudito da Teoria Clássica, propõe sete elementos da Administração:[14]

1. **Planejamento (*planning*)**: é o ato de traçar as linhas gerais das tarefas que devem ser feitas e dos métodos de realizá-las, a fim de atingir os objetivos da empresa.
2. **Organização (*organizing*)**: é o estabelecimento da estrutura formal de autoridade, por meio da qual as subdivisões de trabalho são integradas, definidas e coordenadas para o objetivo almejado.
3. **Assessoria (*staffing*)**: é a função de preparar e treinar o pessoal e manter condições favoráveis de trabalho.
4. **Direção (*directing*)**: é a tarefa contínua de tomar decisões e incorporá-las em ordens e instruções específicas e gerais, e funcionar como líder da empresa.

5. **Coordenação (*coordinating*)**: é o estabelecimento de relações entre as várias partes do trabalho.
6. **Informação (*reporting*)**: é o esforço de manter informados, a respeito do que se passa, aqueles por quem o chefe é responsável; pressupõe a existência de registros, documentação, pesquisa e inspeções.
7. **Orçamento (*budgeting*)**: é a função relacionada com a elaboração, execução e fiscalização orçamentárias, o plano fiscal, a contabilidade e o controle.

As palavras *planning, organizing, staffing, directing, coordinating, reporting* e *budgeting* formam o acróstico POSDCORB que Gulick utiliza para memorizar os elementos da Administração. Gulick segue o planejamento, a organização, o comando e a coordenação de Fayol e incorpora os elementos *staffing, reporting* e *budgeting.*

SAIBA MAIS **Os elementos da Administração**

A proposição fayoliana foi alterada por Urwick (investigação, previsão, planejamento, organização, coordenação, comando e controle) e por Gulick (POSDCORB). Como veremos adiante, no capítulo dedicado à Teoria Neoclássica, os neoclássicos retomam o assunto e propõem: planejamento, organização, direção (ou liderança) e controle. Os elementos da Administração, tomados em conjunto, formam o processo administrativo.

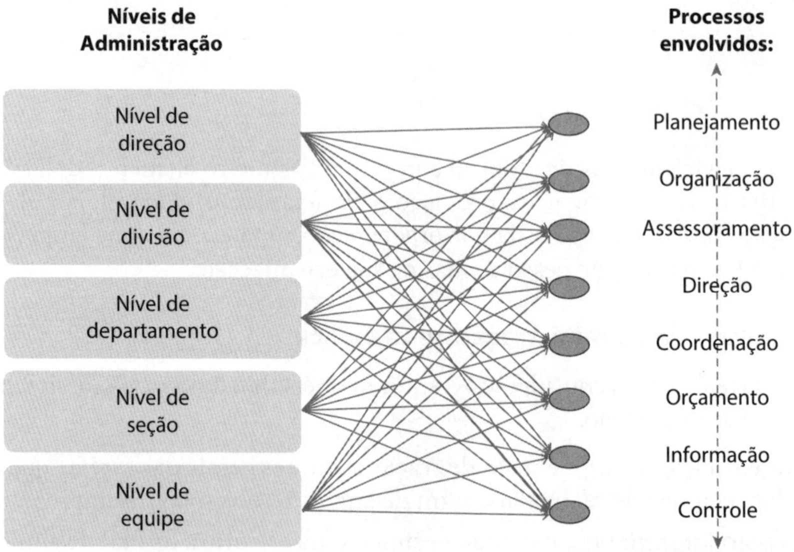

Figura 3.4 Interações horizontal e vertical dos processos administrativos.[15]

3.5 PRINCÍPIOS DE ADMINISTRAÇÃO

Para os autores clássicos, os elementos da Administração servem como base para as funções do administrador. Entretanto, é preciso ir além e estabelecer as condições e as normas dentro das quais as funções do administrador devem ser aplicadas e desenvolvidas. O administrador deve obedecer a normas ou regras de comportamento, isto é, a princípios gerais para desempenhar as funções de planejar, organizar, dirigir, coordenar e controlar. Por isso, os princípios gerais de Administração são tomados como normas para resolver os problemas organizacionais. Fayol enunciou 14 princípios, e os demais autores propõem uma quantidade menor.

3.5.1 Princípios de Administração para Urwick

Urwick propõe quatro princípios de Administração:[16]

1. **Princípio da especialização**: cada pessoa deve ocupar uma só função, o que determina uma divisão especializada do trabalho. Esse princípio dá origem às organizações de linha, de *staff* e funcional.
2. **Princípio de autoridade**: deve haver uma linha de autoridade claramente definida, conhecida e reconhecida por todos, desde o topo até a base da organização.
3. **Princípio da amplitude administrativa (*span of control*)**: cada superior deve ter certo número de subordinados. O superior deve supervisionar pessoas, bem como as relações entre elas. O número ótimo de subordinados varia segundo o nível e a natureza dos cargos, a complexidade do trabalho e o preparo dos subordinados.
4. **Princípio da definição**: os deveres, a autoridade e a responsabilidade de cada cargo e suas relações com os outros cargos devem ser definidos por escrito e comunicados a todos.

PARA REFLEXÃO

Os princípios orientadores da Imperial Tintas

Ao assumir a diretoria geral da Imperial Tintas, Reinaldo Borba pretende "colocar a casa em ordem". Sua primeira providência foi convocar os três diretores a ele subordinados para definir as regras e os princípios orientadores da companhia. Reinaldo pretende dar novos rumos à Imperial Tintas e, segundo ele, para que isso aconteça, nada melhor do que estabelecer regras e princípios. O que você acha disso?

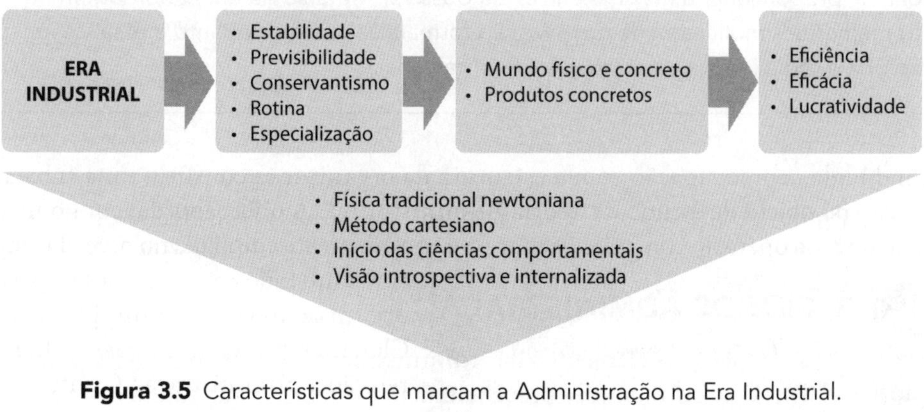

Figura 3.5 Características que marcam a Administração na Era Industrial.

VOLTANDO AO CASO INTRODUTÓRIO

A Castor Comércio e Indústria

Como presidente da Castor, Isabela convocou a diretoria para tratar da nova estrutura organizacional da empresa. Sua ideia era definir uma nova estrutura organizacional que incluísse todas as áreas da empresa em igualdade de condições, para que todos os seus diretores participassem igualmente das decisões estratégicas do negócio. O que você sugeriria a Isabela?

3.6 APRECIAÇÃO CRÍTICA DA TEORIA CLÁSSICA

As críticas à Teoria Clássica são numerosas. Todas as teorias da Administração posteriores se preocuparam em apontar falhas, distorções e omissões nessa abordagem, que representou, durante várias décadas, o figurino que serviu de modelo para as organizações. As principais críticas à Teoria Clássica são:

3.6.1 Abordagem simplificada da organização formal

Os autores clássicos concebem a organização em termos lógicos, formais, rígidos e abstratos, sem considerar seu conteúdo psicológico e social com a devida importância. Limitam-se à organização formal, estabelecendo esquemas lógicos e preestabelecidos, segundo os quais as organizações devem ser construídas e governadas. Nesse sentido, são prescritivos e normativos:[17] como o administrador deve conduzir-se em todas as situações por meio do processo administrativo e os princípios gerais que deve seguir para obter a máxima eficiência. A preocupação com as regras do jogo é fundamental.

SAIBA MAIS **Princípios gerais e universais de Administração**

Os autores clássicos partem do pressuposto de que a simples adoção dos princípios gerais de Administração – como divisão do trabalho, especialização, unidade de comando e amplitude de controle – permite uma organização formal da empresa capaz de proporcionar a máxima eficiência possível. Trata-se de uma abordagem extremamente simplificada da organização formal. Daí a crítica quanto a essa visão simplória e reducionista da atividade organizacional.

Sem dúvida, a preocupação com a estrutura da organização constitui uma substancial ampliação do objeto de estudo da Teoria Administrativa. A microabordagem no nível individual de cada operário com relação à tarefa é enormemente ampliada no nível da empresa como um todo em relação à sua estrutura organizacional. Sem dúvida, a Teoria Clássica representa um passo adiante em relação à Administração Científica.

CHIAVENATO DIGITAL

Aumente seus conhecimentos sobre **Teoria Clássica** na seção *Saiba mais* TGA 1 3.2

Figura 3.6 Abordagem prescritiva e normativa da Teoria Clássica.

3.6.2 Ausência de trabalhos experimentais

A Teoria Clássica pretendeu elaborar uma Ciência de Administração para estudar e tratar a Administração substituindo o empirismo e a improvisação por técnicas científicas. Porém, os autores clássicos fundamentam seus conceitos apenas na observação e no senso comum. Seu método é empírico e concreto, baseado na experiência direta e no pragmatismo, e não confrontam a teoria com elementos de prova. Suas afirmações se dissolvem quando postas em experimentação.[18] O fato de denominarem princípios muitas de suas proposições é criticado como um procedimento presunçoso. As ideias mais importantes são catalogadas como princípios, o que provocou críticas, pois o princípio utilizado como sinônimo de lei deve, como esta, envolver alto grau de regularidade e consistência, permitindo razoável previsão em sua aplicação, tal como acontece nas outras ciências.[19]

SAIBA MAIS **Nenhuma comprovação científica**

Wahrlich salienta que Fayol: "[...] com os seus princípios de Administração complementados com os elementos da Administração, lançou as bases para uma concepção teórica do assunto. Muitos de seus princípios resistem melhor à crítica do que outros sugeridos mais tarde por outros autores; tanto assim que soam hoje como truísmos".[20]

A mesma autora acrescenta: "seus princípios da Administração, contudo, carecem de apresentação metódica; muitas vezes o autor apresenta-se enfático e dogmático em seus esforços para provar o acerto de suas opiniões".[21] Em resumo, falta comprovação científica para as afirmações dos autores clássicos.

3.6.3 Extremo racionalismo na concepção da Administração

Os autores clássicos se preocupam com a apresentação racional e lógica das suas proposições, sacrificando a clareza de suas ideias. O abstracionismo e o formalismo são criticados por levarem a análise da Administração à superficialidade, à supersimplificação e à falta de realismo.[22] A insistência sobre a concepção da Administração com um conjunto de princípios universalmente aplicáveis provocou a denominação Escola Universalista.[23] Alguns autores preferem, pelo espírito pragmático e utilitarista, a denominação Teoria Pragmática.[24] O pragmatismo do sistema leva-o a apelar à experiência direta e não representativa para obter soluções aplicáveis de modo imediato.[25]

3.6.4 Teoria da Máquina

A Teoria Clássica ganhou a denominação "teoria da máquina" pelo fato de considerar a organização sob o prisma do comportamento mecânico de uma máquina. A determinadas ações ou causas decorrem determinados efeitos ou consequências dentro de uma correlação determinística. A organização deve ser arranjada como as engrenagens de uma máquina ou como blocos de construção. Os modelos administrativos correspondem à divisão mecanicista do trabalho: esta é a mola do sistema. A abordagem mecânica, lógica e determinística da organização foi o fator que conduziu erradamente os clássicos em busca de uma ciência da Administração. O fato é que hoje não se considera a Administração uma ciência exata, mas carregada de relatividade, tal como a física quântica. Naquela época, a Administração era profundamente influenciada pela física tradicional e pelo método cartesiano.

3.6.5 Abordagem incompleta da organização

A visão parcialista da Administração Científica se repetiu na Teoria Clássica. Ela focalizou apenas a organização formal, deixando de lado a organização informal. O foco exclusivo na forma e a ênfase na estrutura levaram a exageros. A teoria da organização formal não ignora os aspectos humanos da organização, mas não conseguiu dar tratamento sistemático à interação entre pessoas e grupos informais, nem aos conflitos organizacionais e ao processo decisório.[26]

CHIAVENATO DIGITAL

Aumente seus conhecimentos sobre **O que fazer com a Teoria Clássica?** na seção *Saiba mais* TGA 1 3.3

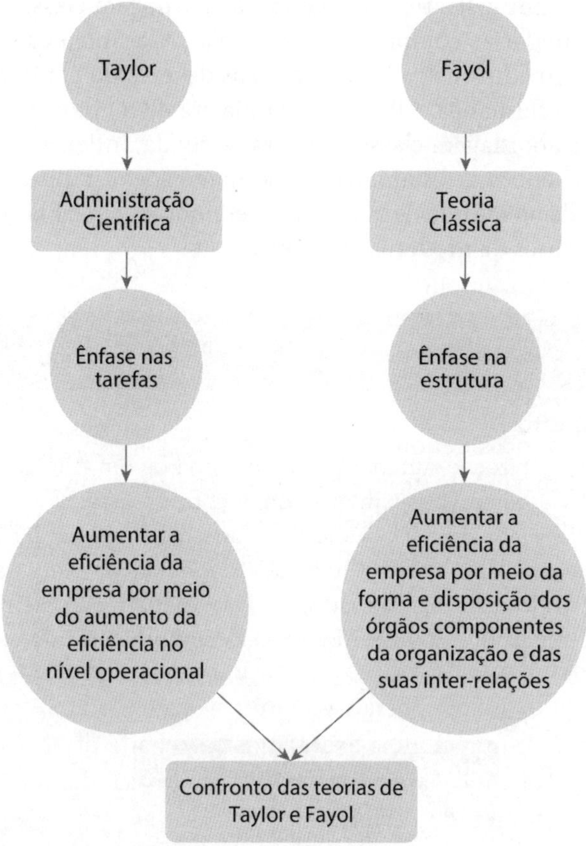

Figura 3.7 Confronto entre as teorias de Taylor e de Fayol.

3.6.6 Abordagem de sistema fechado

A Teoria Clássica trata a organização como se ela fosse um sistema fechado, composto de algumas variáveis perfeitamente conhecidas e previsíveis e de alguns aspectos que são manipulados por meio de princípios gerais e universais. Contudo, apesar de todas as críticas, a Teoria Clássica é a abordagem mais utilizada para treinamento de neófitos em Administração, pois permite uma abordagem sistemática e ordenada. Também para a execução de tarefas administrativas rotineiras, a abordagem clássica disseca o trabalho gerencial em categorias compreensíveis e úteis. Os princípios proporcionam guias gerais e permitem ao administrador manipular os deveres do dia a dia de seu trabalho com confiança. Mantendo essa filosofia dos fatores básicos da Administração, a escola clássica permite uma abordagem simplificada. Sem mudar sua base, ela pode absorver novos elementos como fatores adicionais em sua filosofia.[27]

CONCLUSÃO

Apesar de todas as críticas, a Teoria Clássica ainda é a abordagem mais utilizada para os iniciantes em Administração, pois permite uma visão simples e ordenada. Também para a execução de tarefas administrativas rotineiras, a abordagem clássica disseca o trabalho organizacional em categorias compreensíveis e úteis. Os princípios proporcionam guias gerais que permitem ao administrador atender aos deveres do cotidiano do seu trabalho com mais segurança e confiança.[28] Porém, em uma era de mudança e instabilidade como a que atravessamos, a abordagem clássica mostra-se rígida, inflexível e conservadora, pois foi concebida em uma época de estabilidade e permanência. Em resumo, a Teoria Clássica ainda tem sua utilidade no mundo de hoje, como veremos adiante. Ela ainda é indispensável na compreensão das bases da moderna Administração.

PARA REFLEXÃO

O Relatório de Alberto

O especialista em organização Alberto Goldman preparou um extenso relatório para a diretoria da Penta Organizações, em que comenta que existe, na empresa, uma abordagem simplificada da organização formal, forte racionalismo e a utilização de conceitos típicos da teoria da máquina, uma abordagem incompleta da organização, limitada aos aspectos formais e, sobretudo, uma abordagem de sistema fechado. A diretoria leu essas afirmações do relatório e não as entendeu. Como você as explicaria?

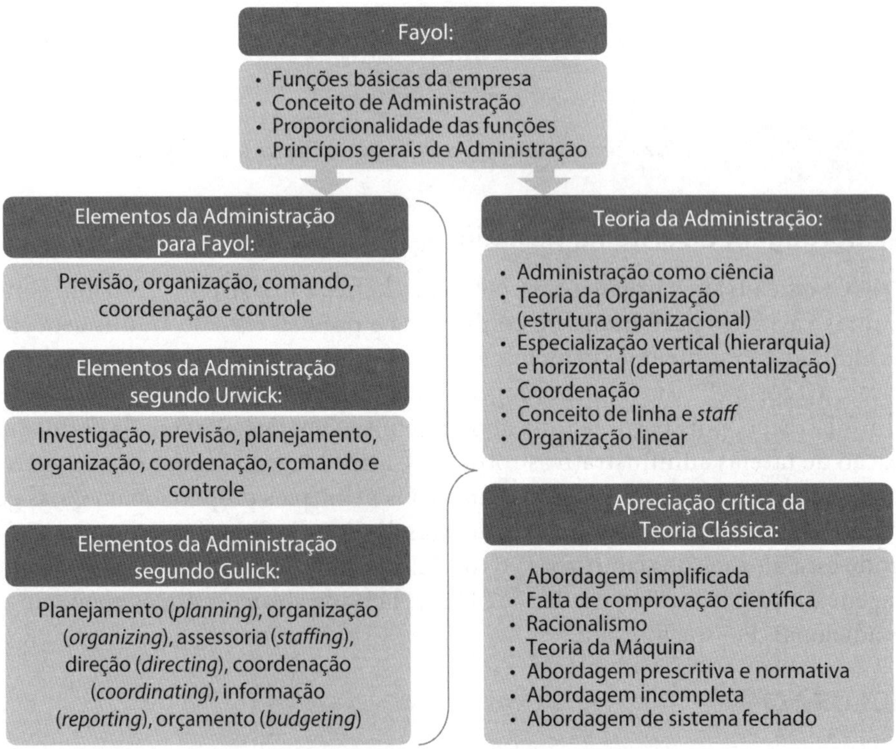

Figura 3.8 Mapa mental da Teoria Clássica.

RESUMO

Henri Fayol, o pioneiro da Teoria Clássica, é considerado – juntamente com Taylor – um dos fundadores da moderna Administração. Definiu as funções básicas da empresa, o conceito de Administração (prever, organizar, comandar, coordenar e controlar), bem como os chamados princípios gerais de Administração como procedimentos universais a serem aplicados a qualquer tipo de organização ou empresa. Para Fayol, há uma regularidade da função administrativa que se reparte proporcionalmente por todos os níveis da empresa.

A Teoria Clássica formula uma Teoria da Organização, tendo por base a Administração como uma ciência. A ênfase na estrutura visualiza a organização como uma disposição das partes (órgãos) que a constituem, sua forma e o inter-relacionamento entre elas. Essa teoria da organização restringe-se apenas à organização formal. Para tratar racionalmente a organização, essa deve ter como características a divisão do trabalho e a correspondente especialização das partes (órgãos) que a constituem. A divisão do trabalho pode ser vertical (níveis de autoridade) ou horizontal (departamentalização). À medida que ocorre a divisão do trabalho e a especialização, deve haver coordenação para garantir a harmonia do conjunto e, consequentemente, a eficiência da organização. Além disso, existem órgãos de linha (autoridade linear) e órgãos de *staff* (autoridade de *staff* para prestação de serviços e consultoria). Para conceituar a Administração, os autores clássicos utilizam o conceito de elementos da Administração (ou funções do administrador), que formam o processo administrativo.

A abordagem normativa e prescritiva da Teoria Clássica se fundamenta em princípios gerais de Administração, uma espécie de receituário de como o administrador deve proceder em todas as situações organizacionais.

As várias críticas atribuídas à Teoria Clássica – abordagem simplificada da organização formal, deixando de lado a organização informal; ausência de trabalhos experimentais para dar base científica às suas afirmações e princípios; mecanicismo da abordagem, que lhe valeu o nome de teoria da máquina; abordagem incompleta da organização; e visualização da organização como se essa fosse um sistema fechado – são válidas. Contudo, elas não empanam o fato de que devemos à Teoria Clássica as bases da moderna Teoria Administrativa.

QUESTÕES

1. Quais são as funções essenciais da empresa, segundo Fayol? E como seriam hoje?
2. Comente o conceito de Administração de Fayol.
3. Comente o conceito de função administrativa segundo Fayol.
4. Comente os princípios gerais de Administração segundo Fayol.
5. Para Fayol, qual é a diferença entre Administração e organização?
6. Defina a Administração como ciência para Fayol.
7. Defina a Teoria da Organização.
8. O que significa coordenação?
9. Defina os conceitos de linha e de *staff*.
10. Comente os elementos da Administração segundo Urwick.
11. O que significa abordagem simplificada da organização formal?

12. Explique o racionalismo na concepção de Administração.

13. O que significa a Teoria da Máquina?

14. O que significa abordagem de sistema fechado?

REFERÊNCIAS

1. FAYOL, H. *Administração industrial e geral*. São Paulo: Atlas, 1950.
2. URWICK, L. The functions of administration with special reference to the work of FAYOL, Henri. *In*: GULICK, L.; URWICK, L. F. *Papers on the science of administration*. New York: Institute of Public Administration, 1937.
3. FAYOL, H. *Administração industrial e geral, op. cit.*, p. 7.
4. FAYOL, H. *Administração industrial e geral, op. cit.*, p. 10.
5. URWICK, L. F. *The elements of administration, op. cit.*, 1943.
6. FAYOL, H. *Administração industrial e geral, op. cit.*, 2 Parte, Cap. I, p. 27-55.
7. BEHRING, O. *Unification of management theory*: a pessimistic view *apud* WORTMAN JR., M. S.; LUTHANS, F. *Emerging concepts in management*. Process, behavioral, qualitative, and systems. London: The Macmillan Co., Collier-Macmillan Ltda., 1969. p. 34-43.
8. MOONEY, J. D.; REILEY, A. *Onward industry*. New York: Harper & Bros., 1931. Esse livro foi apresentado posteriormente com revisões com outro título: MOONEY, J. D. *The principles of organization*. New York: Harper & Bros. 1947. p. 47-164.
9. GULICK, L. *Papers on the science of administration, op. cit.*, p. 3.
10. GULICK, L. *Papers on the science of administration, op. cit.*, p. 15.
11. MOONEY, J. D. *The principles of organization, op. cit.*, p. 5.
12. MOONEY, J. D. *The principles of organization, op. cit.*, p. 6-11.
13. Lyndall F. Urwick (1891-1970), coronel inglês, foi presidente da Urwick Orr and Partners Ltd., empresa de consultoria em Administração. Escreveu vários livros para sistematizar e divulgar o conhecimentos sobre a Administração, a saber: GULICK, L.; URWICK, L. F. *Papers on the Science of Administration, op. cit.*; URWICK, L. F. *The making of scientific management*. London: Pitman, 1945-1950. V. I: "Thirteen Pioneers"; v. II: "Management in British Industry"; v. III: "The Hawthorne Investigations"; BECH, E. F. L.; URWICK, L. F. A short survey of industrial management. *B. I. M. Ocasional Papers*, n. 1, Revised, 1962.
14. GULICK, L. *Notes on the theory of organization, op. cit.*, p. 3.
15. Adaptado de: SECKLER-HUDSON, C. *Organization and management*: theory and practice. Washington: The American University Press, 1955. p. 61.
16. URWICK, L. F. *The elements of Administration, op. cit.*
17. WAHRLICH, B. M. S. *Uma análise das teorias de organização, op. cit.*, p. 83-94.
18. MARCH, J. G.; SIMON, H. A. *Teoria das organizações, op. cit.*, p. 42-43.
19. PFIFFNER, J. M.; SHERWOOD, F. P. *Organização administrativa, op. cit.*, p. 60.
20. WAHRLICH, B. M. S. *Uma análise das teorias de organização, op. cit.*, p. 63.
21. WAHRLICH, B. M. S. *Uma análise das teorias de organização, op. cit.*, p. 63.
22. SIMON, H. A. *Comportamento administrativo, op. cit.*
23. WAINO, V.; SUOJANEN, W. Management Theory: functional and evolutionary. *Academy of Management Journal*, v. VI, p. 7, mar. 1963.

24. KOONTZ, H. *Princípios de Administração, op. cit.*, p. 174-188.
25. TRAGTENBERG, M. *Ideologia e burocracia, op. cit.*, p. 79.
26. SCOTT, W. G. *Organization Theory*: a behavioral analysis for management. Homewood, Ill., R. D. Irwin, 1967. p. 109.
27. WADIA, M. S. *The nature and scope of management*. Chicago: Scott, Foresman and Co., 1966. p. 33.
28. WADIA, M. S. *The nature and scope of management, op. cit.*, p. 33.

PARTE III ABORDAGEM HUMANÍSTICA DA ADMINISTRAÇÃO

Capítulo 4 – Teoria das Relações Humanas: humanizando a empresa

Capítulo 5 – Decorrências da Teoria das Relações Humanas: entendendo o ser humano

Uma torrente de livros sobre psicologia nas duas primeiras décadas do século passado trouxe uma nova preocupação: as relações humanas. Com essa abordagem humanística, a Teoria Administrativa passa por uma revolução conceitual: a transferência da ênfase na tarefa (Administração Científica) e na estrutura organizacional (Teoria Clássica) para a ênfase nas pessoas que trabalham ou participam das organizações. A abordagem humanística faz com que a preocupação com a máquina e o método de trabalho e com a organização formal e os princípios de Administração ceda prioridade para a preocupação com as pessoas e os grupos sociais, e que o foco nos aspectos técnicos e formais dê lugar ao foco nos aspectos psicológicos e sociológicos.

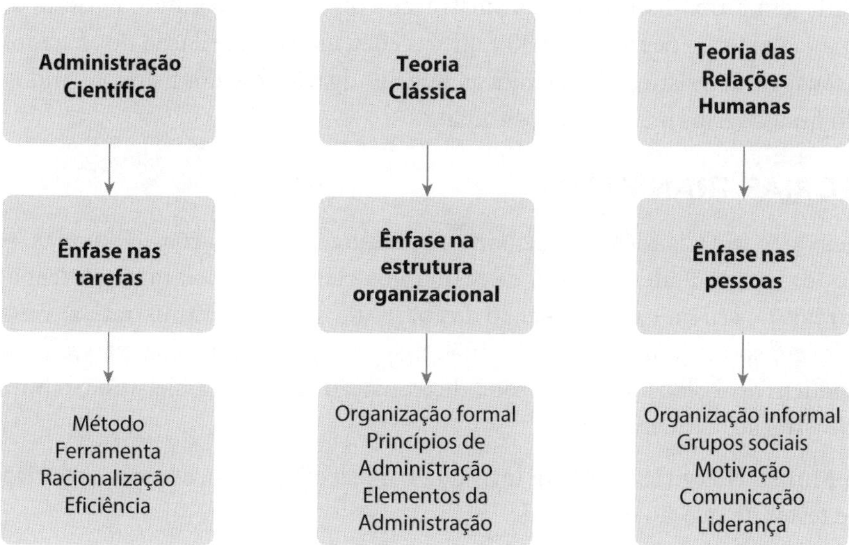

Figura III.1 As visões parcialistas no início da Teoria Administrativa.

A abordagem humanística ocorre com o aparecimento da Teoria das Relações Humanas nos Estados Unidos, a partir da década de 1930. Ela surgiu graças ao desenvolvimento das ciências sociais, notadamente a psicologia e, particularmente, a Psicologia do Trabalho. Essa passou por duas etapas em seu desenvolvimento:

1. **Análise do trabalho e adaptação do trabalhador ao trabalho**: nessa etapa, domina o aspecto meramente produtivo. Os objetivos da Psicologia do Trabalho – ou Psicologia Industrial – eram a análise das características humanas que cada tarefa exige do seu executante e a seleção científica dos empregados baseada nessas características por meio de testes psicológicos. Os temas predominantes são: seleção de pessoal, orientação profissional, treinamento e métodos de aprendizagem, fisiologia do trabalho e estudo dos acidentes e da fadiga.
2. **Adaptação do trabalho ao trabalhador**: nessa etapa, a Psicologia Industrial está voltada para os aspectos individuais e sociais do trabalho e que predominam sobre os aspectos produtivos (pelo menos em teoria). Os temas predominantes são: estudo da personalidade do trabalhador e do gerente, motivação e incentivos do trabalho, liderança, comunicações e relações interpessoais e sociais dentro da organização.

A Psicologia Industrial contribuiu para demonstrar a parcialidade dos princípios de Administração adotados pela Teoria Clássica. E as mudanças ocorridas no panorama econômico, social, político e tecnológico trouxeram novas variáveis para o estudo da Administração. A grande depressão econômica que atormentou o mundo em 1929, marcada pela inflação, pelo desemprego e pela forte atuação dos sindicatos, levou à busca da eficiência, que tornou-se intensificada. Essa crise mundial provocou uma reelaboração dos conceitos e uma reavaliação dos princípios clássicos de Administração até então aceitos, apesar de seu caráter dogmático e prescritivo.

A abordagem humanística da Administração começou no segundo período de Taylor, mas apenas a partir da década de 1930 é que recebeu enorme aceitação nos Estados Unidos devido às suas características democráticas. Sua divulgação fora dos Estados Unidos ocorreu depois do final da Segunda Guerra Mundial.

III.1 TEORIAS TRANSITIVAS

Já em meio à Teoria Clássica e antecipando-se à Teoria das Relações Humanas, surgiram autores que, apesar de defenderem os princípios clássicos, iniciaram um trabalho pioneiro de revisão, crítica e reformulação das bases da Teoria Administrativa. Embora não houvessem consolidado uma corrente e não dispusessem de uma conexão teórica, alguns autores podem ser colocados nessa zona de transição entre o classicismo e o humanismo na Administração, a saber:

- **Hugo Munsterberg (1863-1916)**: introduziu a psicologia aplicada nas organizações e o uso de testes de seleção de pessoal.[1]
- **Ordway Tead (1860-1933)**: foi o pioneiro a tratar da liderança democrática na Administração.[2]

- **Mary Parker Follett (1868-1933)**: introduziu a corrente psicológica na Administração.[3] Rejeita qualquer fórmula universal ou única e introduz a lei da situação: é a situação concreta que deve determinar o que é certo e o que é errado. Toda decisão é um momento de um processo e se torna fundamental conhecer todo o contexto que envolve esse processo.[4]
- **Chester Barnard (1886-1961)**: introduziu a teoria da cooperação na organização.[5] Como as pessoas têm limitações pessoais – biológicas, físicas e psicológicas –, elas precisam superá-las por meio do trabalho conjunto. A cooperação entre pessoas surge da necessidade de sobrepujar as limitações pessoais que restringem sua ação isolada. A necessidade de cooperar entre si leva as pessoas a constituírem grupos sociais e organizações mais fortes. O grupo social existe quando há:
    - Interação entre duas ou mais pessoas (interação).
    - Desejo e disposição para cooperar: (cooperação).
    - Objetivos comuns entre as pessoas: (objetivos comuns).

  Assim, a organização é um sistema cooperativo racional. A racionalidade reside nos fins visados pela organização, isto é, no alcance dos objetivos comuns. No fundo, as organizações existem para alcançar objetivos que as pessoas, sozinhas, não conseguem alcançar.

SAIBA MAIS **A abordagem humanística**

Com a abordagem humanística, a Teoria Administrativa passa por uma revolução conceitual: a transferência da ênfase na tarefa (Administração Científica) e na estrutura organizacional (Teoria Clássica) para a ênfase nas pessoas que trabalham ou que participam das organizações. Com a abordagem humanística, a preocupação com a máquina e o método de trabalho e com a organização formal e os princípios de Administração cede prioridade para a preocupação com as pessoas e os grupos sociais. O foco nos aspectos técnicos e formais cede lugar ao foco nos aspectos psicológicos e sociológicos. A abordagem humanística da Administração começou logo após a morte de Taylor; porém, apenas a partir da década de 1930 encontrou enorme aceitação nos Estados Unidos, principalmente pelas suas características democráticas. Inegavelmente, a Psicologia Industrial contribuiu fortemente para demonstrar a parcialidade dos princípios de Administração adotados pela Teoria Clássica. Sua divulgação fora dos Estados Unidos somente ocorreu bem depois do final da Segunda Guerra Mundial.

A abordagem humanística da Administração envolverá o capítulo sobre Teoria das Relações Humanas para relatar o enorme volume de novas variáveis teóricas que foram acrescentadas à Teoria Administrativa por essa corrente. Nesse contexto, são abordados conceitos vindos da psicologia social e da sociologia da época.

REFERÊNCIAS

1. GEORGE JR., C. *História do pensamento administrativo*. São Paulo: Cultrix, 1974. p. 153-154.
2. TEAD, O. *Human nature and management*. New York: Houghton Mifflin Co., 1929.
3. FOLLET, M. P. *The new state*: group organization. London: Longman, 1918.
4. FOLLET, M. P. *Dynamic organization*. New York: Harper & Brothers, 1941.
5. BARNARD, C. I. *As funções do executivo*. São Paulo: Pioneira, 1971.

4 TEORIA DAS RELAÇÕES HUMANAS: HUMANIZANDO A EMPRESA

OBJETIVOS DE APRENDIZAGEM

- Identificar as origens e o contexto no qual surgiu a Teoria das Relações Humanas, deslocando a ênfase na estrutura e nas tarefas para as pessoas.
- Explicar a Experiência de Hawthorne e suas conclusões.
- Mostrar a preocupação psicológica e sociológica quanto à influência massificante da civilização industrial sobre o ser humano.
- Conceituar a Administração a partir de uma nova concepção da natureza do ser humano: o homem social.

O QUE VEREMOS ADIANTE

- Origens da Teoria das Relações Humanas.
- A civilização industrializada e o ser humano.
- Funções básicas da organização industrial.
- Apreciação crítica da Teoria das Relações Humanas.

CASO INTRODUTÓRIO

A Hamburgo Eletrônica

A vida de Carlos Carvalho está passando por uma verdadeira revolução. Ele trabalha há muitos anos como operador de linha de montagem da Hamburgo Eletrônica, uma fábrica de componentes eletrônicos. Alguns meses atrás, sua seção foi visitada por uma equipe de analistas de cargos, que realizou estudos de tempos e movimentos e elaborou cálculos sobre tempos-padrão, definindo novos métodos de trabalho e um diferente ritmo de produção. Carlos ficou satisfeito com a implantação de prêmios de produção, mas seu sindicato convocou uma assembleia para discutir o assunto com todos os operários envolvidos. Na sua opinião, o que Carlos deveria fazer?

INTRODUÇÃO

Em uma época conturbada pela Grande Depressão de 1929, a Teoria das Relações Humanas – ou Escola Humanística da Administração – surgiu nos Estados Unidos como consequência imediata das conclusões da Experiência de Hawthorne, desenvolvida por Elton Mayo e colaboradores. Dela decorreu um forte movimento de reação e oposição à abordagem clássica da Administração.

A Administração Científica e a Teoria Clássica nunca foram pacificamente aceitas em um país democrático como os Estados Unidos, onde trabalhadores e sindicatos passaram a considerá-las um meio sofisticado de exploração dos empregados a favor dos interesses patronais.[1] Verificou-se que a Administração se baseava em princípios inadequados ao estilo democrático de vida estadunidense. A Teoria das Relações Humanas nasceu da necessidade de corrigir a forte tendência à desumanização do trabalho com a aplicação de métodos rigorosos, científicos e precisos, aos quais os trabalhadores tinham de se submeter e dos quais reclamavam.

4.1 ORIGENS DA TEORIA DAS RELAÇÕES HUMANAS

O aparecimento da Teoria das Relações Humanas se deve aos seguintes fatos:

- Necessidade de humanizar e democratizar a Administração, libertando-a dos conceitos rígidos e mecanicistas da Teoria Clássica e adequando-a aos novos padrões democráticos de vida do povo estadunidense. Nesse sentido, a Teoria das Relações Humanas constitui um movimento tipicamente estadunidense e voltado para a democratização dos conceitos administrativos.
- Desenvolvimento das ciências humanas – principalmente a psicologia e a sociologia –, sua crescente influência intelectual e suas primeiras aplicações à organização industrial. As ciências humanas vieram demonstrar inadequações dos princípios da Teoria Clássica.
- As ideias da filosofia pragmática de John Dewey (1890-1952)[2] e da Psicologia Dinâmica de Kurt Lewin (1890-1947)[3] foram capitais para o humanismo na Administração. Elton Mayo (1880-1949) é o fundador da escola; Dewey e Lewin contribuíram fortemente para a sua concepção;[4] e a sociologia de Vilfredo Pareto (1848-1923) foi fundamental nesse processo.[5]
- As conclusões da Experiência de Hawthorne, realizada entre 1927 e 1932, sob a coordenação de Elton Mayo, pondo em xeque os principais postulados da Teoria Clássica da Administração.

4.1.1 A Experiência de Hawthorne

Em 1927, o Conselho Nacional de Pesquisas iniciou uma experiência na fábrica da Western Electric Company, no bairro de Hawthorne, em Chicago, para pesquisar a correlação entre iluminação e eficiência dos operários, medida por meio da produção.[6] A experiência foi coordenada por Elton Mayo[7] e estendeu-se à fadiga, a acidentes no trabalho, à rotatividade do pessoal (*turnover*) e ao efeito das condições de trabalho sobre a produtividade do pessoal. Os pesquisadores verificaram que os resultados da experiência eram prejudicados por variáveis de natureza psicológica. Tentaram eliminar ou neutralizar o fator psicológico, então estranho e impertinente, razão pela qual a experiência se prolongou até 1932.

A literatura a respeito dessa experiência é bastante volumosa.[8] A Western Electric fabricava em Hawthorne equipamentos e componentes telefônicos e, na época, desenvolvia uma política de pessoal que valorizava o bem-estar dos operários, os salários satisfatórios e as boas condições de trabalho. No departamento de montagem de relés de telefone, as montadoras executavam tarefas simples e repetitivas que dependiam de rapidez e agilidade. A empresa queria conhecer melhor seus empregados. A experiência passou por três fases:

1. **Primeira fase**: pretendia-se conhecer o efeito da iluminação sobre o rendimento do trabalho. Foram escolhidos dois grupos de operários que faziam o mesmo trabalho e em condições idênticas: um grupo de observação trabalhava sob intensidade de luz variável, enquanto um grupo de controle trabalhava com intensidade constante. Não foi encontrada correlação direta entre ambas as variáveis, mas a existência de uma variável difícil de ser isolada: o fator psicológico. Os operários reagiam à experiência conforme suas suposições pessoais, ou seja, eles se julgavam na obrigação de produzir mais quando a intensidade de iluminação aumentava e o contrário quando diminuía, mesmo quando os pesquisadores os enganavam. A preponderância do fator psicológico sobre o fator fisiológico mostrou que a eficiência dos operários era afetada por condições psicológicas.[9] Para isolar o inoportuno fator psicológico, estenderam a experiência para verificar fadiga, horários e intervalos de descanso.
2. **Segunda fase**: composta de um grupo experimental de seis moças que montavam relés em uma sala de prova para comparação com o grupo de controle, que era o restante da fábrica. Ambos os grupos tinham um supervisor e um observador. As moças foram convidadas para participar da pesquisa, esclarecidas quanto ao seu objetivo - avaliar o efeito das mudanças nas condições de trabalho (períodos de descanso, lanches, redução no horário de trabalho etc.) - e eram informadas a respeito dos resultados, além das modificações serem submetidas à sua aprovação. Insistia-se para que trabalhassem dentro do normal e que ficassem à vontade no trabalho. A pesquisa foi dividida em 12 períodos para observar os resultados.[10] Diante das diferenças de atitudes entre o grupo experimental e o grupo de controle, os pesquisadores foram se afastando do objetivo inicial de verificar as condições físicas de trabalho e se fixaram no estudo das relações humanas no trabalho.
3. **Terceira fase**: em 1928, iniciou-se o Programa de Entrevistas (*Interviewing Program*) com os empregados para conhecer suas atitudes e sentimentos e ouvir suas opiniões. Foi um programa ambicioso para uma empresa com mais de 40 mil empregados e que revelou a existência de uma organização informal dos operários a fim de se protegerem contra o que consideravam ameaças da Administração contra seu bem-estar.[11] Essa organização informal manifestou-se por meio de:[12]
   - Produção controlada por padrões que os operários julgavam ser a produção normal que deveriam dar e que não eram ultrapassados por nenhum deles.
   - Práticas não formalizadas de punição social que o grupo social aplicava aos operários que excediam os padrões e que eram considerados sabotadores.
   - Expressões que faziam transparecer a insatisfação quanto aos resultados do sistema de pagamentos de incentivos por produção.
   - Liderança informal por certos operários que mantinham unidos os grupos e asseguravam o respeito pelas regras de conduta.
   - Sinais de contentamento e descontentamento com relação às atitudes dos superiores a respeito do comportamento dos operários.

Por meio da organização informal, os operários se mantinham unidos com certa lealdade entre si. Os pesquisadores notaram que alguns operários queriam também ser leais à empresa, e essa lealdade dividida entre o grupo e a companhia geralmente trazia conflito, tensão, nervosismo e inquietação.[13]

PARA REFLEXÃO

O ambiente interno da Lucen Lac

Como empresária, Celeste Aguiar Luz se considera uma mulher bem-sucedida. Sua empresa, Lucen Lac, alcança excelentes resultados financeiros e elevada lucratividade. Contudo, Celeste nota que o ambiente interno de sua empresa é frio, inamistoso e negativo. O clima é pesado e agressivo. Quando passa por entre os funcionários, Celeste percebe que não é bem recebida. Afinal, qual é o problema existente na empresa?

4.1.2 Conclusões da Experiência de Hawthorne

A Experiência de Hawthorne permitiu o delineamento dos princípios da Escola das Relações Humanas. Suas principais conclusões são as seguintes:

- **Nível de produção é resultante da integração social**: verificou-se que o nível de produção não é determinado pela capacidade física ou fisiológica do empregado (como afirmava a Teoria Clássica), mas por normas sociais e expectativas grupais. É a capacidade social do trabalhador que determina o seu nível de competência e eficiência, e não a sua capacidade de executar movimentos eficientes dentro do tempo estabelecido.[14] Quanto maior a integração social no grupo de trabalho, maior a disposição de produzir. Se o empregado reunir excelentes condições físicas e fisiológicas para o trabalho e não estiver socialmente integrado, a sua eficiência sofrerá a influência do seu desajuste social.
- **Comportamento social dos empregados**: o comportamento do indivíduo se apoia totalmente no seu grupo social. Os trabalhadores não agem ou reagem isoladamente como indivíduos, mas como membros de grupos. Cada indivíduo não se sentia livre para estabelecer por si mesmo a sua quota de produção, pois esta era estabelecida e imposta pelo grupo. A qualquer desvio das normas grupais, o indivíduo sofria punições sociais ou morais dos colegas, no sentido de se ajustar aos padrões do grupo. A amizade e o agrupamento social dos trabalhadores devem ser considerados como aspectos relevantes para a Administração. A Teoria das Relações Humanas contrapõe o comportamento social do empregado ao comportamento do tipo máquina proposto pela Teoria Clássica, baseado em uma concepção atomística do ser humano.
- **Recompensas e sanções sociais**: constatou-se que os operários que produziam acima ou abaixo da norma socialmente imposta pelo grupo perderam o respeito e a consideração dos colegas. Os operários preferiram produzir menos – e ganhar menos – do que pôr em risco suas relações amistosas com os colegas do grupo. O comportamento dos trabalhadores

está condicionado a normas e padrões sociais. Cada grupo social desenvolve crenças e expectativas com relação à Administração. Essas crenças e expectativas – sejam reais, sejam imaginárias – influem nas atitudes e nas normas e padrões de comportamento que o grupo define como aceitáveis. As pessoas passam a ser avaliadas pelo grupo em confronto com essas normas e padrões de comportamento.

SAIBA MAIS **Sobre o homem social**

Para os autores clássicos, predominava o conceito do *homo economicus*, pelo qual o homem é motivado e incentivado por estímulos salariais e econômicos. Os precursores da Administração Científica elaboraram planos de incentivo salarial no sentido de elevar a eficiência e baixar os custos operacionais. Mayo e seus seguidores achavam que essa motivação econômica é secundária na determinação do rendimento do trabalhador. Para a Teoria das Relações Humanas, as pessoas são motivadas pela necessidade de "reconhecimento", de "aprovação social" e "participação" nas atividades dos grupos sociais em que convivem. Daí o conceito de **homem social** desenvolvido por essa teoria.

- **Grupos informais**: enquanto os clássicos se preocupavam com aspectos formais da organização (como autoridade, responsabilidade, especialização, estudos de tempos e movimentos, princípios gerais de Administração, departamentalização etc.), os autores humanistas se concentravam nos aspectos informais da organização (como grupos informais, comportamento social dos empregados, crenças, atitude e expectativa, motivação etc.). A empresa passou a ser visualizada como uma organização social composta de grupos sociais informais, cuja estrutura nem sempre coincide com a organização formal da empresa, ou seja, com os propósitos definidos por ela.[15] Esses grupos informais definem suas regras de comportamento, recompensas ou sanções sociais, objetivos, escala de valores sociais, crenças e expectativas, que cada participante vai assimilando e integrando em suas atitudes e comportamento.[16]
- **Relações humanas**: os indivíduos dentro da organização participam de grupos sociais e mantêm-se em constante interação social. Para explicar o comportamento humano nas organizações, a Teoria das Relações Humanas passou a estudar essa interação social. As relações humanas são as ações e atitudes desenvolvidas por meio dos contatos entre pessoas e grupos. Por um lado, cada pessoa influi no comportamento e nas atitudes das pessoas com quem mantém contato e é, por outro lado, igualmente influenciada por elas. Cada pessoa procura se ajustar às demais pessoas e grupos, pretendendo ser compreendida e aceita, no sentido de atender aos seus interesses e aspirações. A compreensão da natureza dessas relações humanas permite melhores resultados dos subordinados e uma atmosfera em que cada pessoa é encorajada a expressar-se livremente.
- **Importância do conteúdo do cargo**: a especialização (e, portanto, a fragmentação das tarefas) do trabalho não é a forma mais eficiente de divisão do trabalho. Embora não

tenham se preocupado com esse aspecto, Mayo e seus colaboradores verificaram que a especialização defendida pela Teoria Clássica não cria a organização mais eficiente. Observaram que os operários trocavam de posição para variar e evitar a monotonia, contrariando a política da empresa. Tais trocas informais provocavam efeitos negativos na produção, mas elevavam o moral do grupo. Verificaram que o conteúdo e a natureza do trabalho têm forte influência sobre o moral do trabalhador. Trabalhos simples e repetitivos tendem a se tornar monótonos e maçantes, afetando negativamente a atitude do trabalhador e reduzindo a sua satisfação e eficiência.

- **Ênfase nos aspectos emocionais**: os elementos emocionais, não planejados e mesmo irracionais, do comportamento humano passam a merecer atenção especial da Teoria das Relações Humanas.[17]

PARA REFLEXÃO

As linhas de montagem da TLT

A TLT é uma empresa que produz telefones padrões e celulares. O modelo de telefone é montado por meio de quatro linhas de montagem. Cada linha envolve cerca de 28 operárias que trabalham em tarefas superespecializadas e fragmentadas. O modelo segue pela linha de montagem, cada operária, ao longo dela, acrescenta um parafuso ou peça e, na ponta final, sai o produto acabado. Uma sucessão de acréscimos feitos pelas operárias. A linha 1 produz, em média, 480 telefones por dia; a linha 2, cerca de 460; a linha 3 alcança 510; e a linha 4 chega a 550. Marina Fortes, a gerente de produção, acha que o ideal seria que todas as quatro linhas tivessem média equivalente com pequeno desvio padrão. O que fazer?

4.2 A CIVILIZAÇÃO INDUSTRIALIZADA E O SER HUMANO

A Teoria das Relações Humanas preocupou-se com o esmagamento do ser humano pelo impetuoso desenvolvimento da civilização industrializada. Elton Mayo[18] salienta que, enquanto a eficiência material aumentou vigorosamente nos últimos 200 anos, a capacidade humana para o trabalho coletivo não manteve esse ritmo de desenvolvimento. O progresso industrial provocou um profundo desgaste no sentimento espontâneo de cooperação. A solução do problema da cooperação não pode ser encontrada por meio de formas tradicionais de organização, mas por uma nova concepção das relações humanas no trabalho. A colaboração na sociedade industrializada não pode ser entregue ao acaso, enquanto se cuida apenas dos aspectos materiais e tecnológicos. Os métodos de trabalho visam à eficiência e não à cooperação. A cooperação humana não é o resultado de determinações legais ou da lógica organizacional. Mayo salienta que:

- **O trabalho é uma atividade tipicamente grupal**: a conclusão é a de que o nível de produção é influenciado mais pelas normas do grupo do que pelos incentivos salariais e materiais de produção.

- **O operário não reage como indivíduo isolado, mas como membro de um grupo social**: as mudanças tecnológicas tendem a romper os laços informais de camaradagem e amizade dentro do trabalho e a privar o operário do espírito gregário, enquanto é o responsável pela sua produção.
- **A tarefa básica da Administração é formar uma elite capaz de compreender e comunicar**: com chefes democráticos, persuasivos e simpáticos. Em vez de se tentar fazer os empregados compreenderem a lógica da Administração, a nova elite de administradores deve perceber as limitações dessa lógica e entender a lógica dos trabalhadores. Para Mayo, "já passamos do estágio de organização humana em que a comunicação e colaboração eram asseguradas, mas a sociedade civilizada alterou seus postulados".[19] Passamos de uma sociedade estável para uma sociedade adaptável, mas negligenciamos a habilidade social. A capacidade de colaborar com as pessoas está se deteriorando. Para Mayo, somos "tecnicamente competentes como nenhuma outra idade na história o foi, e combinamos isto com uma total incompetência social".[20] É necessária a formação de uma elite social capaz de recobrar a cooperação.
- **A pessoa humana é motivada pela necessidade de "estar junto", de "ser reconhecida"**: de receber adequada comunicação. A organização eficiente, por si só, não leva à maior produção, pois ela é incapaz de elevar a produtividade se as necessidades psicológicas do trabalhador não forem descobertas, localizadas e satisfeitas.[21]
- **A civilização industrializada traz como consequência a desintegração dos grupos primários da sociedade**: como a família, os grupos informais e a religião, enquanto a fábrica surgirá como uma nova unidade social que proporcionará um novo lar, um local de compreensão e de segurança emocional para os indivíduos. Dentro dessa visão romântica, o operário encontrará na fábrica uma Administração compreensiva e paternal, capaz de satisfazer suas necessidades psicológicas e sociais.[22]

Já que os métodos convergem para a eficiência e não para a cooperação humana – e muito menos para objetivos humanos –, há um conflito social na sociedade industrial: a incompatibilidade entre os objetivos organizacionais da empresa e os objetivos individuais dos empregados. Ambos nunca se deram muito bem, principalmente quando a preocupação exclusiva com a eficiência sufoca o trabalhador. O conflito social deve ser evitado a todo custo por meio de uma Administração humanizada capaz de um tratamento preventivo e profilático. As relações humanas e a cooperação constituem a chave para evitar o conflito social. Mayo não vê possibilidade de solução construtiva e positiva do conflito social. Para ele, o conflito social é o germe da destruição da própria sociedade: "O conflito é uma chaga social enquanto a cooperação é o bem-estar social".[23]

VOLTANDO AO CASO INTRODUTÓRIO

A Hamburgo Eletrônica

Na assembleia dos operários, o pessoal do sindicato explicou que as mudanças que a empresa pretende fazer no setor industrial da Hamburgo Eletrônica eram prejudiciais aos operários. Essas mudanças favoreceriam apenas à empresa em detrimento dos interesses dos operários. Carlos começou a perceber que as pessoas não vivem apenas de recompensas salariais. Salários realmente são importantes, mas não são únicos e decisivos para a plena satisfação pessoal e profissional. Como você poderia ajudar Carlos a se expressar junto aos colegas?

4.3 FUNÇÕES BÁSICAS DA ORGANIZAÇÃO INDUSTRIAL

A Experiência de Hawthorne permitiu o aparecimento de novos conceitos sobre a Administração. Roethlisberger e Dickson,[24] dois relatores da pesquisa, concebem a fábrica como um sistema social. Para eles, a organização industrial tem duas funções principais: produzir bens ou serviços (função econômica, que busca o equilíbrio externo) e distribuir satisfações entre os seus participantes (função social, que busca o equilíbrio interno da organização), antecipando-se às atuais preocupações com a responsabilidade social das organizações. A organização industrial deve buscar simultaneamente essas duas formas de equilíbrio. A organização da época – estritamente calcada na Teoria Clássica – somente se preocupava com o equilíbrio econômico e externo, e não apresentava maturidade suficiente para obter a cooperação do pessoal, característica fundamental para o alcance do equilíbrio interno.

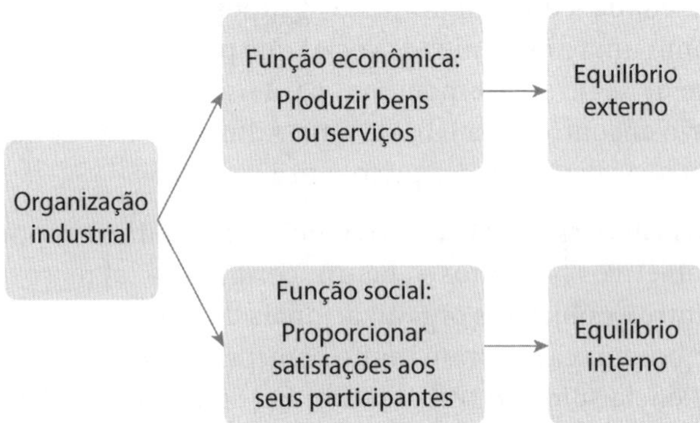

Figura 4.1 As funções básicas da organização segundo Roethlisberger e Dickson.

A colaboração humana é determinada mais pela organização informal do que pela organização formal. A colaboração é um fenômeno social, não lógico, baseado em códigos sociais, convenções, tradições, expectativas e modos de reagir às situações. Não é questão de lógica, mas de psicologia. Dentro desse espírito, a Teoria das Relações Humanas trouxe novas dimensões e variáveis para a Teoria Geral da Administração (TGA).

Quadro 4.1 Comparação entre Teoria Clássica e Teoria das Relações Humanas

Teoria Clássica	Teoria das Relações Humanas
■ Trata a organização como máquina. ■ Enfatiza as tarefas ou a tecnologia. ■ Inspirada em sistemas de engenharia. ■ Autoridade centralizada. ■ Linhas claras de autoridade. ■ Especialização e competência técnica. ■ Acentuada divisão do trabalho. ■ Confiança nas regras e nos regulamentos. ■ Clara separação entre linha e *staff*.	■ Trata a organização como grupos de pessoas. ■ Enfatiza as pessoas. ■ Inspirada em sistemas de psicologia. ■ Delegação de autoridade. ■ Autonomia do empregado. ■ Confiança e abertura. ■ Ênfase nas relações entre as pessoas. ■ Confiança nas pessoas. ■ Dinâmica grupal e interpessoal.

As conclusões de Hawthorne somente tiveram um impacto decisivo na Teoria Administrativa a partir da década de 1950, com o aparecimento da Teoria Comportamental, que veremos adiante.

PARA REFLEXÃO

O moral baixo

Marcelo Tupinambá é um gerente extremamente preocupado com a satisfação dos seus funcionários. Nos últimos tempos, ele tem notado forte angústia entre seus subordinados, relacionamento humano precário, agressividade solta e queixas e reclamações constantes, que demonstram elevado grau de insatisfação no trabalho. O que fazer?

4.4 APRECIAÇÃO CRÍTICA DA TEORIA DAS RELAÇÕES HUMANAS

Com a publicação do livro de Roethlisberger e Dickson,[25] relatando a Experiência de Hawthorne, a Teoria das Relações Humanas passou a dominar a Teoria Administrativa. Ao final da década de 1950, a Teoria das Relações Humanas entrou em declínio, passando a ser intensamente criticada a tal ponto que suas concepções começaram a ser revistas e alteradas. Entre as críticas à Teoria das Relações Humanas, podemos alinhar as seguintes:

- **Oposição cerrada à Teoria Clássica**: em muitos aspectos, a Teoria das Relações Humanas foi diametralmente oposta à Administração Científica: os fatores considerados como decisivos e cruciais por uma escola mal eram focalizados pela outra, e as variáveis que uma considerava centrais eram quase ignoradas pela outra.[26] Recentemente, a Teoria das Relações Humanas vem sendo encarada mais como uma compensação ou complemento do que como uma contradição da Administração Científica.[27]
- **Inadequada visualização dos problemas de relações industriais**: a partir dos desdobramentos da Teoria das Relações Humanas, a maior parte das grandes empresas criou um

departamento de relações industriais para cuidar das suas relações com empregados. Na época, a área de relações industriais passou a lidar principalmente com os chamados conflitos entre o capital e o trabalho. Elton Mayo, particularmente, e a Escola das Relações Humanas, em geral, são criticados pela interpretação inadequada e distorcida dos problemas de relações industriais, seja da compreensão do problema do conflito e dos interesses conflitantes dos empregados e da organização, seja da própria localização das causas e das implicações desse conflito.[28]

Aumente seus conhecimentos sobre **Práticas eficazes de relações humanas no trabalho** na seção *Saiba mais* TGA 1 4.1

- **Concepção ingênua e romântica do operário**: os autores da década de 1940 e do início da década de 1950 imaginavam um trabalhador feliz, produtivo e integrado no ambiente de trabalho. Contudo, essa imagem nem sempre foi confirmada por pesquisas posteriores, que descobriram trabalhadores felizes e improdutivos, bem como infelizes e produtivos, descaracterizando a correlação entre satisfação e produtividade. Verificou-se que o gerente liberal e concentrado no trabalhador nem sempre era o responsável pelos grupos mais produtivos, que a consulta participativa criava, muitas vezes, mais problemas do que aqueles que resolvia. Também os trabalhos de dinâmica de grupo, inicialmente otimistas, visionários e calcados em princípios éticos preconcebidos, foram paulatinamente seguindo uma linha analítica e experimental.[29]
- **Limitação do campo experimental**: os autores humanistas limitaram-se ao mesmo ambiente restrito de pesquisa da Administração Científica: a fábrica. Deixaram de verificar outros tipos de organizações (como bancos, hospitais, universidades etc.), o que reduz a aplicabilidade de suas teorias e conclusões. A Experiência de Hawthorne baseou-se em uma amostra de apenas seis moças, dentro de uma específica situação industrial. As generalizações da pesquisa tornaram-se muito frágeis. Assim, a limitação a uma situação industrial permanece.[30] A "Escola das Relações Humanas só examina as relações homem × grupo na área da fábrica, mas não as ultrapassa".[31]
- **Parcialidade nas conclusões**: a Teoria Clássica foi criticada por se restringir apenas à organização formal, revelando "escassez de variáveis", isto é, abrangendo pequeno número de variáveis, para explicar seus pontos de vista. A Teoria das Relações Humanas se mostra igualmente parcialista, restringindo-se apenas à organização informal, e sofreu da mesma escassez de variáveis, apresentando forte desequilíbrio de afirmações, enfatizando os aspectos informais da organização e relegando os aspectos formais a um plano inferior.[32] As conclusões de Mayo não vão ao fundo do problema.[33] Como aconteceu com a Administração Científica, a Teoria das Relações Humanas ficou restrita à fábrica, deixando de lado as demais áreas da empresa.
- **Ênfase nos grupos informais**: a Teoria das Relações Humanas concentra-se no estudo dos grupos primários, seu principal campo de atuação. E vai mais além: supervaloriza a coesão grupal como condição de elevação da produtividade. Mayo salienta que "na indústria e em outras situações humanas, o administrador lida com grupos humanos bem entrelaçados e não com uma horda de indivíduos... o desejo que tem o homem de

ser constantemente associado, em seu trabalho, a seus companheiros é uma forte, senão a mais forte das características humanas".[34] Mayo queria demonstrar que a abstenção, a rotatividade, a mobilidade, o baixo moral e a baixa eficiência se reduzem ao problema de saber como os grupos podem ser solidificados para que a colaboração possa aumentar tanto na grande quanto na pequena indústria. As suas principais conclusões são:[35]

- O trabalho é uma atividade grupal.
- A necessidade de reconhecimento e segurança e o senso de pertencer são mais importantes no moral do operário e na produtividade do que as condições físicas de trabalho sob as quais ele trabalha.
- Uma reclamação raramente é o enunciado objetivo de fatos; ela pode ser um sintoma de distúrbio relacionado com o *status* do indivíduo.
- As atitudes e a eficiência do trabalhador são condicionadas pelas demandas sociais, tanto dentro quanto fora da fábrica.
- Os grupos informais dentro da fábrica exercem controle social sobre os hábitos no trabalho e as atitudes de cada operário.
- A colaboração grupal não ocorre por acidente: ela deve ser planejada e desenvolvida.

A Teoria das Relações Humanas trouxe uma nova visão da Administração, incluindo:

- a participação dos escalões inferiores na solução dos problemas da organização;
- a necessidade de relacionamento e franqueza entre indivíduos e grupos nas organizações;
- a necessidade de melhorar a competência dos administradores no relacionamento interpessoal para diminuir o abismo entre o mundo da Administração e o mundo dos operários;
- a introdução das ciências do comportamento nas práticas administrativas;
- a definição de uma filosofia humanística e democrática na organização;
- a atitude voltada para a pesquisa e o conhecimento profundo da natureza humana.

A ideia de uma Administração participativa para aumentar a inclusão dos operários nas metas da empresa e de motivá-los no sentido de alcançarem essas metas é uma das principais decorrências dessa teoria.

- **Enfoque manipulativo das relações humanas**: pode até parecer que os autores da Escola das Relações Humanas tenham se preocupado com o bem-estar e a felicidade dos trabalhadores, esquecendo-se de que essa preocupação não é a função principal da empresa, que é a de produzir bens e gerar lucros. No entanto, essa escola e, principalmente, Mayo e seus colaboradores favoreciam a empresa, talvez porque a Experiência de Hawthorne tenha sido patrocinada pela Western Electric. Assim, essa teoria tem sido criticada pelo fato de desenvolver uma sutil estratégia manipulativa de enganar os operários e fazê-los trabalhar mais e exigir menos.[36] Essa estratégia manipulativa visava modificar o comportamento do empregado em favor dos objetivos da Administração. Manipulação é todo e qualquer processo por meio do qual se condiciona o indivíduo a fazer qualquer coisa sem a sua participação realmente livre. A manipulação tem mais um sentido de imposição ou ordem emitida em função de autoridade de um ato de vontade ou de iniciativa, que exprima desejo espontâneo de colaboração do indivíduo. A manipulação envolve um processo por meio do qual o indivíduo acredita estar fazendo algo que vem de encontro à sua vontade, quando na realidade ele foi condicionado para pensar assim.

Figura 4.2 Enfoque manipulativo das relações humanas.

- **Abordagem parcialista da Teoria das Relações Humanas**: também se revela ao se colocar em plano secundário as recompensas salariais e materiais, enfatizando apenas as recompensas sociais e simbólicas na indústria, utilizando-as com a finalidade manipulativa de apaziguar os operários, concedendo-lhes símbolos baratos de prestígio e afeição, em vez de aumento de salários.[37] O objetivo da Teoria das Relações Humanas não era eliminar a degradação do trabalho humano, mas superar os problemas decorrentes da resistência imposta pelos trabalhadores a essa degradação.[38] Todavia, ela representa um avanço em relação ao taylorismo, pois o comportamento individual na organização é determinado por normas sociais, o que desviou o foco dos estudos sobre a motivação do individual para o coletivo. Porém, mesmo assim, as organizações continuavam a ser percebidas como sistemas fechados, imunes às influências externas do ambiente.
- **Outras críticas**: Perrow salienta que "tanto a Escola da Administração Científica como a de Relações Humanas possuem ideias úteis, mas que se aplicam a situações diferentes. Os partidários intelectualizados de ambas as escolas entendem como 'exceções' os casos em que suas abordagens não podem ser aplicadas".[39]

PARA REFLEXÃO

A crítica aos diretores da Petrolina

Aracy Almeida, gerente de Recursos Humanos da Petrolina, sempre faz críticas à abordagem dos diretores da empresa. Ela diz que eles têm inadequada visualização dos problemas de relações industriais, visão ingênua e romântica dos operários, suas conclusões são sempre parciais e limitadas, referem-se apenas aos grupos informais e desenvolvem um enfoque manipulativo nas relações humanas. O que Aracy quer dizer com essas críticas?

Para Kleber Nascimento:

> [...] foi a Escola das Relações Humanas que marcou o início do reenfoque, hoje definitivo, da Administração como uma ciência social aplicada.
>
> Como engenharia humana, a área de indagação intelectual da Administração confinava-se à divisão do trabalho, à redistribuição de competências, à fusão e desmembramento de órgãos, à racionalização dos tempos e movimentos, à simplificação de fluxos, à combinação de métodos e à coordenação pela autoridade. Hoje, como ciência social aplicada, o discurso da moderna disciplina da Administração passou a incluir e a focalizar as relações pessoais entre os membros da organização, conflitos de valores, competência interpessoal, clima psicossociológico organizacional, condições de *feedback* espontâneo e não censurado entre as pessoas, estilo de liderança das chefias, possibilidades de autorrealização no trabalho, condições de favorecimento ou obstaculização da criatividade e a coordenação através de um consenso de valores entre os membros da organização. Em suma, a ênfase deixou de ser colocada nas técnicas administrativas para ser colocada nas pessoas. O administrador deixou de ser o engenheiro para ser um *expert* na aplicação das ciências do comportamento à dinâmica da sua organização. O enfoque do engenheiro, que concebia a organização como um conjunto de peças e de relações entre homens, cargos e materiais ou equipamentos, cedeu de vez ao enfoque psicossociológico, segundo o qual os problemas críticos são as relações entre os membros dos grupos e entre os grupos, os estilos de liderança, a motivação, os incentivos e a autorrealização do trabalho.[40]

CONCLUSÃO

Apesar das críticas à Teoria das Relações Humanas, não resta dúvida de que ela abriu novos horizontes à Teoria Administrativa em duas orientações bem definidas:

- **A chamada equação humana**: o sucesso das organizações depende diretamente das pessoas. Hoje, reconhece-se que a maneira como a organização trata e gerencia as pessoas é o segredo do seu sucesso e competitividade.[41] Atualmente, essa orientação está sendo assumida pelas organizações bem-sucedidas do mundo todo. Essa é uma herança inestimável da abordagem humanística.
- **O novo papel do administrador**: a Teoria das Relações Humanas mostrou uma forte evidência: o administrador deve saber comunicar, liderar, motivar e conduzir as pessoas. E como o sucesso de uma organização depende diretamente das pessoas, o trabalho básico do administrador é lidar com as pessoas que fazem o trabalho da organização. Pfeffer aponta que a chave do sucesso organizacional são as pessoas e a liderança. O administrador deve ser um verdadeiro líder. Para ele, existem três princípios que os líderes utilizam para transformar as organizações e adotar um modelo de gestão altamente comprometido:[42]

- **Desenvolver confiança nas pessoas**: não se pode desenvolver confiança sem tratar as pessoas com respeito e dignidade. A confiança exige que os valores organizacionais adotados tenham um forte significado para as pessoas.
- **Os líderes devem estimular a mudança**: para isso, precisam respeitar as pessoas e aprender que a mudança envolve todas as suas atividades. Os líderes devem romper com os hábitos, mudando a forma como a empresa é organizada. Mudar o arranjo físico de um escritório é uma maneira de criar um clima de mudança.
- **Os líderes devem avaliar o que é importante e prioritário**: os líderes devem desenvolver sistemas que geram capacidade e competência distintiva para sua organização e encaminhar as pessoas nesse sentido.

Nos dias de hoje, o administrador precisa possuir competências básicas: relacionamento interpessoal, comunicação, liderança, motivação e resolução de conflitos. Além disso, deve saber construir e dinamizar equipes de trabalho. O trabalho em equipe está em alta no mundo dos negócios.

Figura 4.3 Mapa mental da Teoria das Relações Humanas.

RESUMO

As origens da Teoria das Relações Humanas remontam à influência das ideias do pragmatismo e da iniciativa individual nos Estados Unidos, berço da democracia. Na prática, essa teoria surgiu com a Experiência de Hawthorne.

A Experiência de Hawthorne marca, ao longo de sua duração, o início de uma nova teoria calcada em valores humanísticos na Administração, deslocando a preocupação com a tarefa e a estrutura para as pessoas.

As conclusões da Experiência de Hawthorne incluíram novas variáveis no dicionário da Administração: a integração social e o comportamento social dos empregados; as necessidades psicológicas e sociais e a atenção para novas formas de recompensas e sanções não materiais; o estudo dos grupos informais e da chamada organização informal; o despertar para as relações humanas dentro das organizações; a ênfase nos aspectos emocionais e não racionais do comportamento das pessoas; e a importância do conteúdo do cargo para as pessoas que o realizam.

Dentro da abordagem humanística, os pesquisadores se deparam com a civilização industrializada, que torna as empresas preocupadas exclusivamente com sua sobrevivência financeira e com maior eficiência para o alcance de lucros. Assim, todos os métodos convergem para a eficiência e não para a cooperação humana e, muito menos, para objetivos humanos. Mostrou a necessidade de um tratamento profilático e preventivo do conflito industrial para aliviar o choque entre os objetivos da organização e os objetivos individuais dos trabalhadores.

Assim, torna-se indispensável conciliar e harmonizar as duas funções básicas da organização industrial: a função econômica (produzir bens ou serviços para garantir o equilíbrio externo) e a função social (distribuir satisfações entre os participantes para garantir o equilíbrio interno).

QUESTÕES

1. Quais as origens da Teoria das Relações Humanas?
2. Comente a primeira fase da Experiência de Hawthorne.
3. Comente a segunda fase da Experiência de Hawthorne.
4. Comente a terceira fase da Experiência de Hawthorne.
5. Quais são as conclusões da Experiência de Hawthorne?
6. Explique as causas do nível de produção dos operários.
7. O que significa comportamento social dos empregados?
8. Quais são as recompensas e sanções mais importantes para o pessoal? Explique.
9. Explique os grupos sociais.
10. Explique as relações humanas no trabalho.
11. Explique a importância do conteúdo do cargo.
12. Explique o impacto da civilização industrializada sobre o ser humano.
13. Explique por que o trabalho é uma atividade tipicamente grupal.
14. Por que o operário reage como membro de um grupo social?
15. Por que a nossa capacidade de colaborar com os outros está se deteriorando?
16. Quais as funções básicas da organização industrial?
17. Faça um confronto entre a Teoria Clássica e a Teoria das Relações Humanas.

REFERÊNCIAS

1. HOXIE, R. F. Scientific management and labor. *Journal of Political Economy*, v. 24, nov. 1916 , p. 838.
2. A Teoria das Relações Humanas foi desenvolvida por cientistas sociais, como:

   George Elton Mayo (1880-1949); Kurt Lewin (1890-1947);
   Fritz J. Roethlisberger; George C. Homans;
   Robert Tannenbaum; Ronald Lippitt;
   Ralph K. White; Norman R. F. Maier;
   T. N. Whitehead; Jack R. P. French;
   Dorwin Cartwright; Leon Festinger;
   Alex Bavelas; Musapher Sheriff;
   Irving Knickerbocker; Fred Massarik;
   Burleigh B. Gardner; Morris S. Viteles;
   Alvin Zander; Lester Coch.
3. Kurt Lewin (1890-1947), fundador da Psicologia Social, foi professor das universidades de Cornell e de Iowa. Em 1944, tornou-se diretor do Centro de Pesquisas para Dinâmica de Grupo de Massachusetts Institute of Technology (M.I.T.).
4. ETZIONI, A. *Organizações modernas*. São Paulo: Livraria Pioneira Editora, 1967. p. 54.
5. HENDERSON, L. J. *Pareto's General Sociology*. Cambridge: Harvard University Press, 1935.
6. MAYO, E. *The human problems of an industrial civilization*. New York: The Macmillan Co., 1933.
7. George Elton Mayo (1880-1949) foi cientista social australiano, professor e diretor do Centro de Pesquisas Sociais da Harvard School of Business Administration.
8. Podemos citar: Mayo, E. *The human problems of an industrial civilization, op. cit.*; WHITEHEAD, T. N. *The industrial worker*. Cambridge: Harvard University Press, 1938; ROETHLISBERGER, F. J.; DICKSON, W. *A organização e o trabalhador*. São Paulo: Atlas, 1971; HOMANS, G. C. As pesquisas na Western Electric. *In*: BALCÃO, Y. F.; CORDEIRO, L. L. *O comportamento humano na empresa*: uma antologia. Rio de Janeiro: Fundação Getúlio Vargas, 1971. p. 5-43.
9. HOMANS, G. C. *O comportamento humano na empresa*: uma antologia, *op. cit.*, p. 6-7.
10. HOMANS, G. C., *op. cit.*, p. 8-17.
11. HOMANS, G. C., *op. cit.*, p. 20.
12. HOMANS, G. C., *op. cit.*, p. 29-30.
13. LEWIN, K. Group decision and social change. *In*: SWANSON, G. E.; NEWCOMB, T. M.; HARTLEY, E. L. (eds.). *Readings in social psychology*. New York: Holt, 1952. p. 472.
14. ETZIONI, A. *Organizações modernas*, *op. cit.*, p. 57-64.
15. WHYTE, W. F. *Human relations in the restaurant industry*. New York: McGraw-Hill Book Co., 1948.
16. ROETHLISBERGER, F. J.; DICKSON, W. *A organização e o trabalhador*. São Paulo: Atlas, 1971.
17. WAHRLICH, B. M. S. *Uma análise das teorias da organização*, *op. cit.*, p. 102.
18. MAYO, E. *The human problems of an industrial civilization*. Boston: Harvard University Press, 1933; *The social problems of an industrial civilization*. Cambridge: Harvard University Press, 1945; *The political problems of an industrial civilization*. Cambridge: Harvard University Press, 1947.
19. MAYO, E. *The social problems of an industrial civilization*, *op. cit.*, p. 30-31.

20. MAYO, E. *The social problems of an industrial civilization, op. cit.*, p. 120.
21. LODI, J. B. *Administração por objetivos*. São Paulo: Pioneira, 1970. p. 70.
22. MAYO, E. *Democracy and freedom, an essay in social logic*. Austrália, 1919. p. 48.
23. MAYO, E. *Democracy and freedom, an essay in social logic, op. cit.*, p. 48.
24. ROETHLISBERGER, F. J.; DICKSON, W. *A organização e o trabalhador, op. cit.*, 5ª Parte.
25. ROETHLISBERGER, F. J.; DICKSON, W. *A organização e o trabalhador, op. cit.*
26. ETZIONI, A. *Organizações modernas, op. cit.*, p. 65.
27. ETZIONI, A. *Organizações modernas, op. cit.*, p. 54.
28. LAWRENCE, P. R.; LORSCH, J. W. *As empresas e o ambiente*: diferenciação e integração administrativas. Petrópolis: Vozes, 1973. p. 206.
29. STROTHER, G. B. Problems in the development of a social science of organization. *In*: LEAVITT, H. J. (ed.). *The social science of organizations*. Englewood Cliffs, New Jersey: Prentice-Hall, 1963. p. 14.
30. WHYTE, W. F. *Relações humanas*: um relatório sobre o progresso. *In*: ETZIONI, A. (ed.). *Organizações complexas*. São Paulo: Atlas, 1967. p. 108.
31. TRAGTENBERG, Maurício. *Ideologia e burocracia*. São Paulo: Ática, 1974. p. 84.
32. NASCIMENTO, K. T. A revolução conceptual da administração: implicações para a formulação dos papéis e funções essenciais de um executivo. *Revista de Administração de Empresas*, Rio de Janeiro, 1977. p. 25-26.
33. MOTTA, F. C. P. *Teoria geral da administração*: uma introdução. São Paulo: Pioneira, 1975. p. 23.
34. MAYO, E. *The social problems of an industrial civilization, op. cit.*, p. 99.
35. MILLER, D. C.; FORM, W. H. *Industrial sociology*. New York: Harper & Row, 1951.
36. BROWN, J. A. C. *Psicologia social da indústria*. São Paulo: Atlas, 1967.
37. ETZIONI, A. *Organizações modernas, op. cit.*, p. 71.
38. BRAVERMAN, H. *Trabalho e capital monopolista*: a degradação do trabalho no século XX. Rio de Janeiro: Guanabara-Koogan, 1987. p. 125-126.
39. PERROW, C. *Análise organizacional*: um enfoque sociológico. São Paulo: Atlas, 1972. p. 41.
40. NASCIMENTO, K. T. A Revolução conceptual da administração: implicações para a formulação dos papéis e funções essenciais de um executivo. *Revista de Administração de Empresas, op. cit.*, p. 26.
41. PFEFFER, J. *The human equation*. Boston: Harvard School, 1998.
42. PFEFFER, J. *The human equation, op. cit.*

5 DECORRÊNCIAS DA TEORIA DAS RELAÇÕES HUMANAS: ENTENDENDO O SER HUMANO

OBJETIVOS DE APRENDIZAGEM

- Identificar a nova concepção de Administração com base em uma nova concepção da natureza do ser humano: o homem social que passou a substituir o homem econômico.
- Delinear a influência da motivação humana na nova concepção da Administração, bem como a complexidade do seu estudo e sua repercussão no moral e na atitude das pessoas.
- Mostrar as primeiras experiências sobre liderança e comunicações e o impacto de seus resultados na Administração.
- Conceituar a organização informal, suas origens e características.
- Introduzir o conhecimento da dinâmica de grupo.

O QUE VEREMOS ADIANTE

- A natureza humana.
- Influência da motivação humana.
- Liderança.
- Teorias sobre liderança.
- Comunicação.
- Organização informal.

CASO INTRODUTÓRIO

O desenvolvimento de lideranças na Penta Vale

Alessandra Siqueira está diante de um enorme desafio. Ela é diretora de Recursos Humanos da Penta Vale S/A e pretende introduzir um programa de desenvolvimento de lideranças na empresa. Para ela, a maneira eficaz de promover motivação e participação das pessoas é localizar e capacitar líderes de equipes e remover o velho estilo gerencial autocrático e impositivo que ainda predomina em toda a empresa. O primeiro passo para iniciar o programa é a seleção dos supervisores e funcionários a serem treinados em liderança de equipes. Como fazê-la? Quais seriam os critérios de escolha? E o que fazer com os atuais gerentes da empresa? Como você poderia ajudar Alessandra?

INTRODUÇÃO

Com o advento da Teoria das Relações Humanas, uma nova linguagem passa a dominar o repertório administrativo: fala-se agora em motivação, liderança, comunicação, organização informal, dinâmica de grupo etc. Conceitos clássicos como autoridade, hierarquia, racionalização do trabalho, princípios gerais de Administração, departamentalização passam a ser contestados. Subitamente, explora-se o reverso da medalha.[1] O engenheiro e o técnico cedem lugar ao psicólogo e ao sociólogo. O método e a máquina perdem a primazia em favor da dinâmica de grupo. A felicidade humana passa a ser vista sob um ângulo diferente, pois o conceito de *homo economicus* cede lugar para o de homem social. Essa revolução na Administração ocorreu nos prenúncios da Segunda Guerra Mundial, ressaltando o caráter democrático da Administração. A ênfase nas tarefas e na estrutura é totalmente substituída pela ênfase nas pessoas.

5.1 A NATUREZA HUMANA

A Teoria das Relações Humanas inaugura uma nova concepção sobre a natureza do homem: o homem social, que se baseia nos seguintes aspectos:

- **Os trabalhadores são criaturas sociais complexas**: dotados de sentimentos, desejos e temores. O comportamento no trabalho – como o comportamento em qualquer lugar – é uma consequência de muitos fatores motivacionais.
- **As pessoas são motivadas por necessidades humanas**: e alcançam suas satisfações por meio dos grupos sociais com quem interagem. Dificuldades em participar e se relacionar com o grupo provocam elevação da rotatividade de pessoal (*turnover*), abaixamento do moral, fadiga psicológica, redução do nível de desempenho etc.
- **O comportamento dos grupos sociais é influenciado pelo estilo de supervisão e liderança**: o supervisor eficaz é aquele que possui habilidade para influenciar seus subordinados, obtendo lealdade, padrões elevados de desempenho e alto compromisso com os objetivos da organização.
- **As normas sociais do grupo funcionam como mecanismos reguladores do comportamento dos membros**: os níveis de produção são controlados informalmente pelas normas do grupo. Esse controle social adota tanto sanções positivas (estímulos, aceitação social etc.) quanto negativas (gozações, esfriamento por parte do grupo, sanções simbólicas etc.).

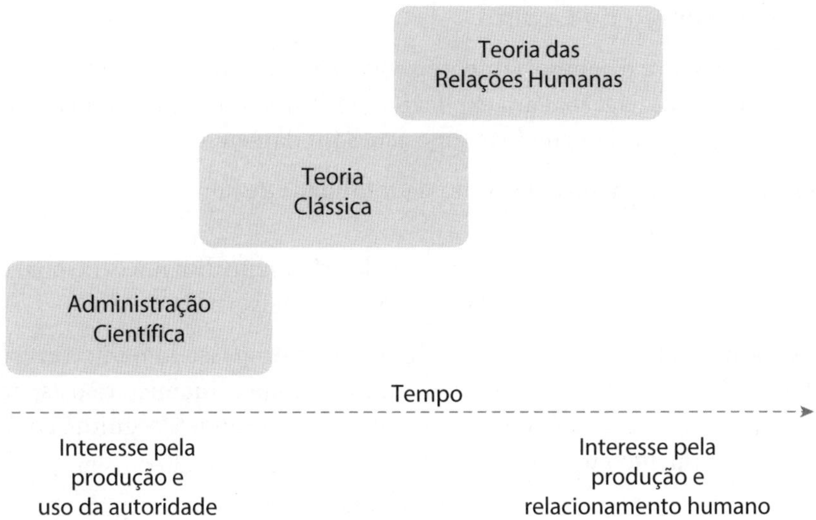

Figura 5.1 O gradativo deslocamento do interesse de estudo ao longo do tempo.

5.2 INFLUÊNCIA DA MOTIVAÇÃO HUMANA

A motivação procura explicar por que as pessoas se comportam. A Administração Científica de Taylor e seus seguidores baseava-se na concepção do *homo economicus*, segundo a qual o comportamento humano é motivado exclusivamente pela busca do dinheiro e de recompensas salariais e materiais do trabalho. Assim, a abordagem clássica da Administração se limitava a essa teoria da motivação.[2] Contudo, as teses dos engenheiros da organização enfrentavam forte reação por parte dos trabalhadores das empresas nas quais se implantavam as técnicas de estudos de tempos e movimentos e os planos de incentivos salariais típicos da Administração Científica. Em face do desenvolvimento dos sindicatos americanos, a Comissão Hoxie trouxe à baila o exagero do tecnicismo e da sua abordagem mecanicista.[3]

A Experiência de Hawthorne demonstrou que o pagamento ou recompensa salarial – mesmo quando efetuado em bases justas ou generosas – não é o único fator decisivo na satisfação do trabalhador dentro da situação de trabalho.[4] Elton Mayo e sua equipe passaram a chamar a atenção para uma nova teoria da motivação, antagônica à do *homo economicus*: o ser humano é motivado não por estímulos econômicos e salariais, mas por recompensas sociais, simbólicas e não materiais. Com tais afirmações, as empresas norte-americanas tomaram consciência de um terrível paradoxo: "o trabalhador americano vem sendo cada vez mais valorizado, quer pelo seu nível de educação, quer pelo seu salário; ao mesmo tempo, vão se degradando as suas funções, pela extensão e intensificação da automação e por uma organização cada vez mais precisa e detalhada. As consequências são duplas: no plano individual, o desestímulo à produtividade devido à crise de motivações e o subemprego do capital humano; e no plano político, o mal-estar de hoje e talvez a revolta de amanhã".[5] Com a Teoria das Relações Humanas, passou-se a estudar a influência da motivação no comportamento das pessoas. As ideias de Lewin foram fundamentais para isso.

5.2.1 Teoria de campo de Lewin

Em suas pesquisas sobre o comportamento social, Kurt Lewin (1890-1947) já se referia ao importante papel da motivação. Para explicar a motivação do comportamento, elaborou a teoria de campo, que se baseia em duas suposições fundamentais:[6]

1. O comportamento humano é derivado da totalidade de fatos coexistentes. Ele é molar e não molecular.
2. Esses fatos coexistentes apresentam o caráter de um campo dinâmico, no qual cada parte do campo depende de uma inter-relação com as demais partes.

O comportamento humano não depende somente do passado ou do futuro, mas do campo dinâmico atual e presente. Para Lewin, esse campo dinâmico é "o espaço de vida que contém a pessoa e o seu ambiente psicológico".[7] Ele propõe a seguinte equação, para explicar o comportamento humano:

$$C = f(P,M)$$

em que o comportamento (C) é função (f) ou resultado da interação entre a pessoa (P) e o meio ambiente (M) que a rodeia.

Aumente seus conhecimentos sobre **Ambiente psicológico** na seção *Saiba mais* TGA 1 5.1

Lewin utilizou uma combinação da análise topológica (para mapear o espaço vital) e da análise vetorial (para indicar a força dos motivos no comportamento), desenvolveu uma série de experimentos sobre a motivação, a satisfação e a frustração, os efeitos da liderança autocrática e democrática em grupos de trabalhadores.

5.2.2 Necessidades humanas básicas

A compreensão da motivação do comportamento supõe o conhecimento das necessidades humanas. A Teoria das Relações Humanas constatou a existência das necessidades humanas básicas. Verificou-se que o comportamento humano é determinado por causas que, às vezes, escapam ao próprio entendimento e controle do homem. Essas causas são necessidades ou motivos, isto é, forças conscientes ou inconscientes que levam o indivíduo a determinado comportamento. A motivação se refere ao comportamento que é causado por necessidades dentro do indivíduo e que é dirigido em direção aos objetivos que podem satisfazê-las.

O homem é um animal dotado de necessidades que se alternam ou se sucedem conjunta ou isoladamente. Satisfeita uma necessidade, surge outra em seu lugar e assim por diante, contínua e infinitamente. As necessidades motivam o comportamento humano e lhe dão direção e conteúdo. Para os autores da Escola de Relações Humanas, ao longo de sua vida, o homem evolui por três níveis ou estágios de motivação: à medida que cresce e amadurece, vai ultrapassando os estágios mais baixos e desenvolvendo necessidades de níveis mais elevados. As diferenças individuais influem na duração, na intensidade e na possível fixação em cada um desses estágios. Os três níveis ou estágios de motivação correspondem às necessidades fisiológicas, psicológicas e de autorrealização.

- **Necessidades fisiológicas**: são as necessidades primárias, vitais ou vegetativas, relacionadas com a sobrevivência do indivíduo. São inatas e instintivas. Situadas no nível mais baixo, as necessidades fisiológicas são também comuns aos animais. Exigem satisfação periódica e cíclica. As principais necessidades fisiológicas são as de alimentação, sono, atividade física, satisfação sexual, abrigo e proteção contra os elementos e de segurança física contra os perigos. A Experiência de Hawthorne revelou que a Western Electric desenvolvia uma política com relação ao seu pessoal que atendia às necessidades básicas dos empregados. Uma vez satisfeitas essas necessidades, elas passaram a não mais influenciar o comportamento deles. Desse modo, o comportamento passou a ser motivado por outras necessidades mais complexas: as necessidades psicológicas.
- **Necessidades psicológicas**: são necessidades secundárias e exclusivas do homem. São aprendidas e adquiridas no decorrer da vida e representam um padrão mais elevado e complexo de necessidades. As necessidades psicológicas são raramente satisfeitas em sua plenitude. O homem procura sempre maiores satisfações dessas necessidades, que vão se desenvolvendo e se sofisticando gradativamente. As principais necessidades psicológicas são as seguintes:
  - **Necessidade de segurança íntima**: é a necessidade que leva o indivíduo à autodefesa, à procura de proteção contra o perigo, a ameaça ou a privação. A necessidade de segurança íntima conduz a uma busca incessante de ajustamento e tranquilidade pessoal em direção a uma situação segura para o indivíduo.
  - **Necessidade de participação**: é a necessidade de fazer parte, de ter contato humano, de participar conjuntamente com outras pessoas de alguma coisa ou empreendimento. A aprovação social, o reconhecimento do grupo, a necessidade de calor humano, de fazer parte de um grupo, de dar e receber amizade são necessidades que levam o homem a viver em grupo e socializar-se. Dentro do grupo social existe a simpatia (que leva à coesão social) e a antipatia (que leva à dispersão social), dependendo da maneira como essa necessidade é satisfeita ou não nos diversos indivíduos.
  - **Necessidade de autoconfiança**: é a necessidade decorrente da autoavaliação e da autoapreciação de cada indivíduo. Refere-se à maneira pela qual cada pessoa se vê e se avalia, ao autorrespeito e à consideração que tem para consigo mesmo.
  - **Necessidade de afeição**: é a necessidade de dar e receber afeto, amor e carinho.
- **Necessidade de autorrealização**: é o nível mais elevado de necessidades e decorre da educação e da cultura da pessoa. Também é raramente satisfeita em sua plenitude, pois o homem vai procurando maiores satisfações e estabelecendo metas crescentemente sofisticadas. A necessidade de autorrealização é o corolário de todas as necessidades humanas. É o impulso de realizar o próprio potencial, de estar em contínuo autodesenvolvimento (no sentido mais elevado do termo).

5.2.3 Ciclo motivacional

A motivação é a tensão persistente que leva o indivíduo a alguma forma de comportamento visando à satisfação de uma ou mais necessidades. Daí o conceito de ciclo motivacional: o organismo humano permanece em estado de equilíbrio psicológico (equilíbrio de forças psicológicas, segundo Lewin) até que um estímulo o rompa e crie uma necessidade. Essa necessidade provoca um estado de tensão em substituição ao estado de equilíbrio anterior. A tensão conduz a um comportamento ou ação para chegar a alguma forma de satisfação da necessidade. Se a necessidade é satisfeita, o organismo retorna ao seu estado de equilíbrio inicial, até que outro estímulo sobrevenha. Toda satisfação é basicamente uma liberação de tensão ou descarga tensional que permite o retorno ao equilíbrio anterior.

Figura 5.2 Etapas do ciclo motivacional, resultando em satisfação da necessidade.

5.2.4 Frustração e compensação

Nem sempre a satisfação das necessidades é alcançada. Pode existir alguma barreira ou obstáculo que impeça a satisfação da necessidade. Toda vez que a satisfação é bloqueada por uma barreira, ocorre a frustração. Havendo frustração, a tensão existente não é liberada e mantém-se o estado de desequilíbrio e de tensão.

CHIAVENATO DIGITAL — Aumente seus conhecimentos sobre **Frustração** na seção *Saiba mais* TGA 1 5.2

O ciclo motivacional pode ter uma outra solução. Além da satisfação ou frustração da necessidade, existe a compensação (ou transferência). A compensação ocorre quando o indivíduo tenta satisfazer uma necessidade impossível de ser satisfeita por meio da satisfação de outra necessidade complementar ou substitutiva capaz de aplacar a necessidade mais importante, reduzindo ou evitando a frustração. Dessa forma, toda necessidade humana pode ser satisfeita, frustrada ou compensada por meio de uma infinidade de nuances e variações intermediárias.

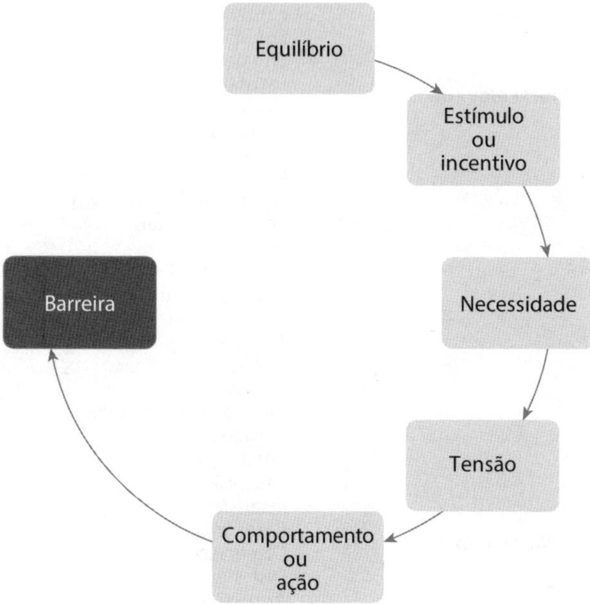

Figura 5.3 Etapas do ciclo motivacional, resultando em frustração ou compensação.

A Teoria Comportamental da Administração – que veremos adiante – deu continuidade e aprofundamento ao estudo da motivação humana.

5.2.5 Moral e clima organizacional

A literatura sobre o moral dos empregados teve seu início com a Teoria das Relações Humanas.[8] O moral é um conceito abstrato, intangível, porém perfeitamente perceptível, pois é uma decorrência do estado motivacional provocado pela satisfação ou não satisfação das necessidades individuais das pessoas. E está intimamente relacionado com o estado motivacional. À medida que as necessidades das pessoas são satisfeitas pela organização, ocorre elevação do moral, e à medida que essas necessidades são frustradas, ocorre abaixamento do moral. Via de regra, o moral é elevado porque as necessidades individuais encontram meios e condições de satisfação; e o moral é baixo porque as necessidades individuais encontram barreiras internas ou externas que impedem sua satisfação e provocam a frustração.

O moral é o responsável pelas atitudes das pessoas. Atitude é uma postura ou julgamento quanto a objetos, pessoas ou situações que predispõem as pessoas a determinado tipo de comportamento. O moral elevado é acompanhado de uma atitude de interesse, identificação, aceitação, entusiasmo e impulso positivo em relação ao trabalho, além da diminuição de problemas de supervisão e disciplina. O moral elevado estimula a colaboração, pois ela se apoia em uma base psicológica em que predomina o desejo de pertencer e a satisfação de trabalhar em grupo. Ele depende do clima de relações humanas que se cria quando existe um adequado entrosamento entre a organização formal e a organização informal, comunicações de boa qualidade e um nível de supervisão satisfatório.

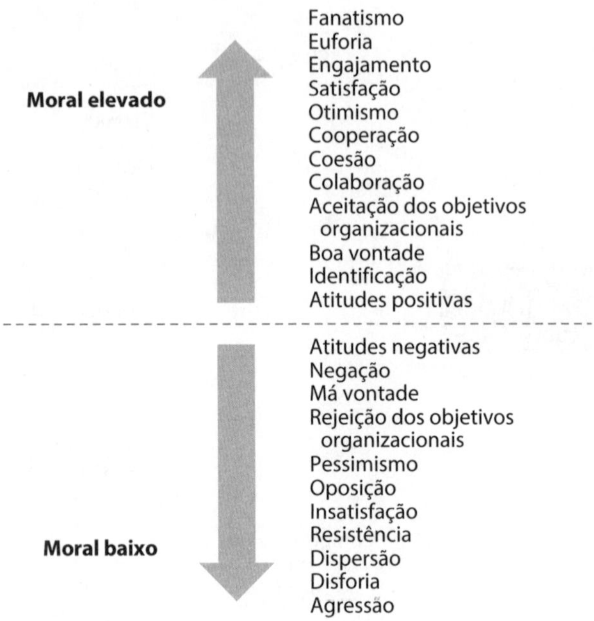

Figura 5.4 Os níveis do moral e as atitudes resultantes.

Por outro lado, o moral baixo é acompanhado por atitudes de desinteresse, negação, rejeição, pessimismo e apatia com relação ao trabalho, além de problemas de supervisão e de disciplina. Assim, o moral é uma consequência do grau de satisfação das necessidades individuais das pessoas.

Do conceito de moral decorre o conceito de clima organizacional, que é o ambiente psicológico e social que existe em uma organização e que condiciona o comportamento dos seus membros. O moral elevado proporciona um clima receptivo, amigável, quente e agradável, enquanto o moral baixo quase sempre provoca um clima negativo, adverso, frio e desagradável. As pesquisas comprovam que trabalhar em um clima organizacional agradável faz com que as pessoas se sintam mais satisfeitas com o trabalho. A Teoria Comportamental deu muita importância ao clima organizacional, como veremos adiante.

PARA REFLEXÃO

A motivação na Mayerlinck

Carlos Siqueira é gerente do Departamento de Vendas da Mayerlinck. Dirige cerca de 15 vendedores, dois assessores de vendas e dois auxiliares internos de apoio. Em recente reunião da Diretoria, Carlos foi incumbido de aumentar em 12% as vendas da empresa no decorrer do ano. A meta é ambiciosa e o seu principal desafio é saber como motivar seu pessoal e canalizar os esforços da equipe na direção correta. Em sua mesa de trabalho, Carlos está imaginando quais as necessidades humanas que deveriam ser priorizadas para poder realizar a sua meta por meio dos vendedores. Como montar o esquema?

5.3 LIDERANÇA

A Teoria Clássica não havia se preocupado muito com a liderança e suas implicações. A Teoria das Relações Humanas constatou a profunda influência da liderança sobre o comportamento das pessoas. Enquanto a Teoria Clássica enfatiza a autoridade formal, a Experiência de Hawthorne teve o mérito de demonstrar a existência de líderes informais que encarnavam as normas e expectativas do grupo e mantinham controle sobre o comportamento do grupo, ajudando os operários a atuarem como um grupo social coeso e integrado, tanto a favor quanto contra as solicitações superiores.

5.3.1 Conceituações de liderança

A liderança é necessária em todos os tipos de organização humana, principalmente nas empresas e em cada um de seus departamentos. Ela é essencial em todas as funções da Administração: o administrador precisa conhecer a natureza humana e saber conduzir as pessoas, isto é, saber liderar.

A liderança pode ser visualizada sob diversos ângulos, a saber:

- **Liderança como um fenômeno de influência interpessoal**: é a influência interpessoal exercida numa situação e dirigida por meio do processo da comunicação humana para a consecução de um ou mais objetivos específicos.[9] A liderança é um fenômeno social e que ocorre exclusivamente nos grupos sociais. Ela é decorrente dos relacionamentos entre as pessoas em determinada estrutura social, e não está relacionada com os traços pessoais de personalidade do líder.[10] A influência é uma força psicológica, uma transação interpessoal na qual uma pessoa age de modo a modificar o comportamento de outra, de algum modo intencional. A influência envolve conceitos como poder e autoridade, abrangendo maneiras pelas quais se provocam mudanças no comportamento de pessoas ou de grupos sociais. O controle representa as tentativas de influência bem-sucedidas e que produzem consequências desejadas pelo agente influenciador. O poder é o potencial de influência de uma pessoa sobre outras; é a capacidade de exercer influência, embora isso não signifique que essa influência seja realmente exercida. Assim, o poder é o potencial influencial que pode ou não ser realizado. A autoridade (o conceito mais restrito desses todos) é o poder legítimo, isto é, o poder que tem uma pessoa em virtude do seu papel ou posição em uma estrutura organizacional. É, portanto, o poder legal e socialmente aceito.
- **Liderança como um processo de redução da incerteza de um grupo**: o grau em que um indivíduo demonstra qualidade de liderança depende não somente de suas próprias características pessoais, mas também das características da situação na qual se encontra.[11] Liderança é um contínuo processo de escolha que permite ao grupo caminhar em direção à sua meta, apesar de todas as perturbações internas e externas.[12] O grupo tende a escolher como líder a pessoa que pode lhe dar maior assistência e orientação (que escolha ou ajude o grupo a escolher os rumos e as melhores soluções) para que alcance seus objetivos. A liderança é uma questão de redução da incerteza do grupo, isto é, uma escolha ou tomada de decisão. Nesse sentido, o líder é um tomador de decisões ou aquele que ajuda o grupo a tomar decisões adequadas.

- **Liderança como relação funcional entre líder e subordinados**: ela é uma função das necessidades existentes numa determinada situação, consiste em uma relação entre um líder e o grupo e que repousa em três generalizações:[13]
    - "A vida para cada pessoa constitui uma contínua luta para satisfazer necessidades, aliviar tensões e manter o equilíbrio no comportamento.
    - A maior parte das necessidades individuais, em nossa cultura, é satisfeita por meio de relações com outros indivíduos ou grupos sociais.
    - Para as pessoas as relações com outras pessoas é um processo ativo – e não passivo – de satisfazer necessidades. A pessoa não espera passivamente que a relação capaz de proporcionar os meios de satisfação de uma necessidade ocorra naturalmente, mas ela própria procura os relacionamentos adequados para isso ou utiliza relacionamentos que já existem com o propósito de satisfazer suas necessidades individuais.

    Esse conceito repousa numa relação funcional em que um líder é percebido por um grupo como o possuidor ou o controlador dos meios para a satisfação de suas necessidades. Assim, segui-lo constitui para o grupo um meio para aumentar a satisfação de suas necessidades ou de evitar sua diminuição. O líder surge como um meio ou instrumento para a consecução dos objetivos desejados por um grupo".[14]

    Um estrategista que sabe indicar os rumos que as pessoas devem seguir.

- **Liderança como um processo de lidar com as variáveis da situação**: liderança é o processo de exercer influência sobre pessoas ou grupos nos esforços para realização de objetivos em determinada situação. A liderança depende de variáveis no líder, nos subordinados e na situação. Ela é função dos objetivos pessoais, da situação e dos valores das pessoas, e pode ser definida pela equação: $L = f(o, s, v)$.[15] De acordo com essa colocação, a liderança existe em função das necessidades existentes em determinada situação: uma abordagem situacional. A liderança depende da conjugação de características pessoais do líder, dos subordinados e da situação que os envolve.[16] O líder é a pessoa que sabe conjugar e ajustar todas essas características em um conjunto integrado. E não há um tipo único e exclusivo de liderança para cada situação.

5.4 TEORIAS SOBRE LIDERANÇA

A Teoria das Relações Humanas enfatizou o estudo da liderança. A liderança constitui um dos temas mais pesquisados e estudados nos últimos anos. Várias teorias sobre a liderança acompanharam o desenvolvimento da Teoria Administrativa e podem ser classificadas em três grupos distintos, conforme o Quadro 5.1.

Quadro 5.1 As teorias sobre liderança

1. Teorias de traços de personalidade.	■ Características marcantes de personalidade possuídas pelo líder.
2. Teorias sobre estilos de liderança.	■ Maneiras e estilos de comportamento adotados pelo líder.
3. Teorias situacionais de lideranças.	■ Adequação do comportamento do líder às circunstâncias da situação.

Cada um desses grupos de teorias apresenta características e abordagens próprias:

5.4.1 Teorias de traços de personalidade

São as teorias mais antigas a respeito da liderança. Um traço é uma qualidade ou característica distintiva da personalidade. Segundo essas teorias, o líder é aquele que possui alguns traços específicos de personalidade que o distinguem das demais pessoas. São teorias influenciadas pela teoria do "grande homem" defendida por Carlyle[17] para explicar que o progresso do mundo foi produto das realizações pessoais de grandes líderes que dominam a história da humanidade, como reis, heróis, militares, estadistas e empreendedores.[18] São teorias que partem do pressuposto de que certas pessoas possuem uma combinação especial de traços marcantes de personalidade por meio das quais influencia os demais. Cada autor define traços característicos de personalidade que definem o líder:[19]

- **Traços físicos**: como energia, aparência pessoal, estatura e peso.
- **Traços intelectuais**: adaptabilidade, agressividade, entusiasmo e autoconfiança.
- **Traços sociais**: cooperação, habilidades interpessoais e habilidade administrativa.
- **Traços relacionados com a tarefa**: impulso de realização, persistência, empreendedorismo e iniciativa.

5.4.2 Teorias sobre estilos de liderança

São as teorias que estudam os possíveis estilos de comportamento do líder em relação aos subordinados, isto é, maneiras pelas quais o líder orienta sua conduta. Enquanto a abordagem dos traços se refere àquilo que o líder é, a abordagem dos estilos de liderança refere-se àquilo que o líder faz.

A teoria sobre estilos de comportamento mais conhecida, sem se preocupar com características pessoais de personalidade do líder, é a de White e Lippitt,[20] que fizeram uma pesquisa para analisar o impacto provocado em quatro grupos. A direção de cada grupo era desenvolvida por líderes que utilizavam três estilos diferentes:[21]

1. **Liderança autocrática**: o líder centraliza as decisões e impõe suas ordens ao grupo. O comportamento dos grupos mostrou, por um lado, forte tensão, frustração e agressividade, e, por outro lado, nenhuma espontaneidade ou iniciativa, nem formação de grupos de amizade. Embora aparentemente gostassem das tarefas, não demonstraram satisfação

com relação à situação. O trabalho somente se desenvolvia com a presença física do líder; quando esse se ausentava, as atividades paravam e os grupos expandiam seus sentimentos reprimidos, chegando a explosões de indisciplina e de agressividade.

2. **Liderança liberal (*laissez-faire*)**: o líder delega totalmente as decisões ao grupo e deixa-o totalmente à vontade e sem controle algum. Embora a atividade dos grupos fosse intensa, a produção foi apenas medíocre. As tarefas se desenvolviam ao acaso, com muitas oscilações, perdendo-se tempo com discussões focadas em motivos pessoais do que relacionadas com o trabalho em si. Notou-se forte individualismo agressivo e pouco respeito ao líder.
3. **Liderança democrática**: o líder conduz e orienta o grupo, e incentiva a participação democrática das pessoas. Houve formação de grupos de amizade e de relacionamentos cordiais entre os membros. Líder e subordinados passaram a desenvolver comunicações espontâneas, francas e cordiais. O trabalho mostrou ritmo suave e seguro, sem alterações, mesmo quando o líder se ausentava. Houve um nítido sentido de responsabilidade e comprometimento pessoal, além de impressionante integração grupal, dentro de um clima de satisfação.

Quadro 5.2 Os três estilos de liderança[22]

Autocrática	Liberal (*laissez-faire*)	Democrática
■ O líder fixa as diretrizes, sem qualquer participação do grupo. ■ O líder determina as providências para a execução das tarefas, uma por vez, à medida que se tornam necessárias e de modo imprevisível para o grupo. ■ O líder determina qual a tarefa que cada um deve executar e qual o seu companheiro de trabalho. ■ O líder é dominador e é "pessoal" nos elogios e nas críticas ao trabalho de cada membro.	■ Há liberdade total para as decisões grupais ou individuais, e mínima participação do líder. ■ A participação do líder é limitada, apresentando apenas materiais variados ao grupo, esclarecendo que poderia fornecer informações desde que as pedisse. ■ A divisão das tarefas e a escolha dos colegas ficam totalmente a cargo do grupo. Absoluta falta de participação do líder. ■ O líder não avalia o grupo nem controla os acontecimentos. Ele apenas comenta as atividades quando perguntado.	■ As diretrizes são debatidas e decididas pelo grupo, estimulado e assistido pelo líder. ■ O grupo esboça as providências para atingir o alvo e é aconselhado pelo líder, que sugere alternativas para o grupo escolher. As tarefas ganham novas perspectivas com os debates. ■ A divisão das tarefas fica a critério do grupo e cada membro tem liberdade de escolher seus companheiros de trabalho. ■ O líder procura ser um membro normal do grupo, em espírito. O líder é objetivo e limita-se aos fatos nas críticas e nos elogios.

Os grupos submetidos à liderança autocrática apresentaram a maior quantidade de trabalho produzido. Sob a liderança liberal, não se saíram bem no que diz respeito à quantidade e à qualidade. Já com a liderança democrática, os grupos apresentaram nível quantitativo de produção equivalente à liderança autocrática, com qualidade de trabalho surpreendentemente superior.

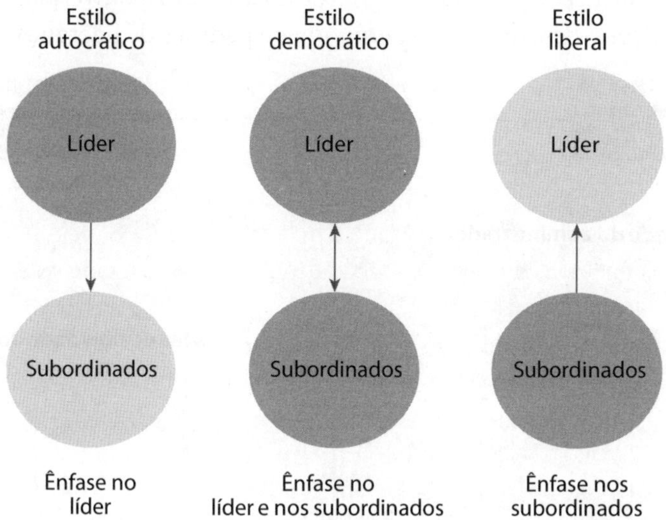

Figura 5.5 As diferentes ênfases decorrentes dos três estilos de liderança.

Em todas as demais pesquisas posteriormente desenvolvidas, "os grupos dirigidos democraticamente, eram mais eficientes, pelo fato de serem, no mínimo, tão produtivos quanto os outros e também mais criativos".[23]

Na prática, um líder utiliza os três processos de liderança, de acordo com a situação, as pessoas e a tarefa a ser executada. O líder tanto manda cumprir ordens quanto consulta os subordinados antes de tomar uma decisão, assim como sugere a algum subordinado realizar determinadas tarefas. O desafio da liderança é saber quando aplicar cada processo, com quem e dentro de que circunstâncias e atividades a serem desenvolvidas. A partir dessa experiência, passou-se a defender intensamente o papel da liderança democrática – compatível com o espírito norte-americano da época –, extremamente comunicativa, que encoraja a participação do empregado, que é justa e não arbitrária, e que se preocupa com os problemas do trabalho, mas também com os problemas dos trabalhadores.[24]

5.4.3 Teorias situacionais de liderança

São teorias que explicam a liderança dentro de um contexto mais amplo e relativo. Enquanto as teorias sobre traços de personalidade são simplistas e limitadas, e as teorias sobre estilos de liderança consideram apenas certas variáveis da situação, as teorias situacionais são mais atrativas ao administrador, pois aumentam as opções e as possibilidades de mudar a situação para adequá-la a um modelo de liderança ou, então, mudar o modelo de liderança para adequá-lo à situação.

CHIAVENATO DIGITAL

Aumente seus conhecimentos sobre **Liderança** na seção *Saiba mais* TGA 1 5.3

Tannenbaum e Schmidt[25] expõem uma abordagem situacional da liderança sugerindo uma gama de padrões de comportamento de liderança que o administrador escolhe para as suas relações com os subordinados. Cada tipo de comportamento está relacionado com o grau de autoridade utilizado pelo líder e o grau de liberdade disponível para os subordinados na tomada de decisões, dentro de um *continuum* de padrões de liderança.

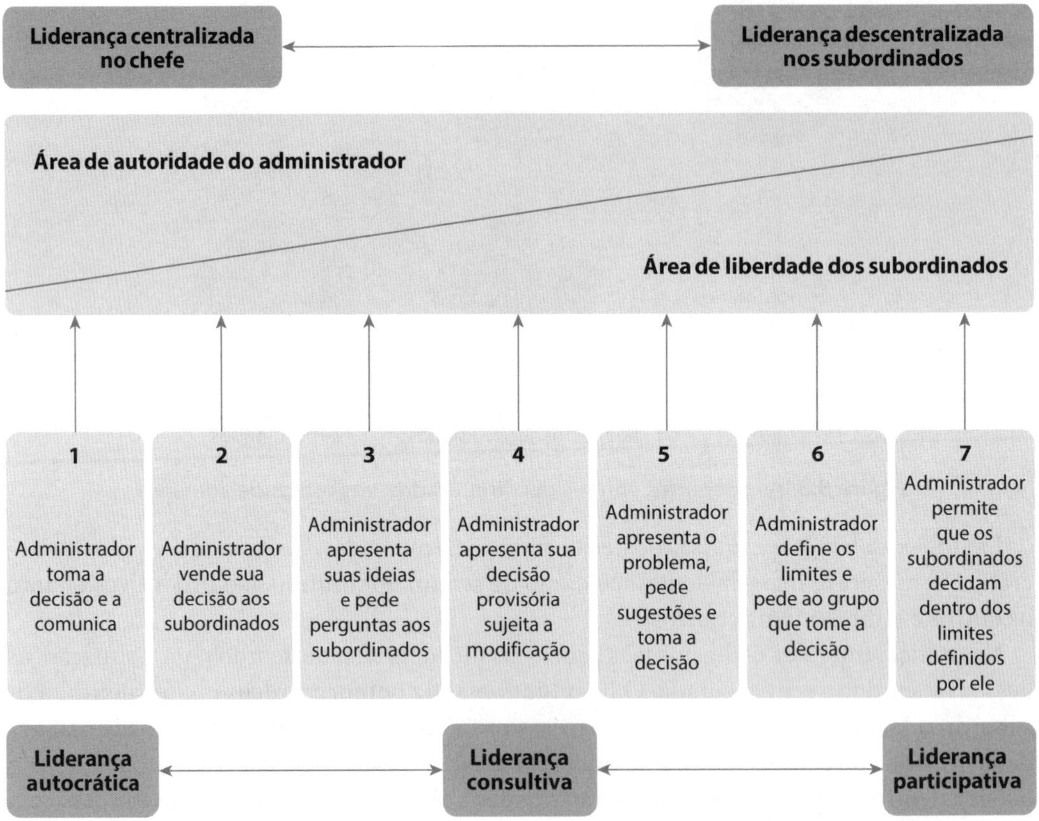

Figura 5.6 *Continuum* de padrões de liderança.[26]

PARA REFLEXÃO

O padrão de liderança de Mariana

Sem dúvida, era o maior desafio que Mariana tinha pela frente. Ao assumir a direção-geral da Paramount, o primeiro cuidado de Mariana foi o de definir qual seria o seu padrão pessoal de liderança. Queria ser durona para poder enfrentar o pessoal da área industrial (produção), mas, ao mesmo tempo, ser razoável com o pessoal de marketing (comercialização). Como fazer?

Para escolher o padrão de liderança a adotar em relação aos subordinados, o administrador deve considerar e avaliar três forças que agem simultaneamente, a saber:[27]

Figura 5.7 As forças que condicionam os padrões de liderança.

Da abordagem situacional, pode-se inferir as seguintes proposições:

- O líder pode assumir diferentes padrões de liderança para cada um de seus subordinados, de acordo com as forças mencionadas anteriormente.
- Para um mesmo subordinado, o líder também pode assumir diferentes padrões de liderança, conforme a situação envolvida. Em situações em que o subordinado apresenta alto nível de eficiência, o líder pode lhe conceder maior liberdade nas decisões; do contrário, se o subordinado apresenta erros seguidos e imperdoáveis, o líder pode lhe impor maior autoridade pessoal e menor liberdade de trabalho.
- Quando as tarefas são rotineiras e repetitivas, a liderança é limitada e sujeita a controles pelo chefe, que passa a adotar um padrão de liderança próximo ao extremo esquerdo do gráfico.

A liderança continua sendo um tema constante na Teoria Geral da Administração (TGA) e será tratada em todas as teorias administrativas na sequência.

VOLTANDO AO CASO INTRODUTÓRIO

O desenvolvimento de lideranças na Penta Vale

O segundo passo para a introdução do programa de desenvolvimento de lideranças na Penta Vale é o curso de liderança. Alessandra Siqueira está debruçada sobre o conteúdo do curso. Pretende incluir habilidades e competências de liderança, motivação e comunicação para treinar os atuais e futuros líderes da companhia. Se você estivesse no lugar de Alessandra, como faria o esboço do curso?

5.5 COMUNICAÇÃO

Para a Teoria das Relações Humanas, comunicação é a troca de informações entre indivíduos. Significa tornar comum uma mensagem ou informação. Constitui um dos processos fundamentais da experiência humana e da organização social.

A comunicação requer um código para formular uma mensagem e enviá-la na forma de sinal (como ondas sonoras, letras impressas, símbolos), por meio de um canal (ar, fios, papel etc.), a um receptor, que a decodifica e interpreta o seu significado. Na comunicação pessoal direta falada, ou seja, na conversação, a linguagem funciona como código e é reforçada por elementos de comunicação não verbal (como gestos, sinais e símbolos). A comunicação interpessoal também pode ocorrer a distância, por meio da escrita, do telefone ou da internet, como meio de transmitir as mensagens.

Com o desenrolar das experiências sobre liderança, os pesquisadores passaram a concentrar a atenção nas oportunidades de ouvir e aprender em reuniões de grupo e avaliar os problemas das comunicações entre grupos nas empresas. O enfoque das relações humanas mostrou que as comunicações dentro das organizações são falhas e compeliu os administradores a[28, 29]:

- assegurar a participação das pessoas dos escalões inferiores na solução dos problemas operacionais da empresa;
- incentivar maior franqueza e confiança entre indivíduos e grupos nas empresas.

A comunicação é uma atividade administrativa com dois propósitos principais:[30]

- Proporcionar informação e compreensão necessárias para que as pessoas possam conduzir suas tarefas.
- Proporcionar atitudes necessárias que promovam a motivação, a cooperação e a satisfação nos cargos.

Esses dois propósitos promovem um ambiente que conduz a um espírito de equipe e ao melhor desempenho nas tarefas.

Para a Teoria das Relações Humanas, a comunicação é importante no relacionamento entre as pessoas e na explicação aos participantes das razões das orientações tomadas. De um lado, os subordinados devem receber um fluxo de comunicações capaz de suprir suas necessidades; e, por outro, os superiores devem receber dos subordinados um fluxo de comunicações capaz de fornecer-lhes uma ideia adequada do que está acontecendo. A comunicação em duas vias (descendente e ascendente) é importante, pois:

- A pessoa trabalha melhor quando conhece os padrões do seu trabalho.
- A organização opera mais eficientemente quando a pessoa e seu chefe têm um entendimento comum das suas responsabilidades e dos padrões de desempenho que a empresa espera obter deles.
- Cada pessoa pode ser auxiliada e incentivada a dar a máxima contribuição à organização e a utilizar ao máximo as suas habilidades e capacidades.

Ao enfatizar a criação de grupos e não o comportamento individual, a Teoria das Relações Humanas trata a comunicação como um fenômeno social.

5.5.1 Redes de comunicação

As redes de comunicação – ou padrões ou cadeias de comunicação – foram extensivamente pesquisadas pelos autores humanistas. Esses estudos tentaram inicialmente encontrar a melhor maneira (*the one best way*) de comunicar. A conclusão foi de que não existe uma maneira universal de comunicar nas organizações, pois os dados e as informações são intercambiados entre as pessoas por uma variedade de propósitos, dependendo de fatores situacionais.

> CHIAVENATO DIGITAL
> Aumente seus conhecimentos sobre **Redes de comunicação** na seção *Saiba mais* TGA 1 5.4

Existem vários tipos de redes de comunicação, cada qual com características diferentes em termos de eficiência, rapidez, relacionamento, acuracidade etc.

Redes de comunicação

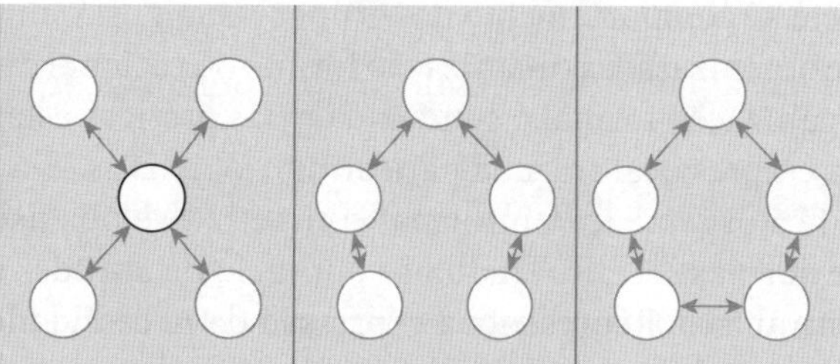

Características	Roda	Cadeia	Círculo
Rapidez de influenciação	Rápida	Rápida	Lenta
Acurácia	Boa	Boa	Pobre
Ênfase no líder	Muito pronunciada	Marcante	Nenhuma
Moral	Muito pobre	Pobre	Muito boa
Flexibilidade para mudanças	Lenta	Lenta	Muito rápida

Figura 5.8 Efeito de diferentes padrões de comunicação sobre as pessoas.[31]

PARA REFLEXÃO

A escolha da rede de comunicação

Para Diana Mascarenhas, administrar é, sobretudo, comunicar. O papel do administrador é desenvolver redes adequadas de comunicação na empresa para que todos fiquem sabendo exatamente o que deve ser feito para poderem ajudar a empresa com a sua melhor contribuição pessoal. A comunicação proporciona oportunidades de participação das pessoas nos assuntos e nas decisões, e o comprometimento com relação à empresa. Todavia, Diana não sabe qual o tipo de rede que deverá utilizar. Como você poderia ajudar Diana nessa escolha?

5.6 ORGANIZAÇÃO INFORMAL

Os conceitos fundamentais da Teoria das Relações Humanas foram expostos por Roethlisberger e Dickson[32] no seu memorável livro sobre a Experiência de Hawthorne. Verificaram que o comportamento dos indivíduos no trabalho não pode ser compreendido sem se considerar a organização informal e suas relações com a organização informal da fábrica.

O conjunto de interações e relacionamentos que se estabelecem entre as pessoas é denominado organização informal, em contraposição à organização formal, que é constituída da estrutura organizacional composta de órgãos, cargos, relações funcionais, níveis hierárquicos etc. O comportamento dos grupos sociais está simultaneamente condicionado a dois tipos de organização: a organização formal ou racional e a organização informal ou natural.

A organização formal é conduzida pelas práticas estabelecidas pela empresa e por uma política empresarial traçada para atingir objetivos. Ela apresenta caráter essencialmente lógico. Já a organização informal concretiza-se nos usos e costumes, nas tradições, nos ideais e normas sociais. Traduz-se por meio de atitudes e disposições baseadas na opinião e no sentimento. Representa a expressão da necessidade de associação e não se modifica rapidamente, nem procede da lógica. Ela está relacionada com o senso dos valores, os estilos de vida e as aquisições da vida social que a pessoa se esforça por preservar e pela defesa das quais está disposta a lutar e resistir.

VOLTANDO AO CASO INTRODUTÓRIO

Criação de lideranças na Penta Vale

O terceiro passo para a introdução do programa de desenvolvimento de lideranças na Penta Vale é a execução do curso de liderança e as métricas para medir os resultados. Alessandra Siqueira deseja que todos os participantes consigam alcançar as habilidades e as competências de liderança, comunicação e motivação. Se você estivesse no lugar de Alessandra, como definiria tais métricas? E como seria possível medi-las e comparar os resultados dos participantes?

5.6.1 Características da organização informal

A organização informal apresenta as seguintes características:

- **Relação de coesão ou de antagonismo**: as pessoas em associação com outras, situadas em diferentes níveis de setores da empresa, criam relações pessoais de simpatia (identificação) ou antagonismo (antipatia).
- ***Status***: os indivíduos interagem em grupos informais, dentro dos quais cada um, independentemente da sua posição na organização formal, adquire certa posição social ou *status* em função do seu papel e participação e da sua integração na vida do grupo.
- **Colaboração espontânea**: a organização informal é um reflexo da colaboração espontânea, que pode e deve ser aplicada a favor da empresa.
- **Possibilidade da oposição à organização informal**: quando não bem entendida ou manipulada inadequadamente, a organização informal pode se desenvolver em oposição à organização formal e em desarmonia com os objetivos da empresa.
- **Padrões de relações e atitudes**: os grupos informais desenvolvem, espontaneamente, padrões de relações e atitudes aceitos e assimilados pelas pessoas, pois traduzem os interesses e as aspirações do grupo.
- **Mudanças de níveis e alterações dos grupos informais**: as pessoas participam de vários grupos informais em face das relações funcionais que mantêm com outras pessoas em outros níveis e setores da empresa. Os grupos informais tendem a se alterar com as modificações na organização formal.
- **A organização informal transcende a organização formal**: a organização informal é constituída de interações e relações espontâneas, cuja duração e natureza transcendem as interações e as relações formais. Enquanto a organização formal está circunscrita ao local físico e ao horário de trabalho da empresa, a organização informal escapa a essas limitações.
- **Padrões de desempenho nos grupos informais**: os padrões de desempenho e de trabalho estabelecidos pelo grupo informal nem sempre correspondem aos padrões estabelecidos pela Administração. Eles podem ser maiores ou menores, bem como estar em perfeita harmonia ou em completa oposição, dependendo do grau de motivação do grupo quanto aos objetivos da empresa.

Na organização informal, o indivíduo preocupa-se com o reconhecimento e a aprovação social do grupo ao qual pertence. O seu ajustamento social reflete sua integração ao grupo. A organização informal tem sua origem na necessidade de cada indivíduo de conviver com os demais seres humanos.

5.6.2 Origens da organização informal

Existem quatro fatores que condicionam os grupos informais:[33]

1. **Interesses comuns aglutinam as pessoas**: ao passarem juntas a maior parte de seu tempo nos locais de trabalho, as pessoas passam a identificar interesses comuns quanto a assuntos de política, esportes, acontecimentos públicos, atividades etc.

2. **Interação provocada pela própria organização formal**: o cargo que a pessoa ocupa na empresa exige contatos e relações formais com outras pessoas. Essa inter-relação se prolonga e se amplia além dos momentos do trabalho, propiciando a formação de contatos informais. Assim, as relações estabelecidas pela organização formal dão margem a uma vida grupal intensa que se realiza fora dela.
3. **Flutuação do pessoal dentro da empresa**: provoca a alteração dos grupos sociais informais. A rotatividade, as movimentações horizontal e vertical do pessoal, as transferências etc. causam mudanças na estrutura informal, pois as interações se alteram e, com elas, os vínculos humanos.
4. **Períodos de lazer**: os tempos livres permitem a interação entre as pessoas, que estabelece e fortalece os vínculos sociais entre elas. Os períodos de lazer ou tempos livres são os intervalos de tempo nos quais o indivíduo não trabalha, mas durante os quais permanece ao redor de seu local de trabalho, em contato com outras pessoas.

Os grupos informais, também chamados grupos de amizade, organizam-se naturalmente por meio de adesões espontâneas de pessoas que com eles se identificam. A hierarquia funcional existente na organização formal nem sempre prevalece nos grupos informais.

CHIAVENATO DIGITAL — Reflita sobre **Redes sociais** na seção *Para reflexão* TGA 1 5.1

5.7 DINÂMICA DE GRUPO

A dinâmica de grupo é um dos assuntos preferidos da Teoria das Relações Humanas. Kurt Lewin, fundador da Escola da Dinâmica de Grupo, introduziu o conceito de equilíbrio "quase estacionário" nos processos grupais para explicar o campo de forças existente dentro dos grupos e que conduz a processos de autorregulação e manutenção de equilíbrio. Da mesma forma que o nível fisiológico do corpo se mantém em nível relativamente constante, por meio de processos reguladores, um grupo pode compensar a ausência de um colega pela contribuição aumentada dos outros membros. Os processos grupais e os hábitos sociais não são estáticos; ao contrário, são processos vivos e dinâmicos.[34]

CHIAVENATO DIGITAL — Aumente seus conhecimentos sobre **Escola da Dinâmica de Grupo** na seção *Saiba mais* TGA 1 5.5

O grupo não é apenas um conjunto de pessoas, mas envolve a interação dinâmica entre pessoas que se percebem psicologicamente como membros de um grupo. Os membros de um grupo se comunicam entre si de maneira direta e face a face, razão pela qual cada um deles influencia e é influenciado pelos outros integrantes. Além disso, o grupo apresenta características, como finalidade ou objetivo comum, estrutura dinâmica de comunicações e coesão interna.[35]

Dinâmica de grupo é a soma de interesses dos componentes do grupo e que pode ser ativada por meio de estímulos e motivações, no sentido de facilitar a harmonia e melhorar o relacionamento humano. As relações entre os membros de um grupo recebem o nome de relações intrínsecas. Já as relações extrínsecas são aquelas que o grupo ou seus membros mantêm com outros grupos ou pessoas. Como seres sociais, as pessoas têm necessidade de estabelecer relações com outras pessoas.

Para a Escola de Relações Humanas, a produção tende a aumentar quando há contatos sociais entre as pessoas que executam determinada operação. As pessoas desejam mais do que ter apenas amigos, elas desejam fazer parte, isto é, participar de um papel dentro da organização ou de um grupo. O convívio social e as experiências compartilhadas com os colegas de trabalho situam-se entre as fontes mais poderosas de satisfação no trabalho.

Para os humanistas, os grupos menores tendem a desfrutar de moral mais elevado do que os grupos maiores, em que todos fazem o mesmo serviço e há dificuldade de se comunicar e se identificar com os colegas. O trabalho rotineiro é cheio de frustrações, tensões e experiências desagradáveis, fazendo com que o trabalhador procure colegas que já tenham tido experiências similares para compartilhar com eles suas dificuldades e decepções e compreendê-las melhor.

O estudo dos grupos é importante para o administrador, porque as organizações são compostas de pessoas e a maneira mais comum de executar a tarefa organizacional é dividi-la em grupos de trabalho. Os grupos formam todas as facetas da vida organizacional e podem provocar consequências desejáveis ou indesejáveis dentro dela. Assim, o conhecimento da dinâmica grupal ajuda o administrador a lidar melhor com ela. Cabe ao administrador, em todos os níveis da organização, aprender a influenciar e orientar o sentido das relações entre as pessoas na empresa e propiciar um clima positivo e favorável às boas relações humanas, para que a empresa possa realizar as suas funções principais. Um programa de relações humanas tem por objetivo fomentar a cooperação eficaz entre todos os membros da comunidade de trabalho. Por meio da cooperação, consegue-se não só maior satisfação das necessidades materiais e espirituais da pessoa, mas também substancial aumento da produtividade.[36]

Quadro 5.3 Evolução conceptual entre Teoria Clássica e Teoria das Relações Humanas[37]

Características e premissas	Teoria Clássica	Teoria das Relações Humanas
1. Abordagem básica	Engenharia humana: ■ adaptação do homem à máquina e vice-versa.	Ciência social aplicada: ■ adaptação do homem à organização e vice-versa.
2. Modelo de homem	Econômico-racional: ■ maximizador de vantagens financeiras.	Racional-emocional: ■ motivado por sentimentos e critérios "não racionais" .
3. Comportamento do indivíduo	Animal isolado: ■ atomismo tayloriano. ■ reage como indivíduo.	Animal social: ■ carente de apoio e de participação grupal; ■ reage como membro de grupo social.

(continua)

(continuação)

Características e premissas	Teoria Clássica	Teoria das Relações Humanas
4. Comportamento funcional do indivíduo	Padronizável: ■ *the one best way* para todos.	Não padronizável: ■ diferenças individuais justificaram métodos diferentes.
5. Incentivação	Financeira (material): ■ maior remuneração por maior produção.	Psicológica: ■ apoio, elogio, consideração.
6. Fadiga	Fisiológica: ■ estudo de tempos e movimentos, pausas de descanso.	Psicológica: ■ monotonia, rotinização; ■ ausência de criatividade; ■ subutilização de aptidões; ■ programação excessiva.
7. Unidade de análise	Cargo: ■ tarefa, tempos e movimentos; ■ avaliação de cargos e salários.	Grupo: ■ o grupo; ■ relações humanas; ■ relações intercargos; ■ moral do grupo.
8. Conceito de organização	Estrutura formal: ■ conjunto de órgãos, cargos e tarefas.	Sistema social: ■ conjunto de papéis.
9. Representação gráfica	Organograma e fluxograma ■ relações entre órgãos e funções.	Sociograma: ■ relações percebidas, desejadas, rejeitadas e reais entre pessoas.

PARA REFLEXÃO

A mudança da Mandrágora

O mundo mudou, e Herivelto Barcelos queria também mudar a sua empresa para mantê-la sempre inovadora e competitiva. Queria contratar um consultor para ajudá-lo nessa tarefa, mas todos os diretores foram unânimes em afirmar que a Mandrágora tinha condições de tocar por si mesma o processo de mudança. A própria organização informal da empresa poderia ser acionada como elemento de reforço. Como Herivelto poderia equacionar as forças positivas e as forças negativas à mudança?

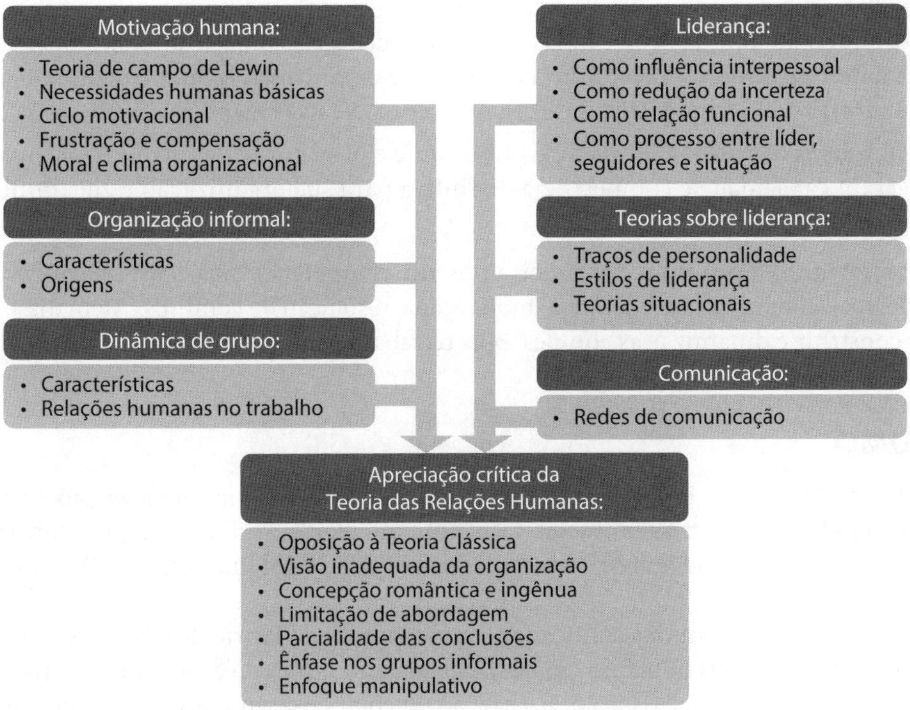

Figura 5.9 Mapa mental das decorrências da Teoria das Relações Humanas.

CONCLUSÃO

Apesar das críticas à Teoria das Relações Humanas, não resta dúvida de que ela abriu novos horizontes à teoria administrativa em duas orientações bem definidas.

- A chamada equação humana: o sucesso das organizações depende diretamente das pessoas. Hoje se reconhece que a maneira como a organização trata e gerencia as pessoas é o segredo do seu sucesso e competitividade.[38] Atualmente, essa orientação está sendo assumida pelas organizações bem-sucedidas do mundo todo. Essa é uma herança inestimável da abordagem humanística.
- O novo papel do administrador: a Teoria das Relações Humanas mostrou uma forte evidência: o administrador deve saber comunicar, liderar, motivar e conduzir as pessoas. Como o sucesso de uma organização depende diretamente das pessoas, o trabalho básico do administrador é lidar com as pessoas que fazem o trabalho da organização. Pfeffer aponta que a chave do sucesso organizacional são as pessoas e a liderança. Todo administrador deve ser um verdadeiro líder. Para ele, existem três princípios que os líderes utilizam para transformar e impulsionar as organizações e adotar um modelo de gestão altamente comprometido:[39]
  - Desenvolver confiança nas pessoas: não se pode desenvolver confiança sem tratar as pessoas com respeito e dignidade. A confiança exige que os valores organizacionais adotados tenham um forte significado para as pessoas.

- Os líderes devem estimular a mudança: para isso, precisam respeitar as pessoas e aprender que a mudança envolve todas as suas atividades. Os líderes devem romper com os hábitos, mudando a forma como a empresa é organizada. Mudar o arranjo físico de um escritório é uma maneira de criar um clima de mudança.
- Os líderes devem avaliar o que é importante e prioritário: desenvolver sistemas que geram capacidade e competência distintiva para sua organização e encaminhar as pessoas nesse sentido.

Atualmente, o administrador precisa possuir competências básicas: relacionamento interpessoal, comunicação, liderança, motivação e resolução de conflitos. Além disso, deve saber construir e dinamizar as equipes, pois o trabalho em equipe está em alta no mundo dos negócios.

RESUMO

Com base na Experiência de Hawthorne, desenvolveu-se uma nova concepção a respeito da natureza humana: o homem social. Concomitantemente, verificou-se que a formação e os processos de grupo podem ser manipulados por meio de algum estilo de liderança e de comunicação.

Com os primeiros estudos sobre a motivação humana (Teoria de Campo e o levantamento das necessidades humanas básicas), chegou-se à noção do ciclo motivacional e suas resoluções em termos de satisfação, frustração ou compensação, e à sua influência sobre o moral e a atitude de pessoas e grupos.

Experiências pioneiras sobre liderança e seus resultados quanto ao desempenho das pessoas mostraram a excelência da liderança democrática em relação aos outros tipos de liderança. Estudos posteriores passaram a envolver outras variáveis, além das características pessoais do líder, e concluíram que o padrão de liderança deve ser escolhido em função de variáveis, como força no administrador, nos subordinados e na situação.

Os estudos sobre comunicação indicaram a importância da comunicação nos relacionamentos entre as pessoas e no seu desempenho.

A organização informal passou a ser profundamente pesquisada, tanto suas características quanto suas origens. Os autores humanistas praticamente deixaram de lado a organização formal para se concentrarem na organização informal.

A dinâmica de grupo e o profundo interesse sobre os grupos informais foram outros aspectos típicos da Escola de Relações Humanas.

Como toda corrente de ferrenha oposição, essa teoria apresentou profundas distorções e limitações: a visão inadequada dos problemas de relações industriais, a limitação do campo experimental e a parcialidade das conclusões levaram gradativamente essa teoria a certo descrédito. A concepção ingênua e romântica do operário e a ênfase exagerada nos grupos informais colaboraram para que essa teoria fosse repensada e criticada acerbamente. O seu enfoque manipulativo e certamente demagógico não deixou de ser descoberto e identificado pelos operários e seus sindicatos. Recebendo tantas pedradas, essa teoria precisou passar por uma completa reelaboração a partir da Teoria Comportamental, que será abordada no volume 2 deste livro.

QUESTÕES

1. Explique a Teoria de Campo de Lewin.
2. Quais são as necessidades humanas básicas?
3. Explique o ciclo motivacional.
4. Defina frustração e compensação.
5. Defina o conceito de moral.
6. Defina os diversos conceitos de liderança.
7. Explique a teoria dos traços de personalidade.
8. Explique o conceito situacional de liderança.
9. Explique a escolha de um padrão de liderança.
10. Quais são as alternativas de comportamentos de liderança, segundo Tannenbaum e Schmidt?
11. Quais são as forças no administrador, nos subordinados e na situação em termos de liderança?
12. Quais são os três tipos de redes de comunicação descobertos por Leavitt?
13. O que significa organização informal?
14. O que significa "equilíbrio quase estacionário" nos processos grupais?
15. O que é dinâmica de grupo?
16. Quais são as características dos grupos?
17. O que são relações intrínsecas quando se fala em grupo social?
18. O que são relações humanas?
19. O que são relações extrínsecas nos processos grupais?
20. A Teoria das Relações Humanas caracteriza-se por uma oposição cerrada à Teoria Clássica. Comente e explique.
21. Por que se fala em visualização inadequada dos problemas das relações industriais quando se fala em Teoria das Relações Humanas?
22. O que significa limitação do campo experimental quando se critica a Teoria das Relações Humanas?
23. Por que se fala em parcialidade das conclusões quando se critica a Teoria das Relações Humanas?
24. A Teoria das Relações Humanas é criticada pela exagerada ênfase nos grupos informais. Explique.
25. A Teoria das Relações Humanas é criticada pelo enfoque manipulativo das relações humanas. Explique.
26. Dê sua opinião sobre a influência da Teoria das Relações Humanas na Administração.

REFERÊNCIAS

1. ETZIONI, A. *Organizações modernas*. São Paulo: Pioneira, 1967.
2. ETZIONI, A. *Organizações modernas*. São Paulo: Atlas, 1967. p. 36-50.
3. AITKEN, H. C. J. *Taylorismo at Watertown Arsenal, op. cit.*
4. AITKEN, H. G. J. *Taylorism at Watertown Arsenal, op. cit.*
5. CHEDAUX, I. A motivação: Taylor morreu. *Les Informations*, Paris, maio 1970.
6. LEWIN, K. *A dynamic theory of personality*. New York: McGraw-Hill Book Co., 1935.
7. LEWIN, K. *Principles of topological psychology*. New York: McGraw-Hill Book Co., 1936.
8. ROETHLISBERGER, F. J. *Management and morale*. Cambridge: Harvard University Press, 1941.
9. TANNENBAUM, R.; WESCHLER, I.; MASARIK, F. *Liderança e organização*. São Paulo: Atlas, 1970.
10. GIBB, C. A. Leadership. *In*: LINDZEY, G. (coord.). *Handbook of social psychology*. Reading: Addison-Wesley Publishing Co., 1954. v. II.
11. BAVELAS, A. Liderança: o homem e a função. *In*: BALCÃO, Y. F.; CORDEIRO, L. L. (coord.). *O comportamento humano na empresa*: uma antologia. Rio de Janeiro: Fundação Getúlio Vargas, 1967. p. 123.
12. BAVELAS, A. *Liderança*: o homem e a função, *op. cit.*, p. 130.
13. KNICKERBOCKER, I. Liderança: um conceito e algumas implicações. *In*: BALCÃO, Y. F.; CORDEIRO, L. L. (coord.). *Uma antologia, op. cit.*, p. 102-103.
14. ROETHLISBERGER, F. J.; DICKSON, W. *A organização e o trabalhador, op. cit.*
15. HERSEY, P.; BLANCHARD, K. *Psicologia para administradores de empresas*: a utilização de recursos humanos. São Paulo: EPU, 1977. p. 86.
16. LEWIN, K. *Principles of topological psychology*. New York: McGraw-Hill Book Co., 1936.
17. WHYTE, W. F. Relações humanas: um relatório sobre o progresso. *In*: ETZIONI, A. (ed.). *Organizações complexas*. São Paulo: Atlas, 1967. p. 108.
18. MITCHELL, T. R. *People in organizations*: an introduction to organizational behavior. New York: McGraw-Hill, 1982. p. 374.
19. KOHN, M. *Dynamic managing*: principles, process, practice. Menlo Park: Cummings Publishing Co., 1977. p. 358-359.
20. ROETHLISBERGER, F. J.; DICKSON, W. *A organização e o trabalhador, op. cit.*
21. ETZIONI, A. *Organizações modernas, op. cit.*, p. 65.
22. ETZIONI, A. *Organizações modernas, op. cit.*, p. 54.
23. LAWRENCE, P. R.; LORSCH, J. W. *As empresas e o ambiente*: diferenciação e integração administrativas, *op. cit.*, p. 206.
24. SCOTT, W. G. *Organization theory*: a behavioral analysis for management, *op. cit.*, p. 54-58.
25. LANDSBERGER, H. A. *Hawthorne revisited*. Ithaca: Cornell University Press, 1958. p. 30.
26. Adaptado de: NASCIMENTO, K. T. A revolução conceitual da Administração: implicações para a formulação de papéis e funções essenciais de um executivo. *Revista de Administração Pública*, Rio de Janeiro, Fundação Getúlio Vargas, v. 6, n. 2, p. 25-26, abr./jun. 1972.
27. TRAGTENBERG, M. Ideologia e burocracia, *op. cit.*, p. 85.
28. LEWIN, K. *Principles of topological psychology, op. cit.*
29. STROTHER, G. B. Problems in the development of a social science of organization. *In*: LEAVITT, H. J. (ed.). *The social science of organizations*. Englewood Cliffs: Prentice-Hall, 1963. p. 14.

30. ROETHLISBERGER, F. J. *Management and morale*. Cambridge: Harvard University Press, 1941.
31. KNICKERBOCKER, I. Liderança: um conceito e algumas implicações. *In*: BALCÃO, Y. F.; CORDEIRO, L. L. (coord.). *Uma antologia, op. cit.*, p. 102-103.
32. ROETHLISBERGER, F. J.; DICKSON, W. *A organização e o trabalhador, op. cit.*
33. HERSEY, P.; BLANCHARD, K. *Psicologia para administradores de empresas, op. cit.*
34. LEWIN, K. *Principles of topological psychology*. New York: McGraw-Hill Book Co., 1936.
35. WHYTE, W. F. *Relações humanas, op. cit.*
36. DAVIS, K. *Human relations at work*: the dynamics of organizational behavior. New York: McGraw-Hill Book Co., 1967. p. 106.
37. WHYTE, W. F. *Relações humanas*: um relatório sobre o progresso, *op. cit.*, p. 108.
38. PFEFFER, J. *The human equation*. Boston: Harvard Business School Press, 1998.
39. PFEFFER, J. *The human equation, op. cit.*

PARTE IV ABORDAGEM NEOCLÁSSICA DA ADMINISTRAÇÃO

No início da década de 1950, a Teoria Administrativa passou por um período de intensa remodelação. A Segunda Guerra Mundial já havia acabado e o mundo passou a experimentar um notável surto de desenvolvimento industrial e econômico. Em outras palavras, o mundo das organizações ingressou em uma etapa de mudanças e transformações. Com o surgimento da televisão, do motor a jato e do esboço das telecomunicações, o mundo organizacional já não seria mais o mesmo. As repercussões sobre a Teoria Administrativa não tardaram a acontecer.

Apesar da profunda influência das ciências do comportamento sobre a Teoria Administrativa, os pontos de vista dos autores clássicos nunca deixaram de subsistir. Não obstante todas as críticas aos postulados clássicos e aos enfoques tradicionais da organização, os princípios de Administração, a racionalização do trabalho, a estrutura linear ou funcional, enfim, a abordagem clássica nunca foi totalmente substituída por outra abordagem. Todas as teorias administrativas posteriores se assentaram na Teoria Clássica, seja como ponto de partida, seja como crítica para tentar uma posição diferente e nova.

A abordagem neoclássica nada mais é do que a redenção da Teoria Clássica devidamente atualizada e redimensionada aos problemas administrativos atuais, ao mundo de negócios e ao tamanho das organizações da época. Em outros termos, a Teoria Neoclássica representa a Teoria Clássica colocada em um novo figurino e dentro de um ecletismo e pragmatismo que aproveitam a contribuição de todas as demais teorias administrativas.

SAIBA MAIS **A contribuição de Taylor e Fayol**

Salienta Drucker que:

> "[...] hoje em dia é moda menosprezar Taylor e desacreditar sua psicologia antiquada, mas ele foi o primeiro homem de que se tem notícia que não aceitou o trabalho como favas contadas, mas o examinou e o estudou a fundo. A maneira como abordou o trabalho continua sendo o fundamento básico. E, embora seu enfoque do trabalho tenha sido um homem do século 19, ele partiu de objetivos sociais e não da engenharia ou do lucro. O que inspirou Taylor foi o desejo de libertar o trabalhador do encargo do trabalho excessivo e romper a Lei de Ferro dos Salários, combatida pelos economistas clássicos que condenavam o trabalhador à insegurança econômica e a resignar-se com a miséria. A esperança de Taylor – e isso foi conseguido nos países adiantados – era tornar possível ao operário a vida digna por meio de uma produtividade maior do seu trabalho".[1]

Por outro lado, na França, Fayol tentou uma estrutura de organização e desenvolveu a primeira abordagem racional de organização de empresa. É a partir do trabalho desses dois engenheiros que se iniciou "a moda da Administração", isto é, o *boom* administrativo após a Primeira Guerra Mundial. E, no decorrer de todo o complexo emaranhado histórico das teorias administrativas, a abordagem clássica nunca foi totalmente removida. Ela ressurge ampliada, revista e melhorada com a Teoria Neoclássica, tão amplamente conhecida em nossas instituições universitárias.

A abordagem neoclássica baseia-se nos seguintes fundamentos:[2]

- A Administração é um processo operacional composto de funções, como planejamento, organização, direção e controle.
- Como a Administração envolve uma variedade de situações organizacionais, ela precisa fundamentar-se em princípios básicos que tenham valor preditivo.
- A Administração é uma arte que, como a Medicina ou a Engenharia, deve apoiar-se em princípios universais válidos para todas as situações.
- Os princípios de Administração, a exemplo dos princípios ou das leis das ciências lógicas e físicas, são verdadeiros e necessários.
- A cultura e o universo físico e biológico afetam o meio ambiente do administrador. Como ciência ou como arte, a Teoria da Administração não precisa abarcar todo o conhecimento para poder servir de fundamentação científica dos princípios de Administração; ela precisa oferecer o básico.

A abordagem neoclássica se preocupou em identificar as funções do administrador e extrair delas os princípios fundamentais da prática da Administração.[3] Ela se tornou uma das teorias mais populares e conhecidas pelo seu pragmatismo e aplicabilidade, utilizada intensamente em quase toda a extensão da segunda metade do século passado e, atualmente, em muitas organizações, além de ter formado muitos CEOs do mundo todo.

Essa abordagem será discutida nos próximos capítulos, a saber:

- Capítulo 6: Teoria Neoclássica da Administração: definindo o papel do administrador.
- Capítulo 7: Decorrências da Teoria Neoclássica da Administração: o processo administrativo.
- Capítulo 8: Decorrências da Teoria Neoclássica da Administração: dando forma à organização.
- Capítulo 9: Decorrências da Teoria Neoclássica da Administração: Administração por Objetivos (APO).

Quadro IV.1 Cronologia dos principais eventos da Teoria Neoclássica

Cronologia dos principais eventos da teoria neoclássica		
Ano	**Autores**	**Livros**
1935	Peter F. Drucker	*The end of the economic man*
1943	Peter F. Drucker	*The future of the industrial man*
1946	Peter F. Drucker	*The concept of the corporation*
1947	Alvin Brown	*Organization in industry*
1950	Peter Drucker	*The new society*
	William H. Newman	*Administrative action*
1951	Ralph C. Davis	*The fundamentals of top management*
1952	Ernest Dale	*Planning and developing the company organization structure*
1953	George R. Terry	*Principles of management*
	Morris E. Hurley	*Elements of business administration*
1954	Peter F. Drucker	*The practice of management*
1955	H. Koontz & C. O'Donnell	*Principles of management*
1956	Ralph Cordiner	*New frontiers for professional managers*
1958	Louis A. Allen	*Management and organization*
1960	M. J. Jucius & W. E. Schlender	*Elements of managerial action*
	J. M. Pfiffner & F. P. Sherwood	*Administrative organization*
	Peter F. Drucker	*Landmarks of tomorrow*
	Ernest Dale	*The great organizers*
	E. Dale & L. F. Urwick	*Staff in organizations*
	H. B. Maynard	*Top management handbook*
1961	E. Schleh	*Management by results*

(continua)

(continuação)

Cronologia dos principais eventos da teoria neoclássica		
Ano	**Autores**	**Livros**
1962	Bruce Payne	*Planning for company growth*
	A. D. Chandler Jr.	*Strategy and structure*
	Alfred Sloan Jr.	*My years with General Motors*
	Harold Koontz	*Toward a unified theory of management*
1964	Peter F. Drucker	*Managing for results*
	H. I. Ansoff	*Corporate strategy*
	C. H. Granger	*The hierarchy of objectives*
1965	George Odiorne	*Management by objectives*
1966	R. Valentine	*Performance objectives for managers*
	E. K. Warren	*Long range planning: the executive viewpoint*
	Peter F. Drucker	*The effective executive*
	Ernest Dale	*Organizations*
1967	John W. Humble	*Improving management performance*
	J. D. Batten	*Beyond management by objectives*
1968	Ernest Dale	*Management, theory and practice*
	George Odiorne	*Management decisions by objectives*
	Dale McConkey	*How to manage by results*
1969	Peter F. Drucker	*The age of discontinuity*
	G. Steiner	*Top management planning*
	John W. Humble	*Improving business results*
1970	Peter F. Drucker	*Technology, management and society*
1974	Peter F. Drucker	*Management: tasks, responsibilities, practices*
1998	Jack Beatty	*The world according to Peter Drucker*
1999	Peter F. Drucker	*Managerial callenges for the 21th century*

REFERÊNCIAS

1. KOONTZ, H.; O'DONNEL, C. *Princípios de administração*: uma análise das funções administrativas. São Paulo: Pioneira, 1976. p. 34-36.

2. DRUCKER, P. F. *Management*: tasks, responsibilities, practices. New York: Harper & Row, 1974. O trecho está também publicado em *Expansão: A Revista Brasileira de Negócios*, v. IV, n. 76, p. 34-64, 22 jan. 1975. *Vide*, também, a edição brasileira: *Administração*: tarefas, responsabilidades, práticas. São Paulo: Pioneira, 1975.

3. KOONTZ, H.; O'DONNEL, C. *Princípios de administração, op. cit.*

6 TEORIA NEOCLÁSSICA DA ADMINISTRAÇÃO: DEFININDO O PAPEL DO ADMINISTRADOR

OBJETIVOS DE APRENDIZAGEM

- Mostrar o ecletismo e a praticidade da Teoria Neoclássica e a ênfase nos objetivos.
- Conhecer as funções do administrador que formam o processo administrativo.
- Definir os princípios básicos da organização.
- Entender o dilema centralização *versus* descentralização.
- Ingressar nos tipos de organização.

O QUE VEREMOS ADIANTE

- Origens da Teoria Neoclássica.
- Características da Teoria Neoclássica.
- Aspectos administrativos comuns às organizações.
- Princípios básicos de organização.
- Centralização *versus* descentralização.
- Funções do administrador.
- Apreciação crítica da Teoria Neoclássica.

CASO INTRODUTÓRIO

Pegasus

Miguel Fontes recebeu da diretoria a incumbência de propor soluções para o problema de morosidade, demoras e atrasos da Pegasus. A empresa produz, distribui e instala equipamentos de tratamento de ar para todo o país. Porém, suas filiais não apresentam a rapidez e agilidade necessárias para o pronto atendimento dos clientes. Em função das repetidas reclamações sobre a demora na entrega e os atrasos na instalação, Miguel, como diretor de Operações da empresa, precisa criar condições para agilizar as atividades e continuar na frente da concorrência. Miguel não sabia por onde começar. Que sugestões você daria a ele?

INTRODUÇÃO

Na realidade, o termo *Teoria Neoclássica* é um tanto quanto exagerado. Os autores aqui abordados não se preocupam com uma abordagem alinhada e comum, nem formam propriamente uma escola bem definida, mas um movimento heterogêneo que recebe várias denominações, como Escola Operacional ou Escola do Processo Administrativo. Preferimos a denominação *teoria* para melhor enquadramento didático e facilidade de apresentação.

6.1 ORIGENS DA TEORIA NEOCLÁSSICA

A Teoria Neoclássica é uma teoria essencialmente integradora, eclética e utilitarista. Suas origens remontam aos seguintes fatos:

- Fortalecimento do pragmatismo como estilo de vida, principalmente nos Estados Unidos, e consequente preocupação com adoção de esquemas e princípios de atuação.
- Necessidade de atualização dos princípios gerais da velha Teoria Clássica, que careciam de ideias inovadoras para um mundo em transição.
- Necessidade de reduzir o mecanicismo e a rigidez da Teoria Clássica, que fora criada e desenvolvida no começo do século e se tornava rapidamente arcaica e obsoleta com os progressos havidos nas organizações.
- Início da mudança no panorama mundial dos negócios. Estava em gestação a globalização dos negócios com a internacionalização das grandes organizações multinacionais e a expansão mundial dos mercados de consumo. O período posterior à Segunda Guerra foi de forte expansão e desenvolvimento. Havia a necessidade de acompanhar essa mudança, que se tornava cada vez mais rápida e intensa.

6.2 CARACTERÍSTICAS DA TEORIA NEOCLÁSSICA

As principais características da Teoria Neoclássica são:

- **Ênfase na prática da Administração**: caracteriza-se por uma forte ênfase nos aspectos práticos da Administração, pelo pragmatismo e pela busca de resultados concretos e palpáveis, embora não se tenha descurado dos conceitos teóricos.[1] Os neoclássicos desenvolvem conceitos de forma prática e instrumental, visando à ação administrativa. A teoria somente tem valor quando operacionalizada na prática.[2] A Teoria Neoclássica representa a contribuição do espírito pragmático norte-americano.
- **Reafirmação relativa dos postulados clássicos**: os neoclássicos retomam parte dos conceitos clássicos, redimensionando-os e reestruturando-os de acordo com o momento, dando-lhes uma configuração mais ampla e versátil e mais flexibilidade.[3]

- **Ênfase nos princípios gerais da Administração**: os princípios clássicos são agora aplicados como critérios elásticos na busca de soluções administrativas práticas.[4] O estudo da Administração baseia-se nos princípios gerais sobre como planejar, organizar, dirigir e controlar as atividades organizacionais.[5]

> CHIAVENATO DIGITAL — Aumente seus conhecimentos sobre **A importância dos princípios neoclássicos** na seção *Saiba mais* TGA 1 6.1

- **Ênfase nos objetivos e nos resultados**: toda organização existe não para si mesma, mas para alcançar objetivos e produzir resultados para a sociedade. Toda organização é dimensionada, estruturada, focada e avaliada em função dos seus objetivos. Daí a ênfase nos objetivos organizacionais e nos resultados pretendidos, como meio de avaliar o seu desempenho. Objetivos são resultados desejados que a organização procura alcançar por meio de uma operação eficiente. Se a operação falha, os objetivos ou resultados são prejudicados ou frustrados. São os objetivos que justificam a existência e as operações de uma organização.
- **Ecletismo da Teoria Neoclássica**: embora fundamentem-se na Teoria Clássica, os neoclássicos são ecléticos e absorvem o conteúdo de outras teorias administrativas mais recentes, além de outras ciências, como Psicologia, Sociologia, Matemática, Física etc., que modelaram a formação do administrador na segunda metade do século 20.
- **Administração como técnica social**: a "Administração consiste em orientar, dirigir e controlar os esforços de toda a organização para o alcance do objetivo comum. É o administrador quem possibilita a ela alcançar seus objetivos com o mínimo de recursos e esforços".[6] A Administração é indispensável a toda organização. Vivemos em uma sociedade de organizações, onde as atividades sociais importantes são confiadas a organizações, como governo, empresas, comércio, universidades, hospitais etc., que têm de cooperar e de competir entre si.

  Cada organização utiliza outras empresas, como agentes parceiros, para a execução de suas próprias tarefas, envolvendo fornecedores de um lado e clientes e consumidores de outro.[7] E os concorrentes quanto às entradas e saídas de recursos ao redor. Na verdade, as organizações trabalham dentro de uma complexa rede de interdependências; elas têm de trabalhar juntas para poderem competir com outras.
- **Aspectos administrativos comuns às organizações**: Drucker, o mais famoso neoclássico, salienta três aspectos comuns a todas as organizações:[8]
  - **Objetivos**: as organizações são órgãos sociais que visam à realização de uma tarefa social. O seu objetivo está fora dela e é uma contribuição para a sociedade. Objetivos são julgamentos de valor no atendimento de necessidades e desejos da sociedade.
  - **Administração**: todas as organizações são diferentes em seus objetivos e propósitos, mas são essencialmente semelhantes na área administrativa. Todas elas exigem a reunião de recursos e pessoas que devem atuar em conjunto, uma determinada estrutura e princípios de Administração adequados à "lógica da situação".[9]

- **Desempenho organizacional**: toda organização deve ser analisada do ponto de vista da eficiência e da eficácia simultaneamente. A eficiência é a medida do uso dos recursos, e a eficácia, do alcance de resultados. A eficiência é uma relação técnica entre entradas e saídas, enquanto a eficácia se refere à capacidade da empresa de satisfazer uma necessidade da sociedade por meio da oferta de produtos. A eficiência é uma relação entre custos e benefícios, entre os recursos aplicados e o produto final: é a razão entre esforço e resultado, entre despesa e receita, entre o custo e o benefício.[10]

Contudo, nem sempre a eficácia e a eficiência andam de mãos dadas. Uma empresa pode ser eficiente em suas operações e não ser eficaz ou vice-versa. Pode ser ineficiente em suas operações e, apesar disso, ser eficaz, muito embora a eficácia fosse bem melhor quando acompanhada da eficiência. E o pior: ela pode não ser nem eficiente, nem eficaz. O ideal seria uma empresa igualmente eficiente e eficaz, o que denominaríamos de excelência. Observe as diferenças entre eficiência e eficácia no Quando 6.1.

CHIAVENATO DIGITAL

Aumente seus conhecimentos sobre **Eficiência *versus* eficácia** na seção *Saiba mais* TGA 1 6.2

Quadro 6.1 Diferenças entre eficiência e eficácia

Eficiência	Eficácia
▪ Ênfase nos meios.	▪ Ênfase nos resultados.
▪ Fazer corretamente as coisas.	▪ Fazer as coisas certas.
▪ Resolver problemas.	▪ Atingir objetivos.
▪ Salvaguardar os recursos.	▪ Otimizar a utilização dos recursos.
▪ Cumprir tarefas e obrigações.	▪ Obter resultados.
▪ Treinar os subordinados.	▪ Dar eficácia aos subordinados.
▪ Manter as máquinas.	▪ Máquinas em bom funcionamento.
▪ Jogar futebol com arte.	▪ Ganhar a partida.

PARA REFLEXÃO

O recrutamento de um executivo

Para recrutar o futuro presidente para dirigir a empresa, o *headhunter* explicou aos acionistas que a Administração é uma técnica social e que certos aspectos administrativos são comuns às organizações. Devido a esses dois argumentos, o futuro presidente deveria ser procurado em alguma organização similar e apresentar elevados padrões de eficiência e eficácia. Se você fosse o *headhunter*, como explicaria isso aos acionistas da empresa?

6.3 PRINCÍPIOS BÁSICOS DE ORGANIZAÇÃO

Os neoclássicos dão algumas pinceladas adicionais no conceito de organização formal. A organização – como função administrativa – consiste em um conjunto de posições funcionais e hierárquicas orientado para o objetivo econômico de produzir bens ou serviços. Os princípios fundamentais da organização formal são:

- **Divisão do trabalho**: para ser eficiente, toda organização deve basear-se na divisão do trabalho, que nada mais é do que a maneira pela qual um processo complexo é decomposto em uma série de pequenas tarefas que o constituem. O princípio da divisão do trabalho começou com Taylor no nível dos operários e se ampliou com os neoclássicos. O método cartesiano de análise/decomposição e de síntese/composição constituiu a base dessa lógica de organização empresarial. A divisão do trabalho trouxe consigo:
  - Padronização e simplificação do trabalho operário e, logo depois, dos níveis mais altos.
  - Especialização e detalhamento das tarefas.
  - Melhor uso do trabalho especializado por meio da departamentalização.
  - Maior produtividade e melhor rendimento do pessoal envolvido.
  - Maior eficiência da organização, como resultante do item anterior.
  - Redução dos custos de produção, como de manufatura e de materiais diretos.
- **Especialização**: como consequência do princípio da divisão do trabalho surge a especialização: cada órgão ou cargo passa a ter funções e tarefas específicas e especializadas. No sentido horizontal, a especialização dos órgãos que compõem a estrutura organizacional levou à departamentalização, que veremos adiante.
- **Hierarquia**: com a divisão do trabalho no sentido vertical, a organização empresarial passa a desdobrar-se em três níveis hierárquicos (Figura 6.1) que compõem o aparato administrativo necessário para dirigir a organização em suas operações:
  - **Nível institucional**: ou estratégico, composto dos dirigentes e diretores da organização. Envolve as diretorias da organização.
  - **Nível intermediário**: ou tático, é o nível do meio do campo composto de gerentes. Envolve os departamentos subordinados a cada diretoria.
  - **Nível operacional**: composto dos supervisores que administram a execução das tarefas e operações da empresa. Envolve as seções subordinadas a cada departamento. Daí o princípio da hierarquia ou princípio escalar: em toda organização formal existe uma hierarquia que divide a organização em camadas ou níveis de autoridade. Fayol já dizia: à medida que se sobe na escala hierárquica, aumenta o volume de autoridade do administrador. A hierarquia representa a distribuição da autoridade e da responsabilidade entre os diversos níveis da estrutura. O nível hierárquico que está em nível mais elevado tem maior peso nas decisões. Por toda a organização existem pessoas cumprindo ordens de outras que estão situadas em níveis mais elevados. O direito de comandar diminui à medida que se desce na estrutura hierárquica.

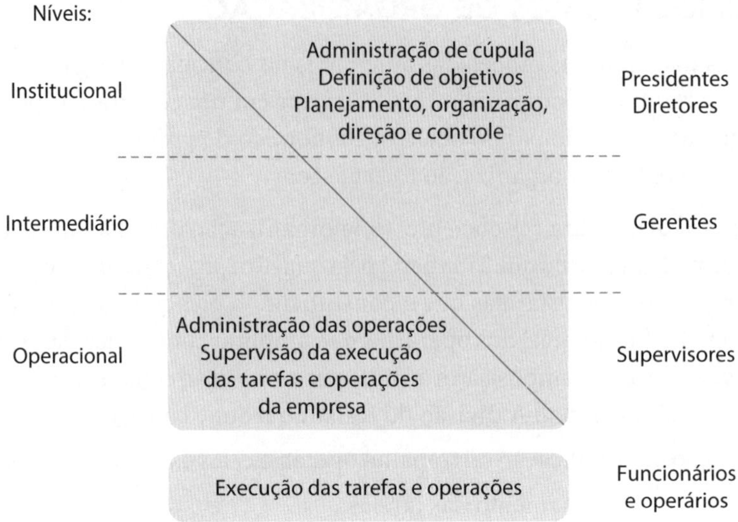

Figura 6.1 Os diferentes níveis da organização.

Quanto maior a organização, maior tende a ser o número de níveis hierárquicos de sua estrutura formal. Esses representam a especialização da direção, ou seja, a distribuição da autoridade e responsabilidade nos vários níveis. A estrutura formal representa a cadeia de níveis hierárquicos sobrepostos – a cadeia escalar – formando uma pirâmide, com a direção (nível institucional) no topo, os executores na base (nível operacional) e as camadas intermediárias no nível intermediário. Daí decorre o seu aspecto piramidal. Nos tempos atuais, as empresas estão reduzindo seus níveis hierárquicos para enxugar a organização, aproximar a base do topo, torná-la mais simples, ágil e competitiva em um mundo repleto de mudanças e transformações.

SAIBA MAIS **Conceito clássico e neoclássico de autoridade**

Para os clássicos, a autoridade é um poder formal, ou seja, o direito de dar ordens, de comandar outros para que executem algo da maneira considerada pelo possuidor dessa autoridade como adequada ao alcance dos objetivos da empresa ou do órgão. Fayol dizia que a "autoridade é o direito de dar ordens e o poder de exigir obediência",[11] ou seja, o poder formal e o poder legitimado.[12] A condição básica é que o administrador seja investido da autoridade com o direito reconhecido de dirigir subordinados para que esses executem atividades para o alcance dos objetivos da empresa. A autoridade formal é sempre um poder ou faculdade concedido pela organização à pessoa que nela ocupa uma dada posição. Para os neoclássicos, autoridade é o direito formal e legítimo de tomar decisões, transmitir ordens e alocar recursos para alcançar os objetivos desejados pela organização.

- **Autoridade**: a autoridade apresenta três características:[13]
  - **A autoridade é alocada em posições da organização e não em pessoas**: o administrador tem autoridade devido à posição que ocupa. Outros administradores nas mesmas posições têm a mesma autoridade.
  - **A autoridade é aceita pelos subordinados**: os subordinados aceitam a autoridade dos superiores porque acreditam que eles têm o direito legítimo, transmitido pela organização, de dar ordens e esperar o seu cumprimento.
  - **A autoridade flui abaixo por meio da hierarquia verticalizada**: a autoridade flui desde o topo até a base da organização. As posições do topo têm mais autoridade do que as posições da base (Figura 6.2).

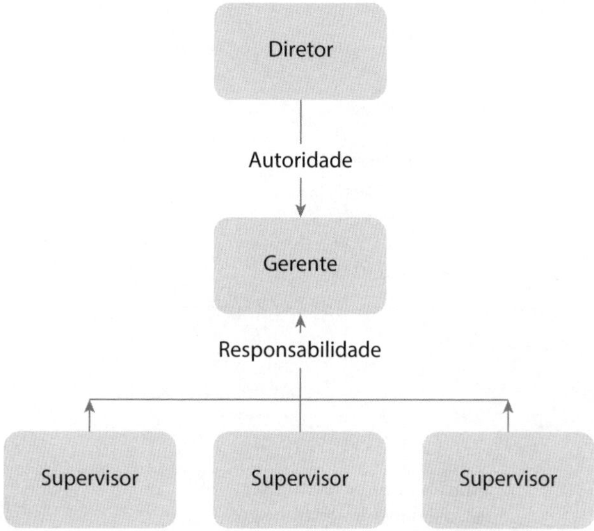

Figura 6.2 Os dois terminais de comunicação de cada cargo.

- **Responsabilidade**: é o "outro lado da moeda". Significa o dever de desempenhar a tarefa ou atividade para a qual a pessoa foi designada. O grau de autoridade deve ser proporcional ao grau de responsabilidade assumida pela pessoa. A responsabilidade provém da relação entre superior e subordinado e de alguém ter autoridade para exigir determinadas tarefas da pessoa. É a relação contratual pela qual o subordinado concorda em executar serviço em troca de compensação monetária. A autoridade emana do superior para o subordinado, enquanto a responsabilidade é a obrigação exigida do subordinado para realizar algo. Diz-se que a responsabilidade é delegada ao subordinado, embora o que se delega é a autoridade e não só a responsabilidade. Sobre esse assunto há muita discussão e controvérsia.
- **Delegação**: é o processo de transferir autoridade e responsabilidade para posições inferiores na hierarquia. Os gerentes são estimulados a delegar autoridade aos níveis mais baixos para proporcionar o máximo de flexibilidade para satisfazer necessidades do cliente e se adaptar ao ambiente. A delegação de autoridade exige certos cuidados:[14]

- Delegar a tarefa inteira ao invés de subdividi-la entre várias pessoas.
- Delegar à pessoa certa, que tenha as condições de executá-la bem.
- Delegar balanceando responsabilidade e autoridade. Toda pessoa deve ter responsabilidade para realizar a tarefa e autoridade para desempenhá-la.
- Proporcionar toda informação adequada sobre o quê, por que, quando, onde, quem e como.
- Manter retroação e retroinformação por meio de linhas abertas de comunicação e proporcionar orientação. A retroação dá a pista certa e a comunicação aumenta a autoconfiança.
- Avaliar e recompensar os resultados do desempenho, fornecer retroação sobre acertos e erros, decorrências e consequências, e recompensar o trabalho bem feito com orgulho.

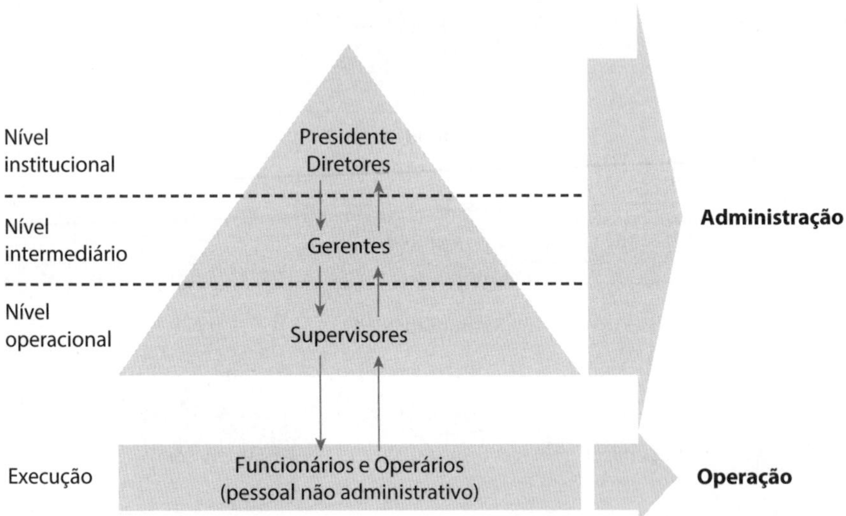

Figura 6.3 Os níveis hierárquicos.

Daí decorre o aspecto piramidal da estrutura hierárquica. Modernamente, as organizações estão tentando reduzir seus níveis hierárquicos no sentido de enxugar a organização para torná-la mais simples, aproximar a base do topo e fazê-la mais ágil e competitiva em um mundo repleto de mudanças e transformações.

- **Amplitude administrativa**: em decorrência do princípio da distribuição de autoridade e responsabilidade surge a discussão da amplitude administrativa (ou amplitude de comando ou de controle). Ela significa o número de subordinados que o administrador pode supervisionar. Se ele tem muitos subordinados, sua amplitude de comando é grande e ampla. A amplitude média adotada por uma organização determina a configuração geral de sua estrutura organizacional. Quando a amplitude média é estreita e com maior número de níveis hierárquicos, produz uma estrutura organizacional alta e alongada. Contudo, quando a amplitude média é larga e com poucos níveis hierárquicos, produz uma estrutura organizacional achatada e dispersada horizontalmente, como mostra a Figura 6.4.

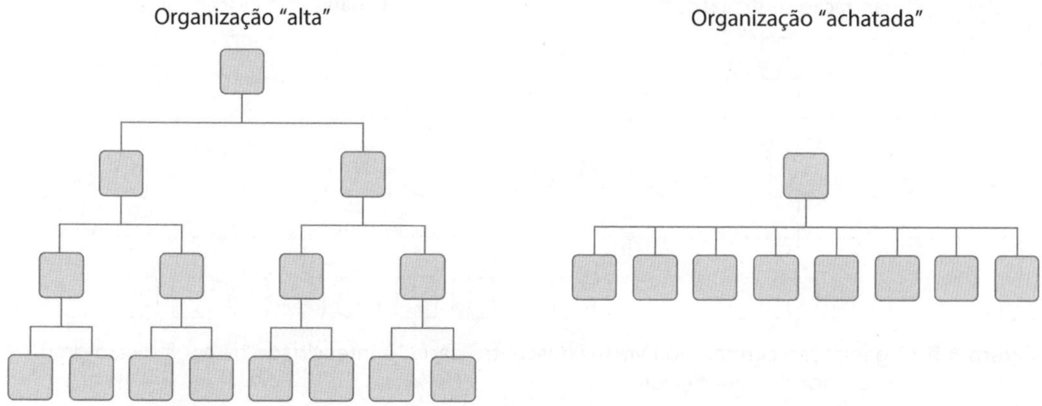

Figura 6.4 Exemplo de organização alongada e de organização achatada.

Na época, a tendência no apogeu neoclássico era de alongar as organizações, tornando-as altas. A tendência atual nas organizações é achatar e comprimir a estrutura formal no sentido de aproximar a base da cúpula para agilizar as comunicações.

PARA REFLEXÃO

Os princípios básicos de um consultor

Como consultor de empresas, Diocleciano Carvalho adota certos princípios em todos os seus projetos: divisão do trabalho, especialização, hierarquia, distribuição de autoridade e responsabilidade. Reflita: como Diocleciano deveria explicar todos esses princípios aos seus clientes para vender seu trabalho?

- **Centralização *versus* descentralização**: enquanto a Teoria Clássica defendia a organização linear caracterizada pela ênfase dada à centralização da autoridade, a Administração Científica defendia a organização funcional caracterizada pela descentralização da autoridade. O problema de centralizar *versus* descentralizar se refere ao nível hierárquico no qual as decisões devem ser tomadas. A centralização significa que a autoridade de tomar decisões está alocada no topo da organização. Com a descentralização, essa autoridade é deslocada para os níveis mais baixos da organização para oferecer autonomia e independência para tomar decisões.[15] Em si, a centralização/descentralização depende das circunstâncias. É uma escolha para obter os melhores resultados. Enquanto a centralização concentra todas as decisões na cúpula, a descentralização as dispersa na base organizacional (Figura 6.5).

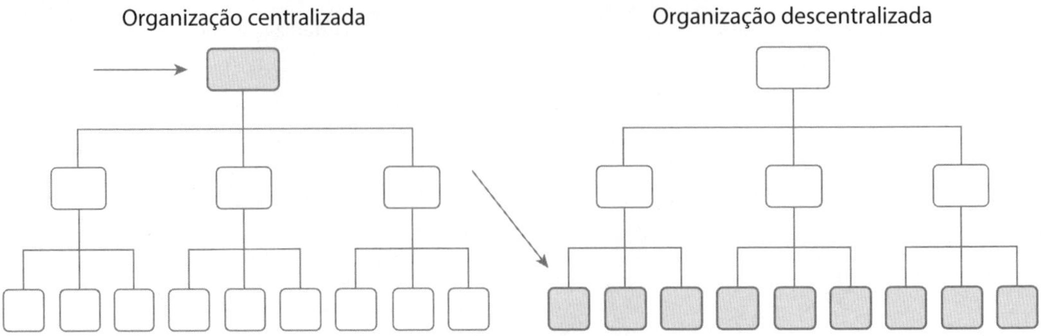

Figura 6.5 Organização centralizada *versus* descentralizada. A intensidade da cor indica o grau de autoridade para decidir.

VOLTANDO AO CASO INTRODUTÓRIO

Pegasus

A primeira ideia de Miguel Fontes foi propor uma descentralização das operações da empresa em direção às filiais. Miguel considera a empresa muito centralizadora na matriz, o que torna as filiais dependentes das decisões do escritório central para todas as suas atividades – até mesmo para a compra local de pequenos parafusos de instalação. Miguel pensava em delegar decisões e atividades maiores para as filiais. Mas, como fazê-lo? Falar é fácil: fazer já é um pouco mais difícil.

CHIAVENATO DIGITAL

Aumente seus conhecimentos sobre **Centralização *versus* descentralização** na seção *Saiba mais* TGA 1 6.3

Quadro 6.2 Vantagens e desvantagens da descentralização

Vantagens da descentralização	Desvantagens da descentralização
■ As decisões são tomadas mais rapidamente pelos próprios executores da ação. ■ Tomadores de decisão são os que têm mais informação sobre a situação. ■ Maior participação no processo decisório promove motivação e moral elevado entre os administradores médios. ■ Proporciona excelente treinamento para os administradores médios.	■ Pode ocorrer falta de informação e coordenação entre os departamentos envolvidos. ■ Maior custo pela exigência de melhor seleção e treinamento dos administradores médios. ■ Risco da subobjetivação: os administradores podem defender mais os objetivos departamentais do que os objetivos empresariais. ■ As políticas e os procedimentos podem variar enormemente nos diversos departamentos.

VOLTANDO AO CASO INTRODUTÓRIO

Pegasus

A etapa seguinte de Miguel foi atribuir a cada filial toda a responsabilidade direta por vendas, pós-vendas, estoque, instalação e manutenção dos aparelhos e ar-condicionado. Cada filial deve ter o seu planejamento para ter o próprio estoque de produtos e peças componentes, e definir e projetar com os clientes os projetos de instalação. Como você poderia ajudar Miguel nessa empreitada?

PARA REFLEXÃO

As opções da J. J. Urbano

A diretoria da J. J. Urbano está frente a uma opção difícil. O crescimento da empresa e a expansão dos mercados exigem nova postura para garantir a sobrevivência e o sucesso da organização. A empresa sempre foi centralizada e a matriz concentra todas as decisões e controles. Todavia, essa centralização tem trazido problemas de congestionamento e saturação de informações na cúpula, demora nas decisões, desconhecimento dos problemas locais, sobrecarga dos executivos da matriz, impotência dos executivos regionais para resolver problemas, falta de comprometimento dos funcionários que apenas executam e nada decidem e problemas com clientes. Em sua opinião, o que fazer e como fazer?

VOLTANDO AO CASO INTRODUTÓRIO

Pegasus

Miguel não queria somente agilizar as operações das filiais da Pegasus. Ele estava tentando principalmente reduzir custos operacionais e aumentar a qualidade dos serviços. Para tanto, deveria enxugar a organização e os estoques intermediários por meio do conceito de empresa enxuta. Assim conseguiria três objetivos conjuntos: reduzir custos, aumentar a qualidade do serviço e alcançar rapidez e prontidão nos trabalhos. Mas como fazê-lo?

Quadro 6.3 As abordagens prescritivas e normativas da Teoria Administrativa

Aspectos principais	Teoria Clássica	Teoria das Relações Humanas	Teoria Neoclássica
Abordagem da organização	Organização formal	Organização informal	Organização formal e informal
Conceito de organização	Estrutura formal como um conjunto de órgãos, cargos e tarefas	Sistema social como um conjunto de papéis sociais	Sistema social com objetivos a serem atingidos racionalmente
Característica básica da organização	Engenharia humana/ Engenharia da produção	Ciência social aplicada	Técnica social básica
Concepção do homem	*Homo economicus*	Homem social	Homem administrativo
Comportamento do indivíduo	Ser isolado que reage como indivíduo (atonismo tayloriano)	Ser social que reage como membro de grupo	Ser racional e social voltado para o alcance de objetivos individuais e organizacionais
Ciência mais relacionada	Engenharia	Psicologia social	Ecletismo
Tipos de incentivos	Incentivos materiais e salariais	Incentivos sociais e simbólicos	Incentivos mistos
Relação entre objetivos individuais e organizacionais	Identidade de interesses Não há conflito perceptível	Identidade de interesses Todo conflito é indesejável e deve ser evitado	Integração entre objetivos organizacionais e individuais
Resultados almejados	Máxima eficiência	Máxima eficiência	Ótima eficiência e eficácia

CONCLUSÃO

Realmente, a Teoria Neoclássica perdurou durante quase todo o século passado, alcançando prodigiosamente o início deste século. Até hoje, a literatura administrativa ainda é fortemente influenciada pela visão neoclássica. Ela foi uma das melhores soluções para o desenvolvimento organizacional.

Características da teoria neoclássica:

- Pragmatismo
- Conservantismo clássico
- Princípios gerais
- Objetivos e resultados
- Ecletismo

Aspectos comuns das organizações:

- Objetivos
- Administração
- Desempenho
- Eficiência e eficácia

Princípios básicos de Administração:

- Divisão do trabalho
- Especialização
- Hierarquia:
  autoridade
  responsabilidade
  delegação

Administração como técnica social:

- As organizações são fenômenos sociais

Centralização × descentralização

Funções do administrador:

- Planejamento:
  estratégico, tático e operacional
- Organização:
  global, departamental e de tarefas
- Direção:
  direção, gerência e supervisão
- Controle:
  estratégico, tático e operacional

Apreciação crítica da teoria neoclássica:

- Ênfase no processo administrativo
- Ênfase nos objetivos e resultados
- Conservantismo

Figura 6.6 Mapa mental da Teoria Neoclássica.

RESUMO

A Teoria Neoclássica (Escola Operacional ou do Processo Administrativo) surgiu da necessidade de se utilizar os conceitos válidos e relevantes da Teoria Clássica, expurgando-os dos exageros e distorções típicos do pioneirismo e condensando-os com outros conceitos válidos e relevantes oferecidos por outras teorias administrativas mais recentes.

A Teoria Neoclássica é identificada por algumas características marcantes: ênfase na prática da Administração, reafirmação relativa (e não absoluta) dos postulados clássicos, ênfase nos princípios clássicos de Administração, ênfase nos resultados e objetivos e, sobretudo, ecletismo aberto e receptivo.

A Teoria Neoclássica considera a Administração uma técnica social básica. Isso leva à necessidade de que o administrador conheça, além dos aspectos técnicos e específicos de seu trabalho, os aspectos relacionados com a direção de pessoas dentro das organizações.

A Teoria Neoclássica surgiu com o crescimento exagerado das organizações. Uma das questões foi o dilema sobre centralização *versus* descentralização. Parte do trabalho dos neoclássicos focaliza os fatores de descentralização, bem como as vantagens e as desvantagens que a centralização proporciona.

A Teoria Neoclássica enfatiza as funções do administrador: planejamento, organização, direção e controle. No seu conjunto, as funções administrativas formam o processo administrativo.

O planejamento é a função administrativa que determina antecipadamente os objetivos e o que deve ser feito para alcançá-los. O estabelecimento dos objetivos é o primeiro passo do planejamento. Há uma hierarquia de objetivos para conciliar os diferentes objetivos simultâneos em uma organização, cobrindo os objetivos organizacionais, as políticas, as diretrizes, as metas, os programas, os procedimentos, os métodos e as normas.

Quanto à sua abrangência, o planejamento pode ocorrer em três níveis: o estratégico, o tático e o operacional. Existem quatro tipos de planos: procedimentos; orçamentos; programas ou programações; e normas ou regulamentos.

A organização é a função administrativa que consiste no agrupamento das atividades necessárias para realizar o que foi planejado. Quanto à sua abrangência, a organização pode ocorrer em três níveis: nível global (desenho organizacional), nível departamental (desenho departamental) e nível das tarefas e operações (desenho de cargos e tarefas).

A direção é a função administrativa que orienta e guia o comportamento das pessoas na direção dos objetivos a serem alcançados. É uma atividade de comunicação, motivação e liderança, pois se refere a pessoas. Quanto à sua abrangência, a direção pode ocorrer em três níveis: global (direção), departamental (gerência) e operacional (supervisão).

O controle é a função administrativa que visa assegurar se o que foi planejado, organizado e dirigido realmente cumpriu os objetivos pretendidos. Ele é constituído de quatro fases: estabelecimento de critérios ou padrões, observação do desempenho, comparação do desempenho com o padrão estabelecido e ação corretiva para eliminar os desvios ou variações. Quanto à sua abrangência, o controle pode ocorrer em três níveis: estratégico, tático e operacional.

QUESTÕES

1. Quais são as características principais da Teoria Neoclássica?
2. A Teoria Neoclássica apresenta uma ênfase nos princípios clássicos da Administração. Explique-os.
3. O que se pretende dizer por reafirmação relativa dos postulados clássicos, quando se fala nas características da Teoria Neoclássica?
4. Por que a Teoria Neoclássica é também chamada de Escola Operacional?
5. A Teoria Neoclássica caracteriza-se por uma ênfase nos objetivos e nos resultados. Explique.

6. O que se entende por ecletismo da Teoria Neoclássica?
7. O que significa a Administração como técnica social básica?
8. Quais são os aspectos administrativos comuns às diferentes organizações?
9. Quais são as funções do administrador?
10. O grau de descentralização administrativa de uma organização é maior em que condições?
11. Quais são os elementos que concorrem para acelerar a descentralização organizacional?
12. Quais são os fatores que afetam a decisão de centralizar?
13. Quais são as principais vantagens, desvantagens e limitações da centralização?
14. Quais são as principais vantagens, desvantagens e limitações da descentralização?
15. Quais são os três aspectos comuns a todas as organizações para Peter Drucker?

REFERÊNCIAS

1. KOONTZ, H.; O'DONNELL, C. *Princípios de administração*: uma análise das funções administrativas. São Paulo: Pioneira, 1976.
2. HAIMAN, T. *Dirección y gerencia*. Barcelona: Ed. Hispano Europea, 1965.
3. NEWMAN, W. H. *Ação administrativa*: as técnicas de organização e gerência. São Paulo: Atlas, 1972.
4. JUCIUS, M. J.; SCHLENDER, W. F. *Introdução à administração*: elementos de ação administrativa. São Paulo: Atlas, 1972.
5. DALE, E.; MICHELON, L. C. *Gerência empresarial*: métodos modernos. Rio de Janeiro: Edições Bloch, 1969.
6. BROWN, A. *Organization in industry*. New York: Prentice-Hall, 1947.
7. MEGGUISON, L. C. The pressure of principles: a challenge to management profession. *In*: KOONTZ, H.; O'DONNELL, C. *Princípios de administração*, *op. cit.*, p. 13.
8. DRUCKER, P. F. *Uma era de descontinuidade*. São Paulo: Círculo do Livro, p. 215-229.
9. DRUCKER, P. F. *Tecnologia, gerência e sociedade*. Petrópolis: Vozes, 1973. p. 104.
10. KREIKEN, J. Formulating and implementing a more systematic approach to strategic management. *Management Review*, v. 69, n. 7, jul. 1980. p. 24.
11. FAYOL, H. *Administração industrial e geral*. São Paulo: Atlas, 1954.
12. HORTON, T. R. Delegation and team building: no solo acts please. *Management Review*, p. 58-61, sept. 1992.
13. HAIMAN, T. *Dirección y gerencia*, *op. cit.*, p. 62.
14. DALE, E. Planning and developing the company organization structure. *Research Report* 20, p. 107.
15. DALE, E. Planning and developing the company organization structure. *Op. cit.*, p. 107.

7 DECORRÊNCIAS DA TEORIA NEOCLÁSSICA DA ADMINISTRAÇÃO: O PROCESSO ADMINISTRATIVO

OBJETIVOS DE APRENDIZAGEM

- Apresentar o processo administrativo como a base da Teoria Neoclássica.
- Descrever o planejamento como função administrativa, suas etapas e suas características.
- Descrever a organização como função administrativa, suas etapas e suas características.
- Descrever a direção como função administrativa, seus conceitos e suas características.
- Descrever o controle como função administrativa, suas etapas e suas características.

O QUE VEREMOS ADIANTE

- Planejamento.
- Organização.
- Direção.
- Controle.

CASO INTRODUTÓRIO

Motor Car

Cada organização tem suas prioridades específicas. Algumas delas estão ligadas a aspectos externos, como clientes, mercados, concorrência; outras, a aspectos internos, como eficiência, custos, processos, agilidade. A Motor Car é uma empresa que necessita integrar prioridades externas e internas. De um lado, estão a queda de vendas, a redução na participação no mercado e a maior concorrência; de outro lado, a necessidade de reduzir custos e aumentar a eficiência. Paula Montenegro, a presidente da empresa, tem como desafio alcançar três objetivos simultâneos até o final do ano:

1. Diminuir custos operacionais em 12%.
2. Aumentar a produtividade do pessoal em 3%.
3. Reduzir o ciclo operacional da fabricação de motores.

Para alcançar tais objetivos, Paula quer concentrar-se na área de produção da empresa na qual ela considera que estão as melhores oportunidades de melhoria. Como você ajudaria Paula?

INTRODUÇÃO

Na realidade, o termo *Teoria Neoclássica* é um tanto quanto exagerado. Os autores aqui abordados não se preocupam em se enquadrar dentro de uma abordagem alinhada e comum, nem formam propriamente uma escola bem definida, mas um movimento heterogêneo que recebe várias denominações, como Escola Operacional ou Escola do Processo Administrativo.[1] Preferimos a denominação *teoria* para melhor enquadramento didático e facilidade de apresentação.

7.1 FUNÇÕES DO ADMINISTRADOR

Uma função não é uma entidade separada, mas uma parte integral de uma unidade maior formada de várias funções que estão relacionadas intimamente umas com as outras, bem como com a entidade maior. O todo aqui considerado é maior do que a soma das partes. Somente quando o conceito de função é visto sob esse aspecto é que o processo administrativo é realmente dinâmico.

As várias funções do administrador, consideradas como um todo, formam o processo administrativo.[2] O processo administrativo define as funções do administrador e correspondem aos elementos da Administração que Fayol definira no seu tempo (prever, organizar, comandar, coordenar e controlar), mas com uma roupagem atualizada. O processo administrativo é o núcleo da Teoria Neoclássica eclética e utilitarista. Todavia, cada autor adota funções administrativas diferentes.

Quadro 7.1 O processo administrativo segundo teóricos clássicos e neoclássicos

Fayol	Urwick	Gulick	Koontz e O'Donnell	Newman	Dale
■ Prever	■ Investigação ■ Previsão ■ Planejamento	■ Planejamento	■ Planejamento	■ Planejamento	■ Planejamento

(continua)

(continuação)

Fayol	Urwick	Gulick	Koontz e O'Donnell	Newman	Dale
■ Organizar	■ Organização	■ Organização	■ Organização	■ Organização	■ Organização
■ Comandar ■ Coordenar	■ Comando ■ Coordenação	■ Administração de Pessoal ■ Direção ■ Coordenação ■ Informação	■ Designação de Pessoal ■ Direção	■ Liderança	■ Direção
■ Controlar	■ Controle	■ Orçamento	■ Controle	■ Controle	■ Controle

Dentro da linha proposta por Fayol, os autores neoclássicos adotam o processo administrativo como núcleo de sua teoria eclética e utilitarista. Por essa razão, a Teoria Neoclássica é também denominada de Escola do Processo Administrativo. Cada autor desvia-se dos demais por adotar funções administrativas ligeiramente diferentes.

7.2 PROCESSO ADMINISTRATIVO

Processo é qualquer fenômeno que apresente um fluxo de mudança contínua no tempo ou qualquer operação ou tratamento contínuo. O conceito de processo implica que os acontecimentos e as relações sejam dinâmicos, em evolução e em mudança sucessiva continuamente. O processo não é coisa parada, estática: é móvel, fluido, não tem começo, nem fim, nem sequência fixa de eventos. Os elementos do processo agem uns sobre os outros e cada um afeta todos os demais.

Figura 7.1 Funções do administrador como um processo sequencial.

Até hoje, o processo administrativo é constituído do planejamento, da organização, da direção (ou liderança) e do controle, como as quatro funções básicas do administrador: planejar, organizar, dirigir (ou liderar) e controlar, conforme a Figura 7.2.

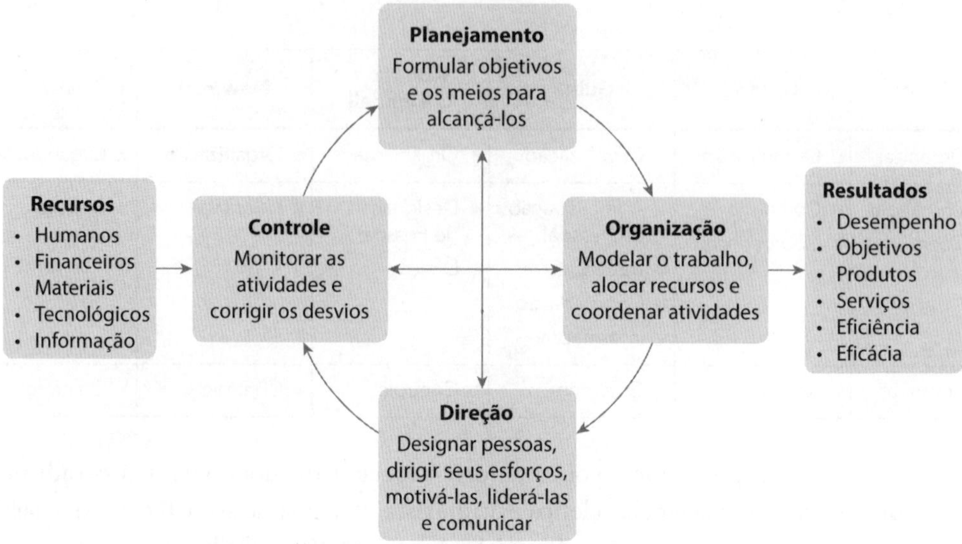

Figura 7.2 Ciclo do processo administrativo.

Quando consideradas em um todo integrado, as funções administrativas formam o processo administrativo. Quando consideradas isoladamente, o planejamento, a organização, a direção (ou liderança) e o controle constituem funções administrativas.

Toda a literatura neoclássica se assenta no processo administrativo para explicar como as várias funções administrativas são desenvolvidas nas organizações.

Quadro 7.2 As quatro funções administrativas

Planejamento	Organização	Direção	Controle
■ Definir a missão. ■ Formular objetivos. ■ Definir planos para. alcançar os objetivos. ■ Programar as atividades.	■ Dividir o trabalho. ■ Designar as atividades. ■ Agrupar as atividades em órgãos e cargos. ■ Alocar recursos. ■ Definir autoridade e responsabilidade.	■ Designar as pessoas. ■ Coordenar os esforços. ■ Comunicar. ■ Motivar. ■ Liderar. ■ Orientar.	■ Definir os padrões. ■ Monitorar o desempenho. ■ Avaliar o desempenho. ■ Ação corretiva.

A seguir, abordaremos cada uma das quatro funções administrativas: planejamento, organização, direção (ou liderança) e controle.

7.3 PLANEJAMENTO

As organizações não trabalham na base da improvisação. Quase tudo nelas é planejado antecipadamente. O planejamento figura como a primeira função administrativa (Figura 7.3), por ser aquela que serve de base para as demais funções, pois define antecipadamente quais são os objetivos a serem atingidos e como se deve fazer para alcançá-los. É o caminho para o futuro: como chegar lá.

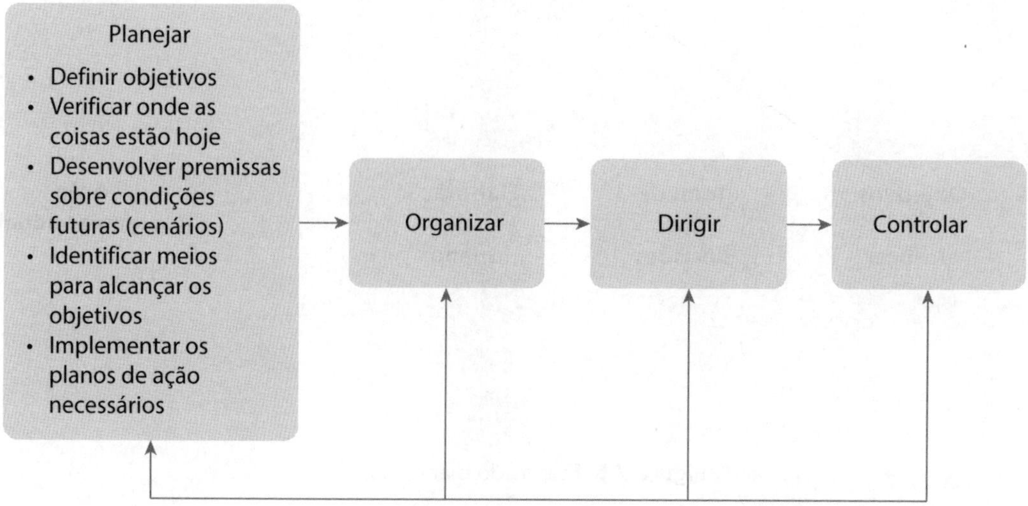

Figura 7.3 A função de planejar dentro do processo administrativo.

Trata-se, pois, de um modelo teórico para a ação futura. Começa com a definição dos objetivos e detalha os planos necessários para atingi-los da melhor maneira possível. Planejar é definir os objetivos e escolher antecipadamente o melhor curso de ação para alcançá-los, ou seja, define onde se pretende chegar, o que deve ser feito, quando, como e em que sequência (Figura 7.4).

CHIAVENATO DIGITAL — Aumente seus conhecimentos sobre **Planejamento** na seção *Saiba mais* TGA 1 7.1

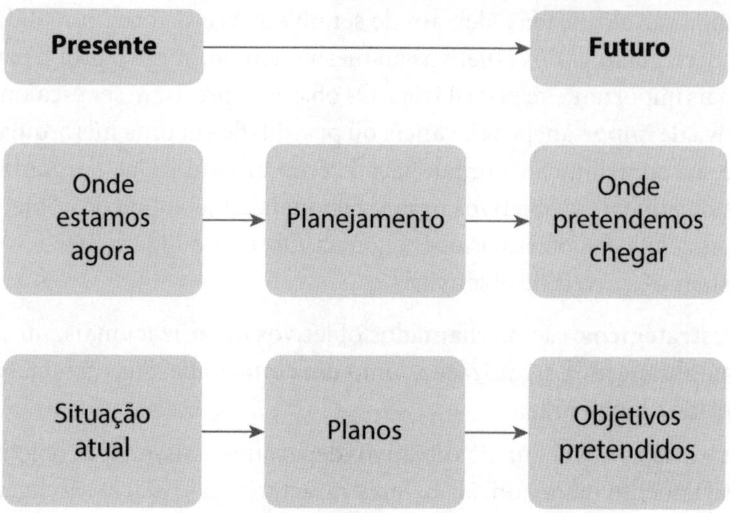

Figura 7.4 Premissas do planejamento.

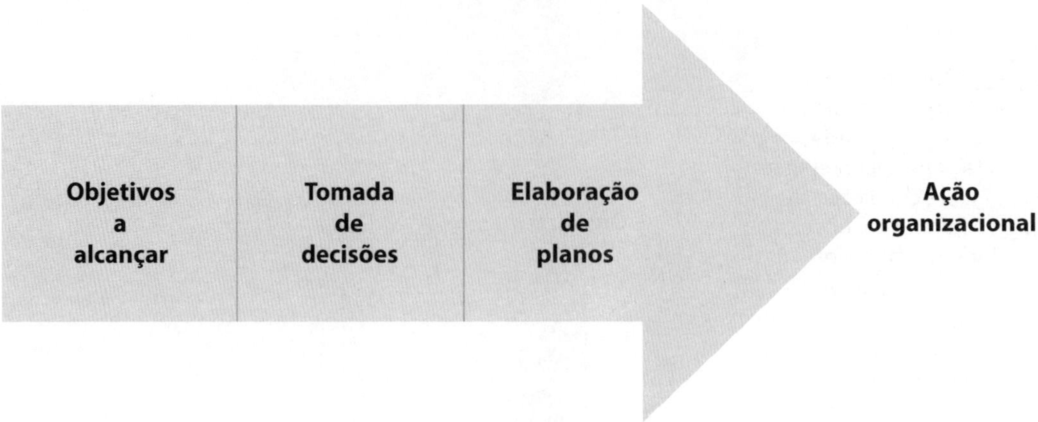

Figura 7.5 Etapas do planejamento.

Cada uma dessas três fases do planejamento requer uma análise mais profunda. O primeiro passo do planejamento é a definição do objetivo a ser alcançado.

7.3.1 Estabelecimento de objetivos

O planejamento é um processo que se inicia com a definição dos objetivos e dos planos para alcançá-los. Os objetivos a serem alcançados constitui o ponto de partida do planejamento. A fixação dos objetivos é o início de tudo: saber onde se pretende chegar para se saber como chegar até lá. Objetivos são resultados futuros que se pretende atingir. São alvos escolhidos que se pretende alcançar em um dado espaço de tempo. Assim, os objetivos são pretensões futuras que, uma vez alcançadas, deixam de ser objetivos e se tornam realidade. Como as organizações perseguem vários objetivos ao mesmo tempo, surge o problema de quais são os objetivos mais importantes e prioritários. Os objetivos precisam ser escalonados em uma ordem gradativa de importância, relevância ou prioridade em uma hierarquia de objetivos, em função de sua contribuição à organização como um todo. Cada organização tem sua hierarquia de objetivos. Os objetivos organizacionais estão acima dos objetivos departamentais, e esses acima dos objetivos operacionais. Observe a Figura 7.6.

Assim, existem três níveis de objetivos:

- **Objetivos estratégicos**: são os chamados objetivos organizacionais, ou seja, objetivos amplos e que abrangem a organização como uma totalidade. Suas características básicas são globalidade e longo prazo.
- **Objetivos táticos**: são os chamados objetivos departamentais, ou seja, objetivos referentes a cada departamento da organização. Suas características básicas são ligação com cada departamento e médio prazo.
- **Objetivos operacionais**: são objetivos relacionados a cada atividade ou tarefa. Suas características básicas são detalhamento e curto prazo.

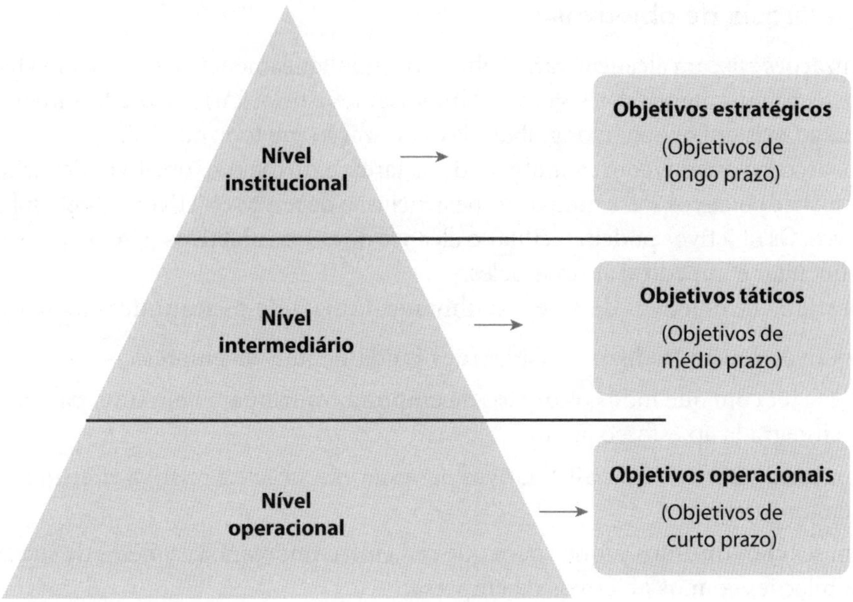

Figura 7.6 Os níveis de objetivos organizacionais.

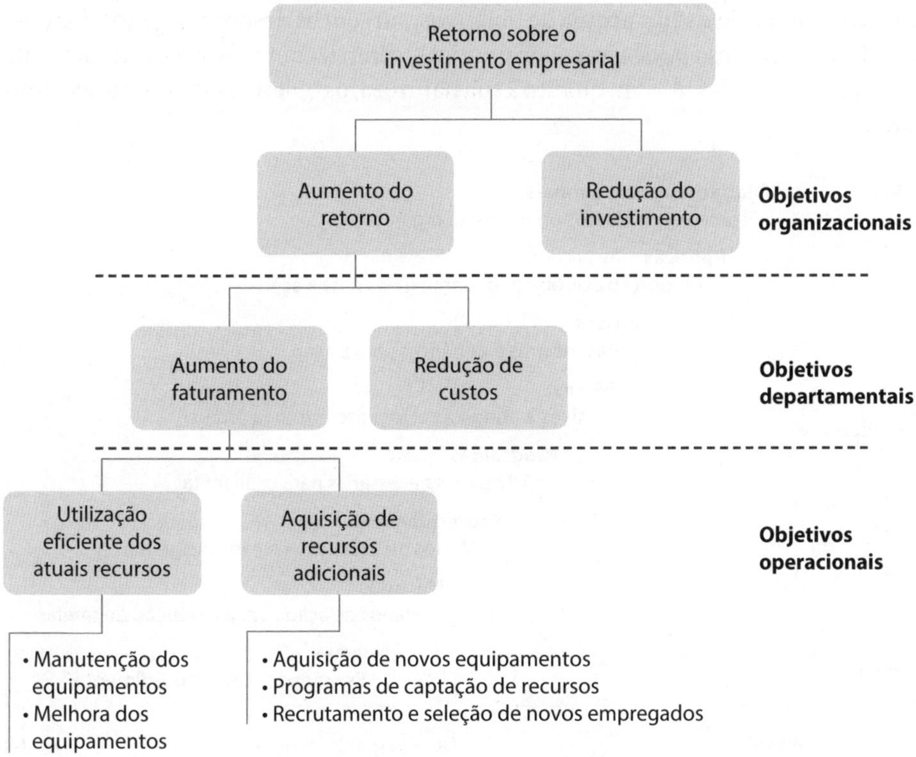

Figura 7.7 Hierarquia de objetivos.

7.3.2 Hierarquia de objetivos

As organizações buscam alcançar vários objetivos simultaneamente. Assim, há uma hierarquia de objetivos na qual alguns deles são mais importantes e prioritários e predominam sobre os demais. Logo, existem os objetivos globais da organização (no topo da hierarquia), os objetivos operacionais relacionados com cada atividade ou tarefa e, no meio, os objetivos departamentais. A hierarquia de objetivos sofre mudanças pela inclusão de novos objetivos ou pela substituição de objetivos. Os objetivos podem facilitar o alcance de outros objetivos (sinergia), assim como podem dificultar e impedir o alcance deles.

A hierarquia de objetivos deve ser equilibrada, utilizando os seguintes cuidados:[3]

- Os objetivos devem traduzir as aspirações fundamentais da empresa.
- Devem fazer com que todos os órgãos da empresa contribuam com uma parcela coordenada e integrada ao esforço geral.
- Devem considerar as várias alternativas para sua execução e a relativa eficiência e o custo de cada uma delas.
- Devem ser comunicados a todos para que cada um compreenda as metas da sua atividade e suas relações com os objetivos da empresa.
- Devem ser periodicamente reexaminados, reformulados e atualizados de acordo com as mudanças das condições do mercado.

Como consequência da hierarquia de objetivos, surgem os desdobramentos dos objetivos. A partir deles, a empresa pode fixar suas políticas, diretrizes etc. dentro de uma focalização orientada para todos eles. Assim, quanto à sua natureza, os objetivos se desdobram conforme a Figura 7.8.

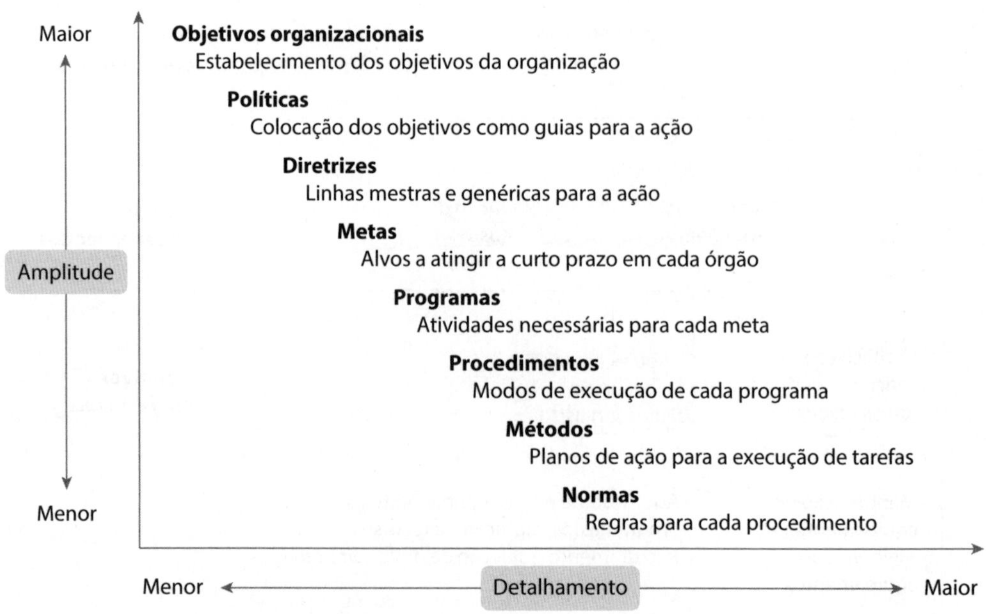

Figura 7.8 Desdobramento dos objetivos.

- **Políticas**: são afirmações genéricas baseadas nos objetivos organizacionais e funcionam como guias orientadores da ação administrativa. Proporcionam marcos ou limitações – embora flexíveis e elásticos – para demarcar as áreas dentro das quais a ação administrativa deve se desenvolver. São genéricas e utilizam verbos como: manter, seguir, usar, prover, assistir etc. As mais comuns são: políticas de recursos humanos (como lidar com os funcionários da organização), políticas de vendas (como tratar a clientela), políticas de preços (como manejar preços diante do mercado), entre outras.
- **Diretrizes**: são princípios estabelecidos para permitir o alcance dos objetivos organizacionais. Como os objetivos são fins, as diretrizes servem para balizar os meios adequados para atingi-los e canalizar as decisões. Existem diretrizes de pessoal (como recrutar e selecionar candidatos), diretrizes de compras (como escolher fornecedores) etc.
- **Metas**: São alvos a atingir no curto prazo. Podem ser confundidas com objetivos imediatos ou objetivos operacionais. As metas mais comuns são: produção mensal, faturamento mensal, cobrança diária, entre outras.
- **Programas**: são atividades sequenciais necessárias para atingir uma meta. O alcance das metas é planejado por meio de programas. Os programas são planos específicos variáveis e podem incluir um conjunto integrado de planos menores. É o caso dos programas de produção (como programar a produção das várias áreas para atingir a meta de produção estabelecida), programas de financiamento (como programar diversos empréstimos bancários para atingir a meta de aporte financeiro) etc.
- **Procedimentos**: são os modos pelos quais os programas devem ser executados. São planos que prescrevem a sequência cronológica de tarefas específicas requeridas para realizar determinadas tarefas. Existem procedimentos de admissão de pessoal (quais os documentos e formulários necessários para contratar pessoas), procedimentos de emissão de cheques (quem deve preencher e quem deve assinar os cheques) etc. São também denominados rotinas.
- **Métodos**: são planos prescritos para o desempenho de uma tarefa específica. O método é atribuído a cada pessoa que ocupa um cargo ou realiza uma tarefa para indicar exatamente como fazê-lo. Serve para detalhar como o trabalho deve ser realizado. Sua amplitude é mais restrita e limitada que o procedimento. É o caso do método de como montar uma peça, de como descrever um cargo, de como treinar uma pessoa etc. Os procedimentos e os métodos utilizam fluxogramas para representar o fluxo ou a sequência de tarefas ou operações.
- **Normas**: são regras ou regulamentos que cercam os procedimentos. São comandos diretos e objetivos de cursos de ação a seguir. Surgem quando determinada situação reclama por uma ação específica e única. São guias específicos de ação, quando um curso de ação deve ser seguido fielmente. A regra é definida para criar uniformidade de ação. Ela define o que deve e o que não deve ser feito, como a proibição de fumar em certos lugares, o horário ou as faltas ao trabalho etc.

Enquanto os objetivos organizacionais são amplos e genéricos, à medida que se desce em seus desdobramentos, a focalização torna-se cada vez mais restrita e detalhada. Assim, com base nos objetivos almejados, a organização define a estratégia para alcançá-los. A estratégia permite a definição das políticas, que se desdobram em diretrizes e, depois, nas metas dos diversos departamentos, nos programas, nos procedimentos, nos métodos e nas normas.

7.3.3 Princípios para o estabelecimento de objetivos

Como era de se esperar, os autores neoclássicos preocupam-se em definir princípios capazes de nortear a fixação de objetivos. Três princípios relacionados à definição de objetivos se sobressaem:

- **Princípio da comunicação total**: os objetivos devem ser comunicados a toda a organização. Todos os níveis hierárquicos devem conhecer e compreender – cada qual no seu nível de participação – os objetivos da organização e a sua contribuição relativa quanto ao alcance deles.
- **Princípio da coerência vertical**: o objetivo de um nível organizacional deve ser aquele que torne mais provável, fácil e econômica a realização do objetivo organizacional imediatamente superior. Deve prevalecer sempre o objetivo mais global.
- **Princípio da coerência horizontal**: deve haver harmonia e coerência entre os objetivos dos órgãos situados no mesmo nível organizacional para evitar conflitos ou incompatibilidades. Um conflito tradicional e típico é o que costuma ocorrer entre produção e vendas em certas empresas devido à não coerência entre seus objetivos específicos.

7.3.4 Tomada de decisão

Após a definição dos objetivos da organização, a tarefa do planejamento é estabelecer as ações racionais para o seu alcance da melhor maneira possível. A racionalidade consiste em escolher os meios mais adequados para alcançar os objetivos. Em resumo, o planejamento é um processo que, a partir da fixação dos objetivos a serem alcançados, determina *a priori* o que se deve fazer, quando fazer, quem deve fazê-lo e de que maneira. Para tanto, deve-se tomar decisões a respeito de como alcançar os objetivos fixados. Feito o diagnóstico da situação atual e determinados os objetivos a serem alcançados, o planejamento é o caminho entre ambos, isto é, entre a situação presente e a situação objetivada. Há várias alternativas diferentes para se fazer esse caminho e é preciso compará-las para escolher a mais adequada. O processo decisório existe justamente por causa da existência de várias alternativas de caminhos ou de cursos de ação. Apenas um desses caminhos deve ser escolhido. E a escolha é o resultado de um processo de tomada de decisão. Decidir é selecionar e escolher a alternativa mais adequada ou conveniente para determinada situação.

Embora o planejamento seja um processo de tomada de decisão, toda tomada de decisão não é necessariamente um planejamento. O planejamento pode ser considerado com um aspecto particular da tomada de decisão, envolvendo algumas características especiais, como:[4]

- **Tomada de decisão antecipatória**: o planejamento refere-se à decisão sobre o que fazer e como, antes de a ação requerida ser executada. O planejamento envolve um processo formal que precede a ação, ao passo que a tomada de decisão também precede a ação, mas pode ser informal.
- **Interconexão das decisões**: o planejamento busca conjugar as decisões tomadas nos diversos níveis e áreas da organização, bem como envolver uma decisão ou um conjunto de decisões em outras decisões antecedentes ou subsequentes, tornando difícil saber onde começa e acaba um planejamento.

- **Criação de um estado futuro desejável**: o planejamento busca alcançar uma situação futura almejada pela organização. Esse futuro desejado pode referir-se tanto a objetivos organizacionais globais quanto a objetivos departamentais ou operacionais.

A tomada de decisões é o núcleo da responsabilidade administrativa. O administrador deve constantemente escolher o que fazer, quem deve fazer, quando, onde e, muitas vezes, como fazer. Em toda sua atividade, seja na definição de objetivos, seja na alocação de recursos, o administrador deve ponderar o efeito da sua decisão de hoje sobre as oportunidades ou consequências de amanhã. Após o estabelecimento dos objetivos, o administrador pode avaliar as alternativas futuras e as consequências decorrentes dos objetivos que estabeleceu.

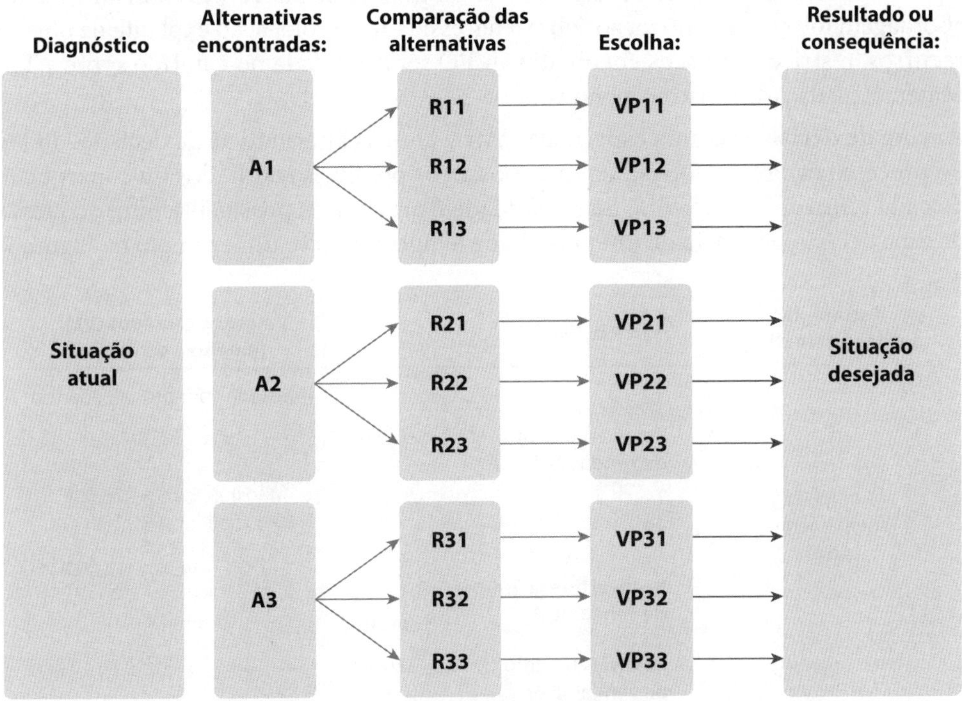

Figura 7.9 Elementos do processo decisório.[5]

A Figura 7.9 contém os elementos do processo decisório. A legenda para as siglas são:
A = alternativas;
R = resultado de cada alternativa;
V = valor atribuído ao resultado, se alcançado o objetivo;
P = probabilidade de ocorrência do resultado.

Para abastecer o processo decisório, toda informação deve ser organizada de maneira racional e isenta de influências ou distorções. Assim, o processo decisório precisa basear-se em um ou mais dos seguintes métodos:

- **Experiência passada**: é o método mais utilizado para a tomada de decisões. Porém, ainda que essa abordagem possa ser profunda em algumas situações, ela não considera rápidas e profundas mudanças na organização e no seu ambiente. Além disso, o que foi apropriado no passado pode ser inteiramente inapropriado numa situação futura. Contudo, se a situação atual apresenta alguma relação direta com a experiência passada, a perspectiva histórica não pode ser ignorada.

- **Experimentação**: é um método alternativo para a tomada de decisão. É o caso, por exemplo, de uma empresa manufatureira testar o mercado para um novo produto e analisar as vendas e a aceitação do produto durante uma experiência-piloto, para decidir sobre o lançamento daquele produto em larga escala; ou um plano piloto sobre um processo de produção; ou, ainda, um protótipo para produzir um produto novo.
- **Pesquisa Operacional (PO)**: é um método que utiliza vários modelos analíticos ou matemáticos para verificar as relações entre os vários fatores e alternativas na forma de equações, matrizes e modelos matemáticos. Uma das mais marcantes contribuições dessa abordagem foi a conscientização sobre a necessidade de colocação explícita de objetivos, recursos, restrições e riscos envolvidos. A PO será estudada no capítulo sobre a Teoria Matemática da Administração, no volume 2.
- **Árvore de decisões**: é uma espécie de matriz com as alternativas de decisões ao longo do processo decisório. Quase sempre mostra os possíveis resultados ou consequências de cada bifurcação decisória. Sua finalidade é projetar os possíveis efeitos sequenciais de uma decisão por meio de um período de tempo. Observe um exemplo na Figura 7.10.

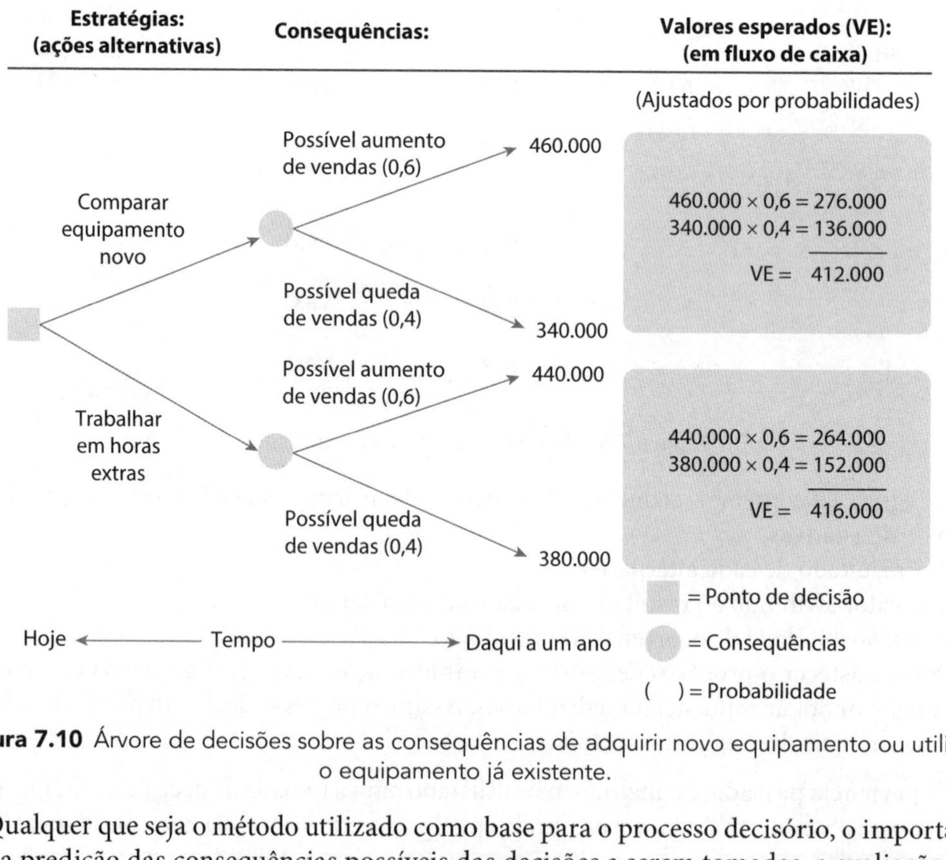

Figura 7.10 Árvore de decisões sobre as consequências de adquirir novo equipamento ou utilizar o equipamento já existente.

Qualquer que seja o método utilizado como base para o processo decisório, o importante é a predição das consequências possíveis das decisões a serem tomadas, a avaliação e a comparação dessas consequências para que a melhor alternativa possa ser escolhida com rigor. Estabelecidos os objetivos a alcançar e efetuada a tomada de decisão a respeito das alternativas de ações futuras, a terceira fase é a elaboração dos planos.

7.3.5 Abrangência do planejamento

Além da hierarquia de objetivos, existe uma hierarquia do planejamento. Nesse sentido, existem três níveis de planejamento: o planejamento estratégico, tático e operacional.

1. **Planejamento estratégico**: é o planejamento mais amplo e abrange toda a organização. Suas principais características são:
    - É projetado para o longo prazo, tendo seus efeitos e consequências estendidos por vários anos.
    - Envolve a empresa como uma totalidade, abrange todos os recursos e áreas de atividade e preocupa-se em atingir os objetivos organizacionais.
    - É definido na cúpula da organização (nível institucional) e corresponde ao plano maior ao qual todos os demais planos estão subordinados.
2. **Planejamento tático**: é o planejamento que abrange cada departamento ou unidade da organização. Suas características são:
    - É projetado para o médio prazo, geralmente para o exercício anual.
    - Envolve cada departamento ou unidade, abrange seus recursos específicos e preocupa-se em atingir os objetivos departamentais.
    - É definido no nível intermediário, em cada departamento da empresa.
3. **Planejamento operacional**: é o planejamento que abrange cada tarefa ou atividade específica. Suas características são:
    - É projetado para o curto prazo, para o imediato (dias ou semanas).
    - Envolve cada tarefa ou atividade isoladamente e preocupa-se com o alcance de metas específicas.
    - É definido no nível operacional para cada tarefa ou atividade.

Quadro 7.3 Os três níveis de planejamento

Planejamento	Conteúdo	Tempo	Amplitude
Estratégico	Genérico, sintético e abrangente	Longo prazo	Macro-orientado. Aborda a empresa como uma totalidade.
Tático	Menos genérico e mais detalhado	Médio prazo	Aborda cada unidade da empresa separadamente.
Operacional	Detalhado, específico e analítico	Curto prazo	Micro-orientado. Aborda cada tarefa ou operação, apenas.

SAIBA MAIS **Longo, médio ou curto prazo**

Expressões como "médio prazo" e "curto prazo" geralmente são empíricas, convencionais e definidas em função do tempo, mas de forma imprecisa. Elas envolvem um contexto de decisões que pode trazer consequências de:

- **Longo prazo**: apresenta-se em contexto quase ou totalmente incerto e impreciso, sobre o qual nem sempre são aplicáveis os métodos estatísticos de previsão ou técnicas econométricas clássicas, pois envolve um leque amplamente aberto de hipóteses múltiplas.
- **Médio prazo**: apresenta-se em um contexto de determinismo aleatório. Pode ser definido com certa validade por métodos estatísticos de previsão por extrapolação de tendências.
- **Curto prazo**: apresenta-se em um contexto de determinismo puro. Pode ser definido com bastante segurança, pois os encadeamentos das causas e efeitos podem ser avaliados razoavelmente e sem muito risco, e de maneira relativamente precisa.

7.3.6 Tipos de planos

O planejamento produz um resultado imediato: o plano. O plano é o produto do planejamento. Todos os planos têm um propósito comum: a previsão, a programação e a coordenação de uma sequência lógica de eventos, os quais devem levar ao alcance dos objetivos que os comandam. Um plano é um curso predeterminado de ação sobre um período especificado de tempo, que representa uma resposta a uma antecipação ao tempo a fim de alcançar um objetivo formulado. O plano descreve um curso de ação para alcançar um objetivo e proporciona respostas às questões: o que, quando, como, onde e por quem. Existem quatro tipos de planos, como elencado na Figura 7.11.

Esses quatro tipos de planos podem ser estratégicos, táticos ou operacionais, conforme o seu nível de abrangência.

- **Procedimentos**: são planos relacionados com métodos de trabalho ou de execução. Quase sempre os procedimentos são planos operacionais. São representados por gráficos denominados fluxogramas.
- **Orçamentos**: são planos relacionados com dinheiro, receita ou despesa dentro de determinado espaço de tempo. Conforme suas dimensões e efeitos, os orçamentos são planos estratégicos quando envolvem a empresa como uma totalidade e abrangem um período longo, como é o caso do planejamento estratégico financeiro. São planos táticos quando cobrem determinada unidade ou departamento da empresa no médio prazo, como é o caso de orçamentos departamentais de despesas e que envolvem o exercício anual, de orçamentos anuais de despesas de propaganda etc. São planos operacionais quando sua

dimensão é local e sua temporalidade é de curto prazo, como é o caso do fluxo de caixa (*cash flow*), de orçamentos de reparos ou de manutenção etc.

- **Programas ou programações**: são os planos relacionados com o tempo e se baseiam na correlação entre duas variáveis: tempo e atividades que devem ser executadas. Podem variar amplamente, indo desde programas simples (como um calendário para programar atividades ou uma agenda) até programas complexos (que exigem técnicas matemáticas avançadas ou processamento de dados por meio de computador para correlacionar as interdependências entre as variáveis). A programação – seja simples, seja complexa – constitui uma ferramenta importante de planejamento. O programa mais simples é o cronograma: um gráfico de dupla entrada em que as linhas representam as atividades e as colunas definem os espaços de tempo (horas, dias ou meses). Os programas mais complexos são feitos por meio de técnicas complicadas, como o *Program Evaluation Review Technique* (PERT) ou Técnica de Revisão e Avaliação de Programas.
- **Regras ou regulamentos**: são planos relacionados com o comportamento solicitado às pessoas. Especificam como as pessoas devem se comportar em determinadas situações. Visam substituir o processo decisório individual, reduzindo o grau de liberdade das pessoas em determinadas situações previstas de antemão. Quase sempre são planos operacionais.

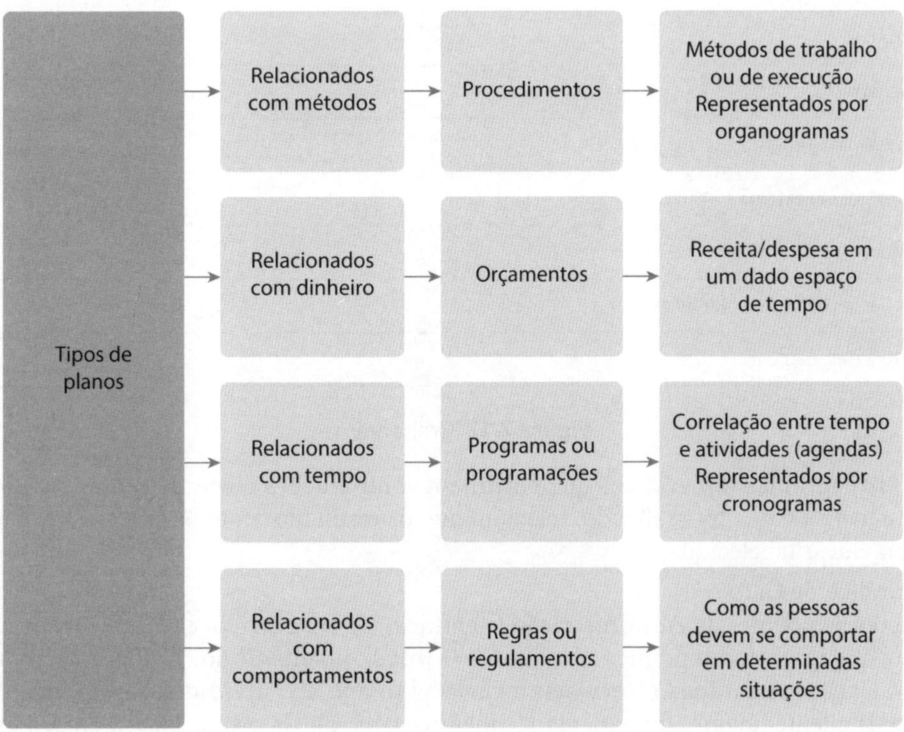

Figura 7.11 Os quatro tipos de planos.

7.3.7 Técnicas relacionadas com planejamento

Em geral, as técnicas utilizadas para o planejamento servem igualmente para o controle. Em outras palavras, as mesmas técnicas de planejamento são utilizadas como critério de controle. As principais técnicas de planejamento são: o cronograma, o Gráfico de Gantt e o PERT.

1. Cronograma

É um gráfico de dupla entrada: nas linhas são colocados os eventos planejados e, nas colunas, os períodos de tempo considerados como padrão. Sua função é relacionar duas variáveis: os eventos em função do tempo. É um gráfico de planejamento e de controle: demonstra o início e o término de cada evento de um processo operacional dentro dos períodos de tempo considerados. O cronograma permite a sincronização dos tempos dos vários eventos de um processo de maneira simples, por meio de simples traços cheios ou pontilhados. Geralmente, as linhas cheias representam o que foi planejado (ou previsto), enquanto as linhas pontilhadas, o que foi realizado. À medida que o tempo passa e as etapas vão sendo realizadas, o controle vai colocando, ao lado das linhas cheias, as linhas pontilhadas. Observe a Figura 7.12.

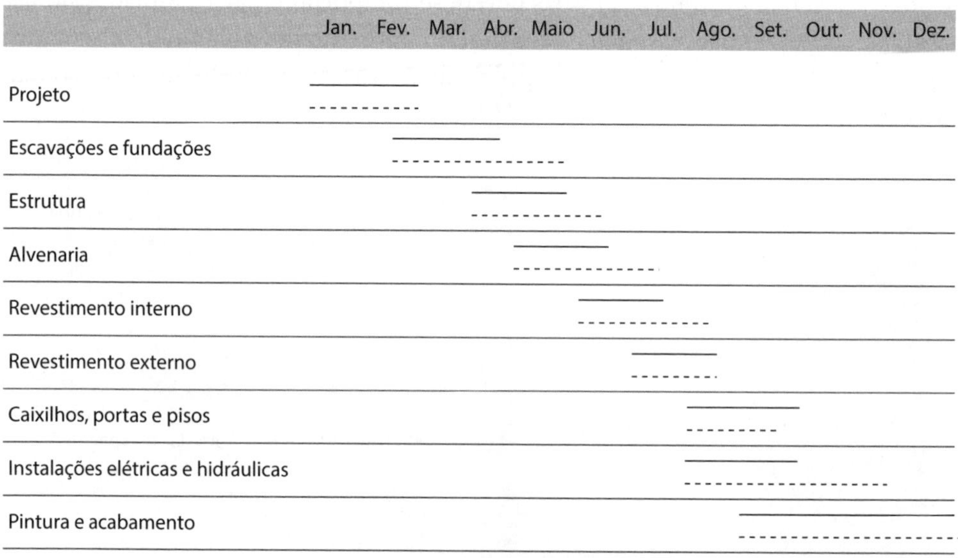

Figura 7.12 Cronograma.

Os cronogramas são gráficos que permitem comparações fáceis e rápidas entre o que foi planejado e o que foi realizado, relacionando os resultados com os critérios ou padrões previamente estabelecidos.

2. Gráfico de Gannt

Um dos expoentes da Administração Científica, Henry Lawrence Gantt, concebeu esse gráfico, que recebeu seu nome. O Gráfico de Gantt é semelhante ao cronograma, mas com uma variação: as colunas reservadas à variável tempo são divididas em quatro partes. Originariamente imaginado para planejamento e controle da produção semanal, o gráfico considerava cada mês (coluna) dividido em quatro semanas (subcolunas). Além de simplificar o tratamento dos padrões de tempo, o Gráfico de Gantt dispensa o uso do calendário e permite uma visualização mais simplificada. A Figura 7.13 ilustra esse gráfico.

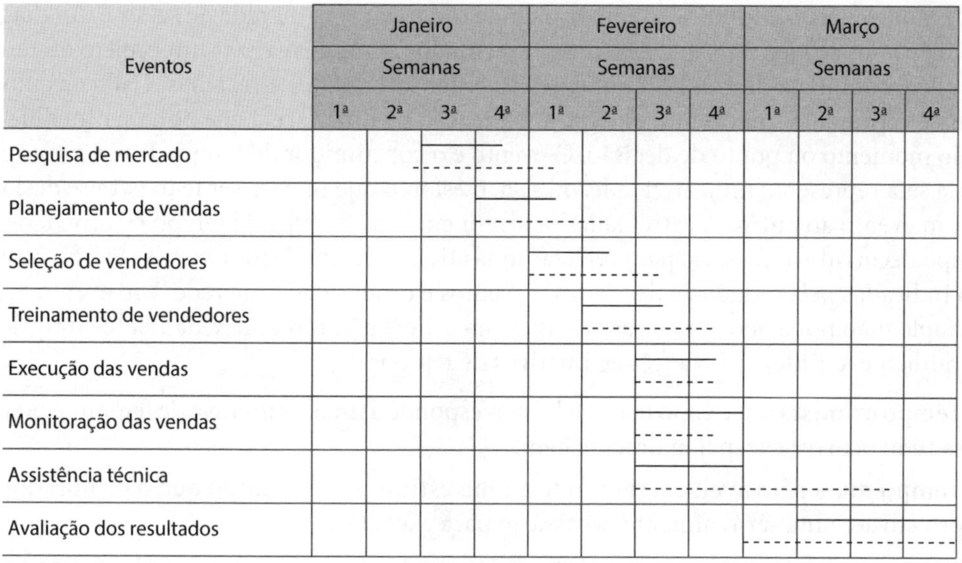

Figura 7.13 Gráfico de Gantt.

3. *Program Evaluation Review Technique* (PERT)

O PERT (ou Técnica de Revisão e Avaliação de Programas em português) é uma técnica indicada para planejamento e controle em que ocorram múltiplas atividades ou eventos intimamente inter-relacionados e interdependentes, desenvolvidos em períodos de tempos variáveis. Essa complicação de variáveis não pode ser adequadamente tratada pelo cronograma ou pelo Gráfico de Gantt. Os projetos ou programas mais complexos são desenvolvidos por meio do PERT.

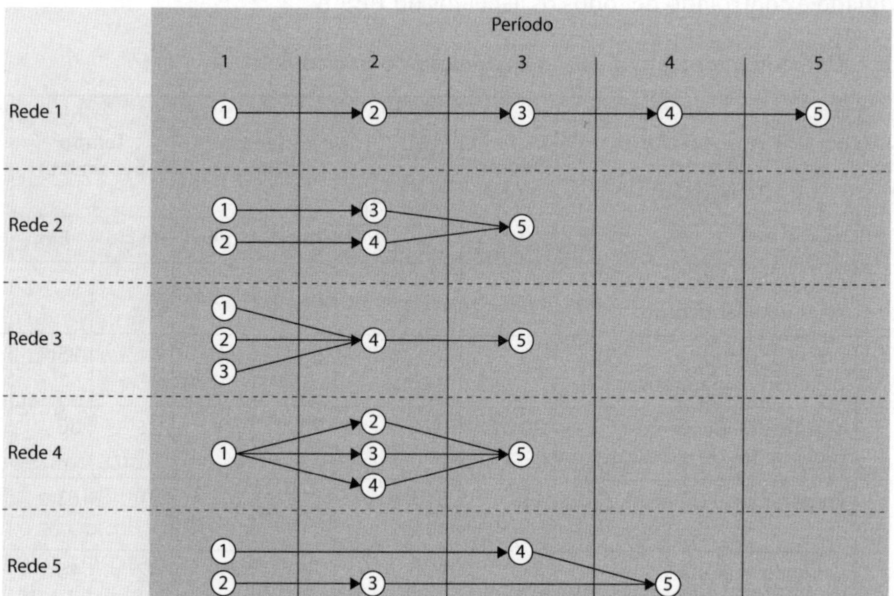

Figura 7.14 Diversos eventos e sua sequência em relação ao tempo.

O modelo básico do PERT é constituído de um diagrama ou rede de setas: é um diagrama de passos sequenciais que devem ser executados a fim de realizar um projeto ou tarefa. A rede é composta de três componentes: eventos, atividades e relações. Cada círculo do gráfico representa um evento, ou seja, a realização de uma tarefa que pode ser medida em dado momento ou ponto de decisão. O evento é o consumidor do tempo de um programa. Cada seta representa uma atividade, ou seja, o esforço que precisa ser feito para se deslocar de um evento ao outro. As atividades ocorrem entre os eventos. O tempo de atividade é o tempo decorrido necessário para realizar uma atividade. As relações entre as tarefas básicas são indicadas pela sequência desejada de eventos e de atividades na rede. Um evento 3, por exemplo, não pode ocorrer enquanto os eventos 1 e 2 não forem devidamente cumpridos. Geralmente, o PERT utiliza três estimativas de tempo:

- **Tempo otimista**: ou tempo mais cedo, corresponde a uma estimativa de tempo requerido se tudo ocorrer excepcionalmente bem.
- **Tempo mais provável**: corresponde a uma estimativa de tempo que o elaborador do projeto acredita ser realmente necessário para executá-lo.
- **Tempo pessimista**: ou tempo mais tarde, corresponde a uma estimativa baseada na presunção de que todo o imprevisível poderá ocorrer, em um panorama de má sorte.

Essas três estimativas são geralmente incluídas porque é muito difícil estimar o tempo exato de cada atividade. Alguns autores propõem que se tire a média aritmética ou ponderada, conforme o caso. Feitas as estimativas de tempo, o passo seguinte é o cálculo do "caminho crítico", ou seja, da sequência de eventos que consome o maior tempo possível do programa e que envolve, por essa razão, a menor folga de tempo. O caminho crítico condiciona – pela sua extensão maior de tempo – a duração de todo o projeto ou programa, devendo ser o mais vigiado e controlado de todos os aspectos do PERT.

Quadro 7.4 Quadro preparatório para a elaboração do gráfico PERT

Evento (nº)	Evento (descrição)	Tempo (dias)	Evento (pré-requisito)	Tempo otimista		Tempo pessimista		Folga
				Início	Fim	Início	Fim	
1.	Obter informação sobre produto e fabricação.	5		1	5	1	5	0
2.	Preparar planos e orçamentos de fabricação.	20	1	6	25	6	25	0
3.	Montar equipamento e ferramentas de produção.	25	2	26	50	26	50	0
4.	Preparar local de produção.	13	3	51	63	51	63	0
5.	Comprar materiais e componentes de produção.	4	3	26	29	42	45	16

(continua)

(continuação)

Evento (nº)	Evento (descrição)	Tempo (dias)	Evento (pré-requisito)	Tempo otimista		Tempo pessimista		Folga
				Início	Fim	Início	Fim	
6.	Receber materiais e componentes.	20	5	30	49	46	65	16
7.	Admitir ou transferir pessoal.	10	2	26	35	54	63	28
8.	Treinar pessoal.	2	4 e 7	64	65	64	65	0
9.	Produzir primeiras unidades.	1	6 e 8	66	66	66	66	0
10.	Corrigir operações de produção.	5	9	67	71	67	71	0
11.	Atingir plena produção.	8	10	72	79	72	79	0

O Quadro 7.4, disposto em um diagrama PERT, pode ser visualizado na Figura 7.15.

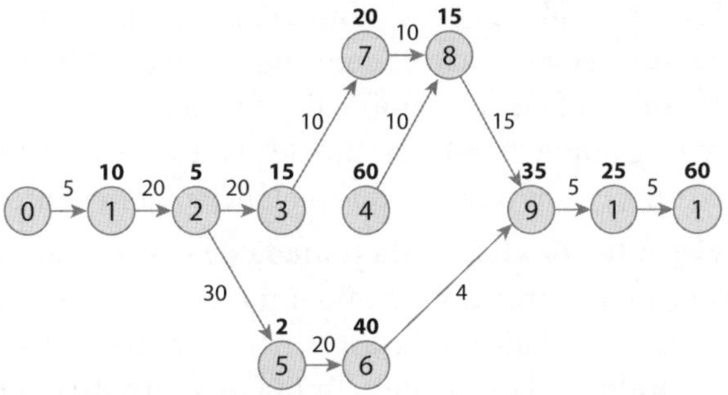

Figura 7.15 Diagrama PERT para introdução de nova linha de produtos.

O PERT permite um esquema de controle e avaliação dos programas e dos projetos, pois o administrador pode avaliar o progresso feito em comparação com os padrões de tempo predeterminados. Se houver algum desvio, auxilia o administrador a localizar quando e onde deve ser aplicada alguma ação corretiva. Embora o PERT não possa impedir erros, atrasos, mudanças ou eventos imprevistos, ele dá margem a ações corretivas imediatas.

7.3.8 Princípios de Administração aplicados ao planejamento

Dentro da sua abordagem prescritiva e normativa típica, os autores neoclássicos defendem a aplicação de princípios universais que devem nortear o planejamento. Esses princípios referem-se à "melhor maneira" de se fazer o planejamento. Dois princípios se sobressaem dentre os inúmeros princípios de planejamento:

- **Princípio da definição do objetivo**: o planejamento começa logo após a determinação da ideia do que se pretende realizar ou da fixação do objetivo que se pretende alcançar. É montado em função dessa ideia ou objetivo. A finalidade do planejamento é determinar o que, como e quando se alcançará a ideia ou o objetivo. Em primeiro plano, deve-se estabelecer, de forma clara, os objetivos que se pretende alcançar.
- **Princípio de flexibilidade do planejamento**: o planejamento é permanente e aplicável tanto para atividades que ainda não estão em funcionamento quanto para as que já estão funcionando. Deve ter certa flexibilidade, porquanto a sua execução poderá mostrar certos problemas ou defeitos imprevistos que poderão ser corrigidos no decorrer de sua implementação. As datas, os programas, a articulação das unidades envolvidas e a distribuição das tarefas deverão ser elásticos para permitir flexibilidade de ajustamento às situações futuras e não previstas.

7.3.9 Características do planejamento

Estas são as principais características do planejamento:

1. **O planejamento é um processo permanente e contínuo**: não se esgota em um único plano de ação, mas é realizado continuamente na empresa. Para alguns autores, o planejamento é muito mais uma questão de mentalidade voltada para o futuro do que um elenco de planos e programas de ação.

- **O planejamento é sempre voltado para o futuro**: o planejamento está relacionado intimamente com a previsão, embora não se confunda com ela. Na prática, o planejamento é uma relação entre coisas a fazer e o tempo disponível para tanto. O aspecto de temporalidade e de futuro está implícito no conceito de planejamento. Como o passado se foi e o presente está andando, é com o futuro que o planejamento se preocupa.
- **O planejamento visa à racionalidade da tomada de decisão**: ao estabelecer esquemas para o futuro, o planejamento funciona como um meio de orientar o processo decisório para dar-lhe maior racionalidade e subtrair a incerteza inerente a qualquer tomada de decisão. Em certo sentido, o planejamento limita as alternativas de decisão e retira razoável parcela de liberdade para decidir, mas, em compensação, imprime maior dose de segurança e de consistência nas escolhas feitas.
- **O planejamento visa selecionar um curso específico de ação entre várias alternativas**: o planejamento constitui um curso de ação escolhido dentre as várias alternativas de caminhos potenciais. Quando se escolhe um curso de ação que prossegue no tempo, as demais alternativas são rejeitadas por algum motivo ou razão. O curso de ação selecionado pode ter duração imensamente variável - curto, médio ou longo prazo - e amplitude imensamente variável - abrangendo desde a empresa como um todo até uma específica unidade de trabalho -, mas a sua escolha sempre deve ser baseada tanto em função das consequências futuras quanto em função das possibilidades de sua execução e realização.
- **O planejamento é sistêmico**: o planejamento deve considerar tanto o sistema quanto os subsistemas que o compõem. Deve abranger a organização como um todo (se o planejamento for feito em nível institucional) ou a unidade como um todo (se for feito em nível

intermediário). Isso significa que o planejamento deve considerar a totalidade da empresa, do órgão ou da unidade para o qual foi feito, sem omitir as relações internas e externas.

- **O planejamento é iterativo**: ele envolve passos ou fases que se sucedem. É um processo que faz parte de um processo maior, que é o processo administrativo. Como o planejamento projeta-se para o futuro, ele deve ser suficientemente flexível para aceitar ajustamentos e correções à medida que for sendo executado. Em outros termos, o planejamento deve ser iterativo, pois pressupõe avanços e recuos, alterações e modificações tendo em vista os eventos novos e inesperados que ocorrem tanto no ambiente interno quanto no ambiente externo da empresa ou da unidade.
- **O planejamento é uma técnica de alocação de recursos**: pois visa à definição, ao dimensionamento e à alocação dos recursos humanos e não humanos da empresa ou da unidade, de forma antecipadamente estudada e decidida.
- **O planejamento é uma técnica cíclica**: à medida que o planejamento é executado e realizado, ele passa a ser uma realidade. O planejado passa a ser o realizado. Conforme vai sendo executado e realizado, o planejamento permite condições de avaliação e mensuração para novos planejamentos, com informações e perspectivas mais seguras e corretas. Ele vai gradativamente reduzindo a incerteza e aumentando a informação disponível.
- **O planejamento é uma função administrativa que interage com as demais**: está intimamente relacionado com as outras funções administrativas, como organização, direção e controle, influenciando e sendo influenciado por todas elas.
- **O planejamento é uma técnica de coordenação e integração**: permite o entrosamento das várias atividades envolvidas no sentido da realização dos objetivos desejados. Para tanto, é necessário que as diversas atividades dos diferentes órgãos ou unidades sejam integradas, sincronizadas e coordenadas para a consecução dos objetivos finais. O planejamento permite essa coordenação e integração.
- **O planejamento é uma técnica de mudança e de inovação**: constitui uma das melhores maneiras de se introduzir deliberadamente mudança e inovação em uma empresa, sob uma forma previamente definida e escolhida, e devidamente programada para o futuro.

PARA REFLEXÃO

O futuro da Auditec

Ao assumir o comando da Auditec, Fernando Rezende, o novo presidente, deparou-se com o problema de planejar o futuro da empresa. Seus antecessores haviam evitado encarar o planejamento global, seja por pouca visão dos eventos futuros, seja por medo de enfrentar muitos dados e informações. Com seu espírito prático e pragmático, Fernando pretende adotar uma postura proativa: definir onde a empresa pode chegar e planejar o caminho para chegar lá. Sua primeira ideia foi convocar uma reunião da diretoria. O que Fernando deveria fazer? Como?

No processo administrativo, após o planejamento vem a organização.

7.4 ORGANIZAÇÃO

A palavra *organização* pode assumir vários significados:

- **Organização como uma entidade social**: é a organização social deliberadamente estruturada para alcançar objetivos específicos. A organização é uma entidade social porque é constituída de pessoas. É dirigida para objetivos porque é desenhada para alcançar resultados – como gerar lucros (empresas em geral), proporcionar satisfação social (clubes) etc. É deliberadamente estruturada pelo fato de o trabalho ser dividido e seu desempenho atribuído aos membros da organização. A organização significa um empreendimento humano moldado intencionalmente para atingir determinados objetivos. Essa definição se aplica a todos os tipos de organizações, sejam elas lucrativas ou não, como empresas, bancos, financeiras, hospitais, clubes, igrejas, governo etc.
  O conceito de organização pode ser visualizado sob dois aspectos:
  - **Organização formal**: é a organização baseada na divisão de trabalho racional que especializa órgãos e pessoas em determinadas atividades. É a organização planejada ou definida no organograma, sacramentada pela direção e comunicada a todos por meio dos manuais de organização. É a organização formalizada oficialmente.
  - **Organização informal**: é a organização que emerge espontânea e naturalmente entre as pessoas que ocupam posições na organização formal e a partir dos relacionamentos humanos como ocupantes de cargos. Forma-se a partir das relações de amizade (ou antagonismos) e do surgimento de grupos informais que não aparecem no organograma ou em qualquer outro documento formal.
  - **Organização como função administrativa e parte integrante do processo administrativo:** nesse sentido, organização significa o ato de organizar, estruturar, alinhar e integrar os recursos e órgãos incumbidos de sua Administração e estabelecer suas atribuições e relações entre eles.

Trataremos aqui da organização do segundo ponto de vista, como a função administrativa que depende do planejamento e antecede a direção e o controle para formar o processo administrativo (Figura 7.16).

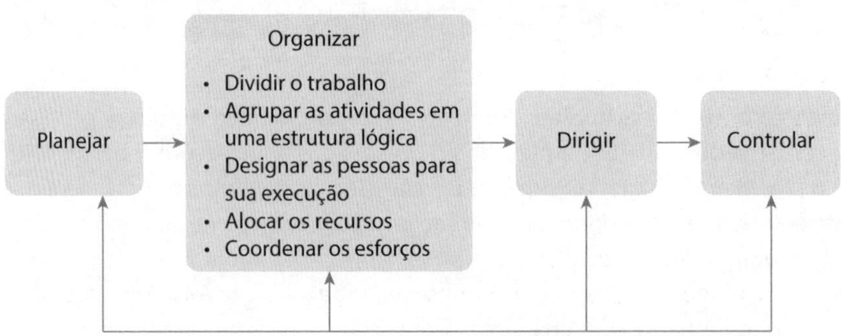

Figura 7.16 A função de organizar dentro do processo administrativo.

Para os neoclássicos, organizar consiste basicamente em cinco etapas:

1. Dividir o trabalho, ou seja, determinar as atividades específicas necessárias para o alcance dos objetivos planejados (especialização).
2. Agrupar as atividades em uma estrutura lógica, alinhada e integrada (departamentalização).
3. Designar as atividades às específicas posições e pessoas (definir cargos e tarefas).
4. Distribuir e alocar os recursos necessários.
5. Coordenar e integrar todos os esforços envolvidos.

SAIBA MAIS **Administrador como um organizador**

Dentro dos moldes clássicos e neoclássicos, após o planejamento, segue-se a função de organização. Para que os objetivos possam ser alcançados, os planos executados e as pessoas possam trabalhar eficientemente, as atividades precisam ser agrupadas e estruturadas de maneira lógica, e a autoridade precisa ser distribuída de modo a evitar conflitos e confusões. A organização prepara as bases para a execução do que foi planejado.

Sobre a abrangência da organização, ela pode ser estruturada em três níveis diferentes (Quadro 7.5):

1. **Organização ao nível global**: abrange a empresa como uma totalidade. Consiste no desenho ou estrutura organizacional da empresa. Os tipos de organização serão estudados mais adiante.
2. **Organização ao nível departamental**: é a organização que abrange cada área ou departamento. Consiste no desenho departamental ou departamentalização. Os tipos de departamentalização serão estudados mais adiante.
3. **Organização ao nível das tarefas e operações**: é a organização do trabalho que focaliza cada tarefa, atividade ou operação. Consiste no desenho de cargos ou tarefas que é feito por meio da descrição e da análise de cargos.

Quadro 7.5 Os três níveis de organização

Níveis de organização	Tipos de desenho	Conteúdo	Resultante
Estratégico	Desenho organizacional	A empresa como totalidade	Tipos de organização
Tático	Desenho departamental	Cada departamento isolado	Tipos de departamentalização
Operacional	Desenho de cargos e tarefas	Cada tarefa ou operação	Análise e descrição de cargos

7.4.1 Componentes da organização

Allen, um autor clássico ortodoxo, define a organização formal como:

> [...] um sistema de tarefas bem definidas, cada uma das quais tem em si uma quantidade específica de autoridade, responsabilidade e obrigação de prestar contas; este conjunto de elementos é colocado sob forma consciente e minuciosa para permitir aos responsáveis da empresa trabalharem juntos mais efetivamente, a fim de obter a realização de seus objetivos. A organização formal caracteriza-se por estar bem definida, ter uma delegação adequadamente limitada e possuir uma relativa estabilidade. A organização formal é uma estrutura mais ou menos arbitrária, à qual o indivíduo deve ajustar-se, recebendo ordens e instruções específicas e trabalhando cooperativamente com as outras pessoas. A organização formal facilita a definição de objetivos e de políticas; é uma forma de organização relativamente fixa e predeterminada, o que permite à empresa prognosticar seu futuro e seus prováveis lucros. Sem uma base organizacional e constante, não se poderia confiar nos prognósticos.[6]

Para os neoclássicos, a organização é um conceito básico da Administração: ela agrupa e estrutura todos os recursos – sejam humanos, sejam não humanos – para atingir os objetivos predeterminados. De todos os recursos da empresa, o elemento humano é o mais importante. Por meio da organização, as pessoas são agrupadas para melhor realizar tarefas inter-relacionadas e para melhor poderem trabalhar em conjunto. A organização existe porque o trabalho a ser feito é demasiado grande e complexo para uma única pessoa executar. Daí a necessidade de muitas pessoas e auxiliares, o que leva a um novo problema: o de se conseguir adequada coordenação entre as pessoas.

A função de organizar envolve quatro componentes:[7]

- **Tarefas**: o trabalho realizado em uma empresa é fragmentado por um processo de divisão do trabalho que provoca a especialização de atividades e funções. As funções organizacionais são subdivididas em tarefas.
- **Pessoas**: cada pessoa é designada para ocupar um cargo, que é uma parte específica do trabalho global. Essa designação deve considerar habilidades, aptidões, interesses, experiência e o comportamento de cada pessoa. Cada pessoa é ocupante de um cargo na organização formal.
- **Órgãos**: as tarefas e as pessoas devem ser agrupadas em órgãos, como divisões, departamentos ou unidades da organização. À medida que envolvem características ou objetivos similares, os órgãos passam a ser dispostos em níveis hierárquicos e em áreas de atividades. Em função da ligação direta ou indireta com os objetivos da empresa, passam a existir os órgãos de linha e de *staff*.
- **Relações**: os relacionamentos constituem o conceito talvez mais importante dentro da organização. A preocupação dos autores neoclássicos focalizou inicialmente as relações entre os órgãos componentes da organização e entre as pessoas com relação ao seu trabalho. Posteriormente, essa preocupação estendeu-se para outros aspectos, como relacionamento entre uma pessoa e seu trabalho, entre uma pessoa e outras situadas em setores diferentes da empresa, relacionamento informal entre os participantes em situações fora do trabalho etc.

7.4.2 Princípios de Administração aplicados à organização

Os princípios gerais de Administração aplicados à função de organizar pelos autores neoclássicos são:

- **Princípio da especialização**: para a Teoria Neoclássica, a concentração dos esforços em campos limitados permite incrementar a qualidade e a quantidade de produção. Simplificando as tarefas, atribuindo a cada posto de trabalho tarefas simples que requeiram pouca experiência e conhecimentos prévios escassos, pode-se diminuir o período de aprendizagem, facilitar a substituição de pessoas por outras, o que permite melhorias de métodos, aumento da produtividade e diminuição dos custos. A especialização do trabalho é decorrente da divisão do trabalho. Constitui a característica básica de toda atividade organizada e foi o ponto de partida de Taylor na busca da eficiência.
  A especialização pode ocorrer em dois sentidos na organização: horizontal e vertical. Essas duas formas de especialização devem estar evidenciadas no organograma.
  - **Especialização horizontal**: a organização cria e estimula a especialização, fazendo com que se desenvolvam determinadas zonas de atribuições específicas. A especialização horizontal ocorre à medida que o desenvolvimento de um órgão faz com que ele cresça e se divida em outros órgãos paralelos e no mesmo nível para aumentar a sua perícia no desempenho de cada atividade. Com a especialização horizontal, há um desdobramento de órgãos no mesmo nível. É a chamada departamentalização.
  - **Especialização vertical**: é a diferenciação da hierarquia e um desdobramento da autoridade. É também denominada processo escalar, pois se refere ao crescimento da cadeia de comando. A especialização vertical caracteriza-se pelo crescimento vertical do organograma, isto é, pelo aumento do número de níveis hierárquicos.
- **Princípio da definição funcional**: o conteúdo de cada cargo e as relações formais entre seus ocupantes devem ser claramente definidos por escrito. Os deveres, as atribuições, a autoridade e as relações de cada pessoa devem estar situados no organograma e definidos de maneira clara por meio da descrição de cargos. Descrição de cargos é a relação de tarefas de um cargo, definindo sua subordinação, autoridade atribuída ao seu ocupante e responsabilidades envolvidas.
- **Princípio da paridade da responsabilidade e autoridade**: a autoridade é o poder de dar ordens e instruções, e a responsabilidade é a obrigação de cumpri-las. O princípio da paridade salienta que a autoridade atribuída a uma posição ou pessoa deve corresponder à sua responsabilidade. Essa correspondência entre o volume de responsabilidade e o de autoridade é necessária para evitar responsabilizar subordinados por certos deveres sem que esses tenham a necessária autoridade. Ou, em caso contrário, dar-se demasiada autoridade por muito pouca responsabilidade.[8]
- A responsabilidade pode ser delegada.[9] A delegação é uma atribuição a alguém, é uma obrigação devida ao ocupante da posição. O administrador pode transferir responsabilidades para seus subordinados, mas não se livra delas, pois responde subsidiariamente por elas. O presidente eleito não pode isentar-se da total responsabilidade pela direção da empresa por tê-la entregue à sua equipe de gerentes: apesar de tudo, é o responsável pela empresa, em nível mais elevado.
- Por outro lado, a autoridade significa o poder, em qualquer nível, de tomar decisão no campo de sua especialidade. Somente os assuntos que a limitação de autoridade impede de decidir devem ser levados à instância superior.

- Daí o princípio de paridade: a cada responsabilidade deve corresponder uma autoridade que permita realizá-la, e a cada autoridade deve corresponder uma responsabilidade que lhe dê conteúdo e objetivo.
- **Princípio das funções de *staff* e de linha**: é preciso definir, da forma mais clara possível, não só a quantidade de autoridade delegada, mas igualmente a qualidade ou natureza dessa autoridade. Esse princípio leva a estabelecer uma distinção entre funções de *staff* e de linha dentro da organização. As funções de linha estão diretamente ligadas aos objetivos da empresa ou do departamento, enquanto as funções de *staff* não se encontram diretamente ligadas àqueles objetivos. O critério de distinção é o relacionamento direto ou indireto com os objetivos globais.
- **Princípio escalar**: refere-se à cadeia de relações diretas de autoridade de um superior para um subordinado em toda a organização. A autoridade máxima deve ser sempre fixada na cúpula, e deve haver uma linha bem definida de comunicação ligando-a a qualquer outra posição na organização. O princípio escalar salienta que cada subordinado deve saber exatamente quem lhe delega autoridade e a quem deve se dirigir quanto a assuntos que fujam de sua alçada de autoridade.[10]

7.4.3 Técnicas relacionadas com a organização

Alguns aspectos da organização formal são mais bem visualizados e compreendidos por meio de gráficos. Os gráficos podem referir-se a aspectos globais ou parciais da estrutura organizacional e recebem o nome de organogramas ou gráficos de organização. Podem também se referir a procedimentos ou rotinas de trabalho e recebem o nome de fluxogramas ou gráficos de fluxo ou sequência de operação. Enquanto os organogramas são gráficos estáticos, os fluxogramas são gráficos que demonstram a dinâmica e a movimentação das operações.

- **Organograma**: é o gráfico que representa a estrutura formal da empresa, definindo claramente os seguintes aspectos:
  - estrutura hierárquica contendo os diversos níveis da organização;
  - órgãos que compõem a estrutura formal;
  - canais de comunicação que interligam os órgãos;
  - cargos que compõem os órgãos.

  O organograma permite a visualização da estrutura da organização de forma simples e direta. Ele é estático por definição, sendo uma espécie de retrato do esqueleto organizacional da empresa. Não costuma conter nenhuma descrição de cargos ou atribuições dos ocupantes dos cargos.

  O organograma é constituído de retângulos (ou quadrados ou círculos) interligados por linhas horizontais e verticais. Os retângulos representam os órgãos (ou cargos) da organização, enquanto as linhas representam os canais de comunicação ou relações funcionais ou formais. Quando representam comunicações descendentes entre níveis diferentes (de cima para baixo), os canais de comunicação indicam autoridade, e quando representam comunicações ascendentes (de baixo para cima), indicam responsabilidade. As relações de autoridade podem ser apresentadas de três maneiras diferentes no organograma (Figura 7.17):

- **Autoridade de linha**: confere ao superior o direito de dar ordens diretas a seus subordinados e de delegar parte de sua autoridade diretamente.
- **Autoridade de assessoria ou de *staff***: quando um cargo ou órgão recebe poderes para fazer pesquisas, levantamentos e trabalhos em áreas específicas; ou ainda quando tem atribuição de prestar consultoria ou aconselhamento sobre determinados assuntos. A autoridade de assessoria não atua por meio de ordens diretas sobre os níveis inferiores, pois somente assessora o superior hierárquico.
- **Autoridade funcional**: permite a um cargo ou órgão atuar sobre elementos não ligados diretamente a ele, apenas em relação a assuntos específicos à sua função na organização. O órgão que cuida do pessoal (departamento de RH) pode atuar sobre qualquer indivíduo da empresa na área específica de suas atribuições. Da mesma forma, um departamento de sistemas e métodos poderá atuar funcionalmente sobre a linha de produção, quando se trata de introduzir alguma modificação nessa linha. As modificações propostas pelo órgão que tem autoridade funcional devem ser aprovadas previamente pelo órgão de linha superior hierárquico do órgão a ser modificado.

A elaboração de um organograma requer alguns cuidados:

- Manter a maior simplicidade possível e evitar cruzamentos excessivos de linhas.
- Órgãos (ou cargos) do mesmo nível hierárquico deverão ter nomes equivalentes ou que indiquem aquele nível hierárquico.
- Órgãos auxiliares ou de assessoria deverão ficar justapostos ao órgão principal respectivo.

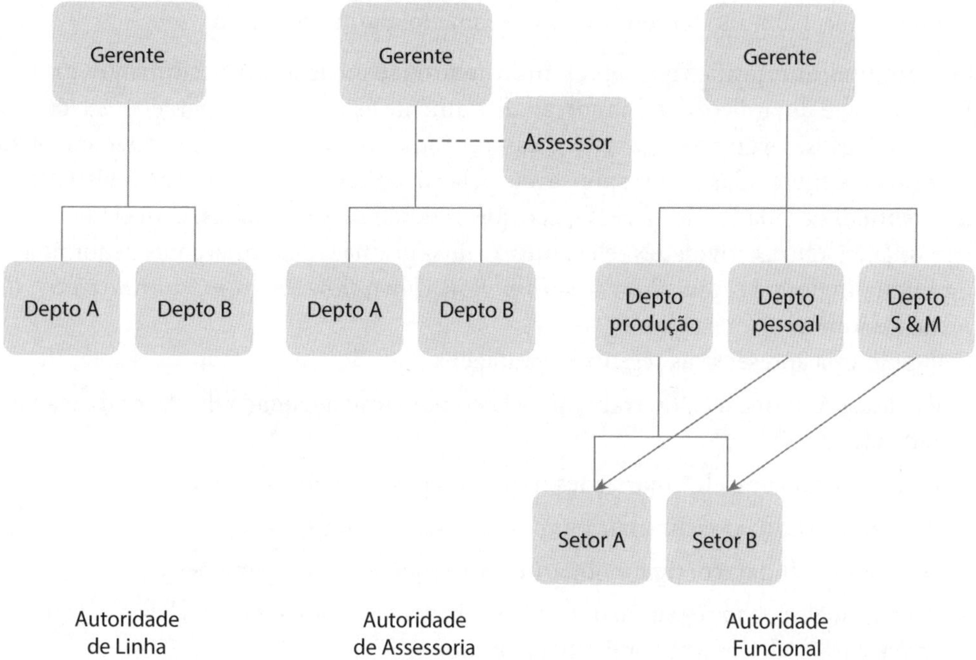

Figura 7.17 Autoridade linear, autoridade de assessoria e autoridade funcional.

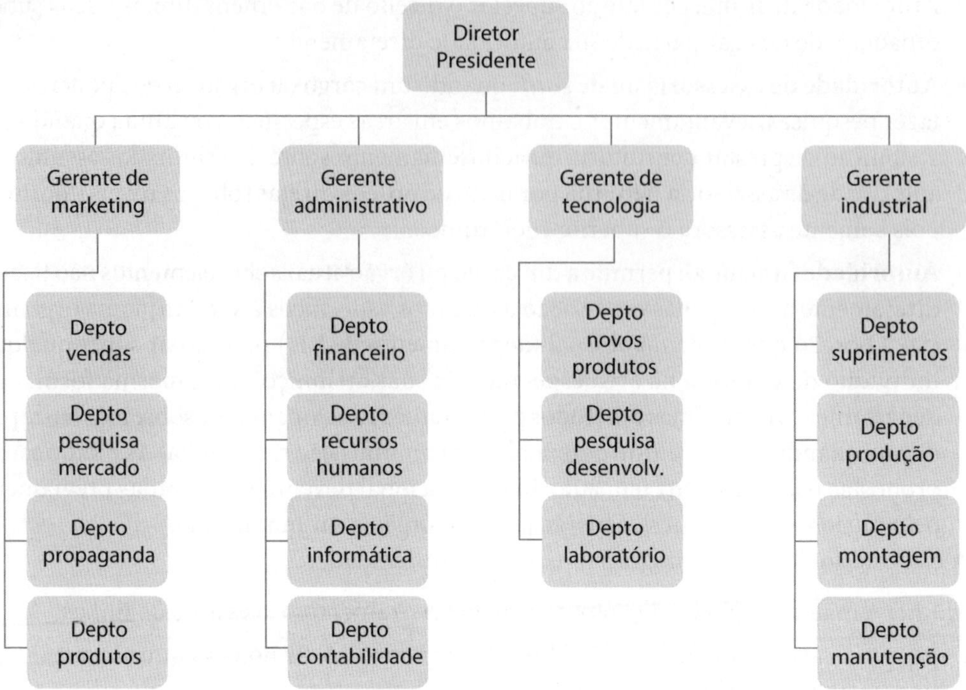

Figura 7.18 Exemplo de organograma clássico.

Acontece que, há muito tempo, o organograma foi parar no museu.

- **Fluxograma**: é um gráfico que representa o fluxo ou sequência de procedimentos e rotinas. É descritivo e dinâmico, detalhando analiticamente as tarefas ou operações executadas, seja por órgãos, seja por ocupantes de cargos. Indica a sequência do processo envolvido, as unidades envolvidas e os responsáveis pela sua execução, permitindo a visualização de eventuais atividades desnecessárias, que poderão ser abreviadas, canceladas ou distribuídas em outras atividades relevantes. O fluxograma recebe diferentes denominações na língua inglesa: *process chart diagram*, *flow chart*, *flow diagram*, *routine chart*, *flow process* e *work chart*.

  O fluxograma apresenta as seguintes vantagens:

  - Facilita a simplificação do trabalho pela combinação adequada das fases ou etapas de cada tarefa.
  - Permite localizar e eliminar ações inúteis ou desnecessárias.
  - Possibilita localizar e eliminar os contatos desnecessários.
  - Possibilita estudar, corrigir e obter melhor sequência das operações.
  - Permite melhor compreensão das ordens e instruções, pois o pessoal fica ciente de onde vem e para onde vai o seu trabalho, e porque ele é realizado.

  Há três tipos principais de fluxograma, a saber: o fluxograma vertical, o fluxograma horizontal e o fluxograma de blocos. De forma geral, os diferentes tipos de fluxogramas possuem os seguintes aspectos em comum:

- Representam as operações necessárias a uma tarefa ou atividade.
- Representam as ligações entre as unidades de trabalho.
- Representam a sequência do trabalho dentro de cada unidade.

a) Fluxograma vertical ou gráfico de análise do processo

O fluxograma vertical – também chamado de gráfico de análise de processo – possui duas grandes vantagens. A primeira delas é que pode ser desenhado e impresso num formulário padronizado, o que permite a sua utilização por qualquer funcionário, que pode preenchê-lo com facilidade, consultando as listas de atividades ou tarefas. A segunda vantagem consiste na rapidez em sua elaboração, pois os símbolos e convenções universais já se encontram impressos.

O fluxograma é um gráfico destinado à representação de rotinas simples dentro de uma unidade administrativa ou de um centro de produção. É um gráfico de dupla entrada. Nas colunas verticais, são colocados, respectivamente, os símbolos convencionais de operação, transporte, parada e inspeção; o número das fases ou etapas, que corresponde à sequência das tarefas; a descrição de cada fase ou etapa; e até mesmo a distância do percurso de cada etapa e o seu tempo médio de execução.

Para a elaboração do fluxograma, são adotadas algumas convenções que podem variar, mas que são aceitas universalmente, conforme podemos ver na Figura 7.19.

Símbolos | Significado

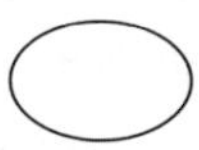

O círculo significa uma *operação* (uma etapa ou subdivisão do processo). Uma operação é realizada quando algo é criado, alterado, acrescentado ou subtraído. Ex.: emissão de um documento, grampeamento de vias de um formulário, anotação de um registro, aposição de uma assinatura.

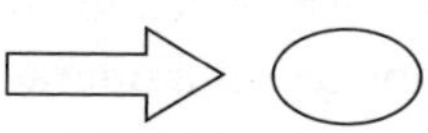

A seta ou círculo correspondem a um *transporte* ou tarefa de levar algo de um local para outro. Ocorre quando um objeto, uma mensagem ou um documento é movimentado de um lugar para outro.

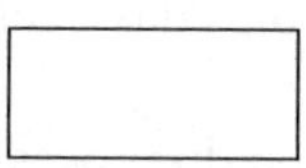

O quadrado significa uma *inspeção, verificação ou controle*, seja de quantidade ou de qualidade. É a verificação ou fiscalização sem que haja realização de operações. Ex.: conferência de um documento, verificação de alguma assinatura.

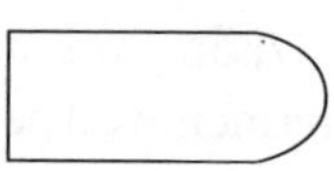

A letra *d* representa uma *demora* ou *atraso*, seja por congestionamento, por distância ou por espera de alguma providência qualquer por parte de outra pessoa. Significa uma espera ou um aprazamento por agenda ou a chegada de alguma coisa de quem se dependa para prosseguir o processo.

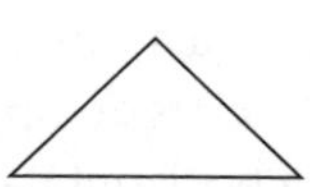

O triângulo representa uma parada quase definitiva ou muito prolongada. Pode ser uma *armazenagem* (quando se tratar de materiais) ou um *arquivamento* (quando se tratar de documento).

Figura 7.19 Símbolos do fluxograma vertical.

Pode-se complementar essas convenções colocando números dentro dos círculos, para individualizar cada operação, ou dos quadrados, para individualizar cada inspeção ou controle, bem como colocar dentro dos triângulos as letras "T" (temporário) ou "D" (definitivo), para identificar a duração do armazenamento ou arquivamento.

Número das fases	Operação	Transporte	Parada	Verificação	Funcionário		Espaço	Tempo
1	○	○	△	■	A	Recebe o pedido escrito de material a confeccionar	0	2
2	○	●	△	□	A	Entrega o pedido verificado ao funcionário B	3	1
3	●	○	△	□	B	Executa o desenho	0	120
4	○	●	△	□	B	Entrega o trabalho a A	3	1
5	○	○	△	■	A	Verifica exatidão e rubrica	0	5
6	○	●	△	□	B	Entrega o material a C	1	1
7	○	●	△	□	C	Leva o material ao local designado	100	15
8	○	○	▲	□	C	Deixa o desenho e pede assinatura do pedido	0	3
9	○	●	△	□	C	Traz pedido assinado e o entrega a B	100	15
10	○	○	▲	□	B	Arquiva o pedido	0	1
	1	5	2	2		**TOTAL**	207	164

FUNCIONÁRIOS: A – Professor / B – Desenhista / C – Mensageiro

Figura 7.20 Fluxograma vertical de uma rotina de pedidos e confecção de material audiovisual.

No fluxograma vertical da Figura 7.20, a rotina representada é constituída de dez fases, envolvendo três pessoas, demandando um tempo médio de 164 minutos e provocando uma movimentação de 207 metros. Os dez passos ou fases são constituídos de uma operação, cinco transportes (remessas ou envios), duas paradas para espera ou para arquivamento e duas verificações ou conferências. A linha que liga os diversos símbolos das operações mostra a sequência vertical do fluxograma.

No fluxograma vertical, a ênfase é colocada na sequência da rotina ou do processo que está sendo representado. A sua utilidade é enorme, principalmente na área de planejamento de métodos e procedimentos de trabalho. O fluxograma vertical é utilizado para montar procedimentos ou rotinas, para racionalizar o trabalho ou ajudar no treinamento do pessoal.

b) Fluxograma horizontal

No fluxograma horizontal, a sequência da rotina corre da esquerda para a direita, e os símbolos não são impressos e devem ser desenhados. Existem réguas especiais do tipo normógrafo em que os símbolos já se encontram recortados. O fluxograma horizontal é mais indicado para estudar em detalhe uma rotina complexa que envolve a participação de diversas unidades de trabalho. Dispõe de duas colunas para serem preenchidas: na coluna vertical são numeradas e descritas as diversas fases da rotina; e na coluna horizontal é indicada a participação dos diversos órgãos ou unidades de trabalho. Alguns fluxogramas horizontais dispõem também de uma coluna para o registro dos tempos de execução.

O fluxograma horizontal evidencia que a rotina realiza movimentos pouco racionais, voltando sucessivamente a locais ou aos órgãos já percorridos. Possibilita ainda a comparação da quantidade de trabalho de cada um dos órgãos envolvidos, bem como permite analisar a rotina nos seus pontos de estrangulamento ou congestionamento. O fluxograma horizontal pode utilizar os mesmos símbolos do fluxograma vertical. Enquanto o vertical enfatiza o processo em si, o horizontal enfatiza os órgãos ou as pessoas que participam do processo. É muito útil em procedimentos ou rotinas que envolvam muitos órgãos ou pessoas, pois permite visualizar a participação de cada um e comparar a distribuição das tarefas entre todos os envolvidos para possível racionalização ou redistribuição ou para facilitar os trabalhos de coordenação e integração.

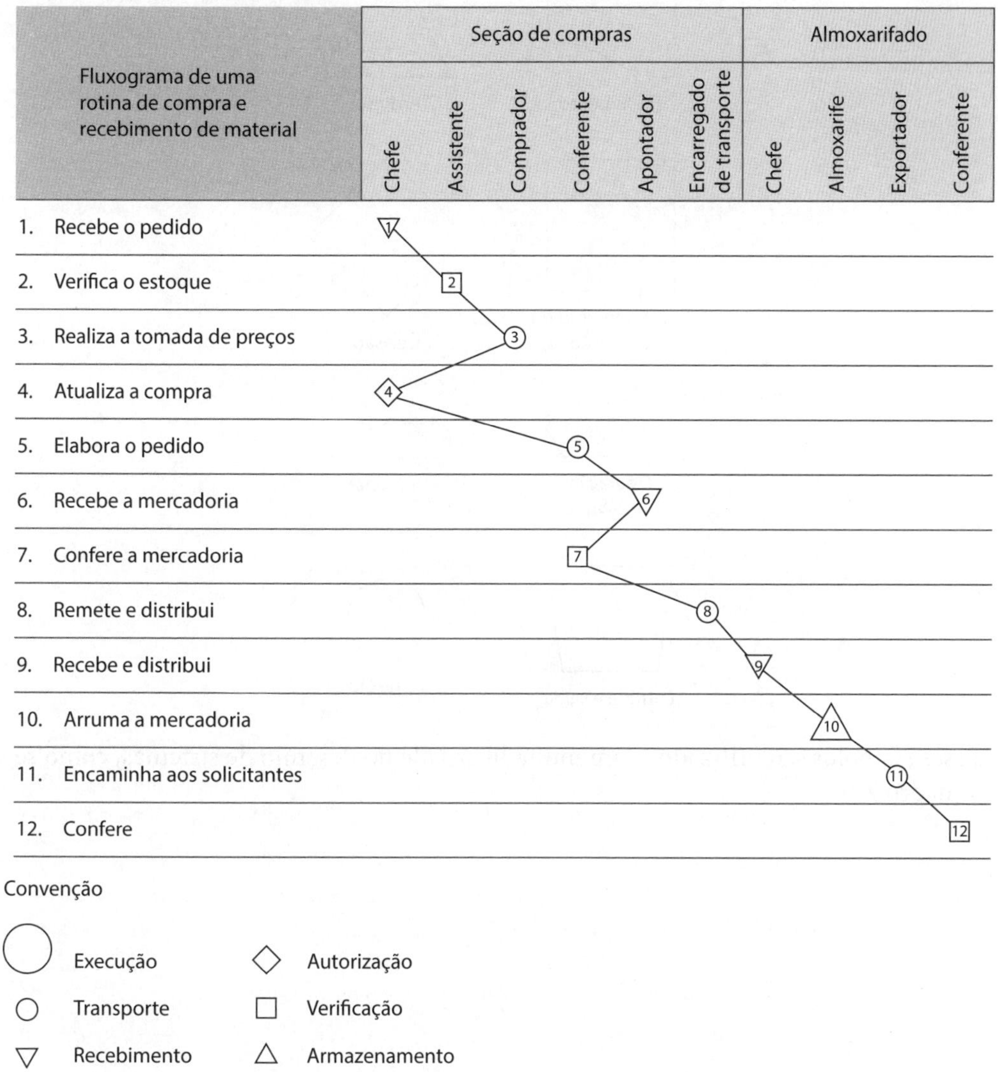

Figura 7.21 Fluxograma de uma rotina de compra e recebimento de material.

c) Fluxograma de blocos

O fluxograma de blocos baseia-se em uma sequência de blocos encadeados entre si, cada um com um significado, e apresenta duas vantagens sobre os fluxogramas vertical e horizontal: utiliza uma simbologia muito mais rica e variada, e não se restringe a linhas e colunas preestabelecidas no gráfico. É utilizado por analistas de sistemas para representar graficamente as entradas, as operações e os processos, as saídas, as conexões, os arquivamentos etc., que constituem o fluxo ou a sequência de um processo ou das atividades de um sistema.

Quadro 7.6 Símbolos do fluxograma de blocos

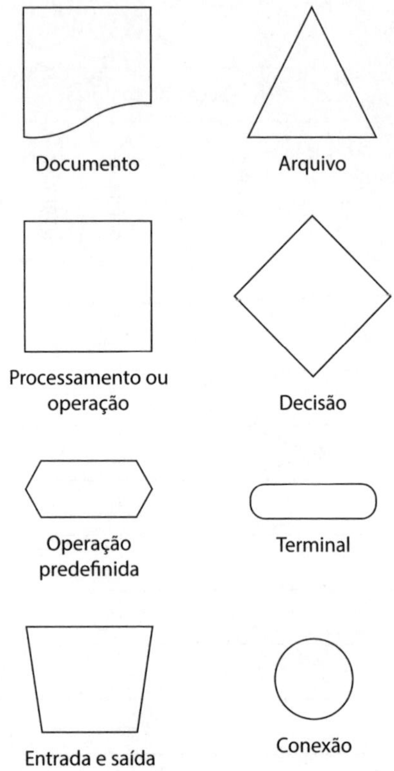

Esses símbolos são utilizados com muita liberdade no desenho de sistemas, como se vê no Quadro 7.7.

Quadro 7.7 Fluxograma de blocos: requisição de um novo empregado

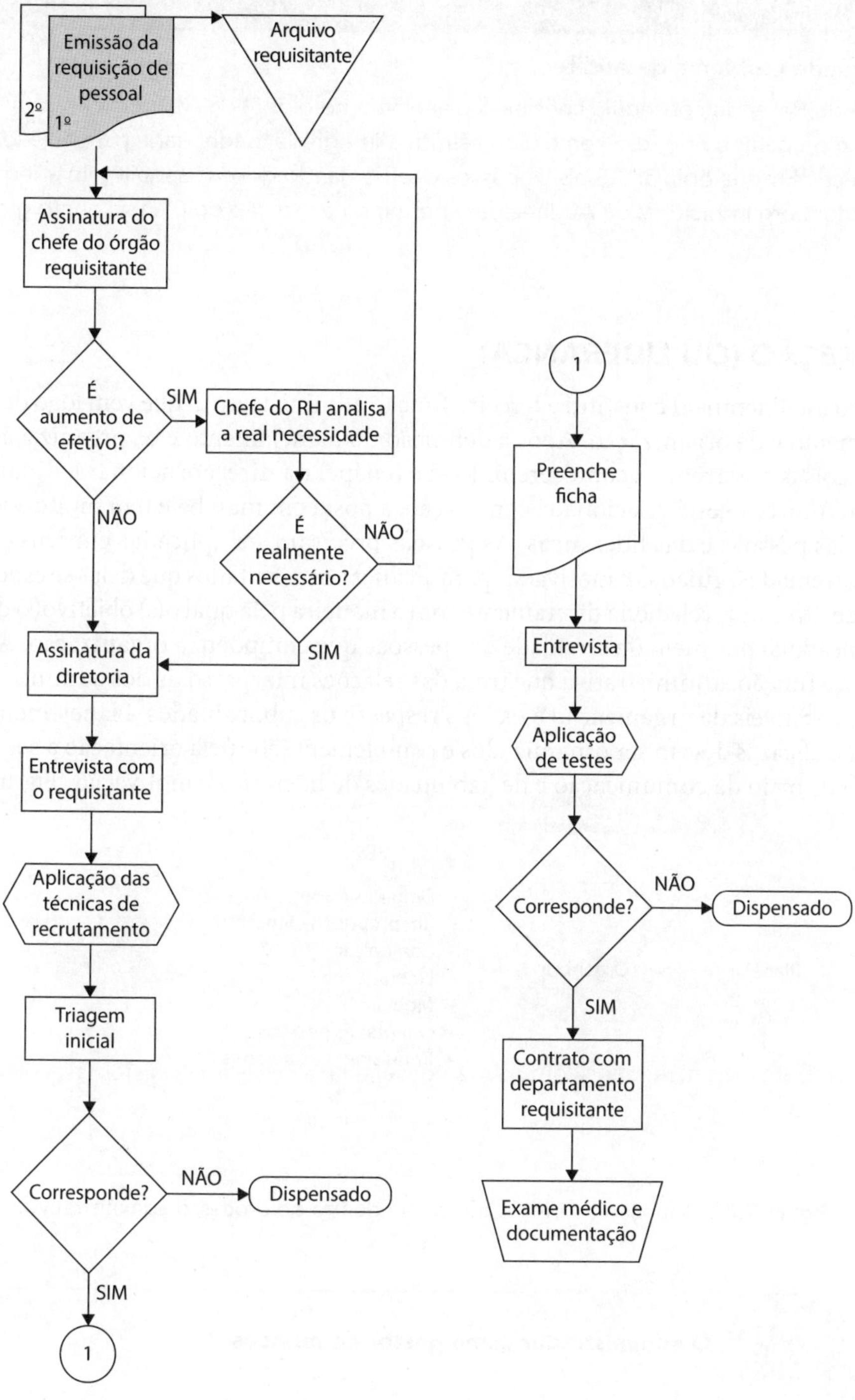

PARA REFLEXÃO

O segundo problema da Auditec

Fernando Rezende conseguiu concluir o planejamento global da Auditec. O segundo passo é preparar a empresa como uma estrutura integrada e adequada para fazê-lo acontecer. Em sua opinião, quais os passos que Fernando deveria seguir para adequar a estrutura organizacional da Auditec para permitir a execução do planejamento global?

7.5 DIREÇÃO (OU LIDERANÇA)

A direção (ou liderança) constitui a terceira função administrativa, que vem logo depois do planejamento e da organização. Após a definição do planejamento e da organização, resta fazer as coisas andarem e acontecerem. Esse é o papel da direção: acionar e dinamizar a empresa. A direção está relacionada com a ação, a posta em marcha e tem muito a ver com o papel das pessoas e das lideranças. As pessoas precisam ser aplicadas em seus cargos e funções, treinadas, guiadas e motivadas para alcançar os resultados que delas se esperam. A função de direção se relaciona diretamente com a maneira pela qual o(s) objetivo(s) deve(m) ser alcançado(s) por meio da atividade das pessoas que compõem a organização. Assim, a direção é a função administrativa que trata das relações interpessoais dos administradores em todos os níveis da organização e os seus respectivos subordinados. Planejamento e organização eficazes devem ser dinamizados e complementados pela orientação a ser dada às pessoas por meio da comunicação e de habilidades de liderança e motivação (Figura 7.22).

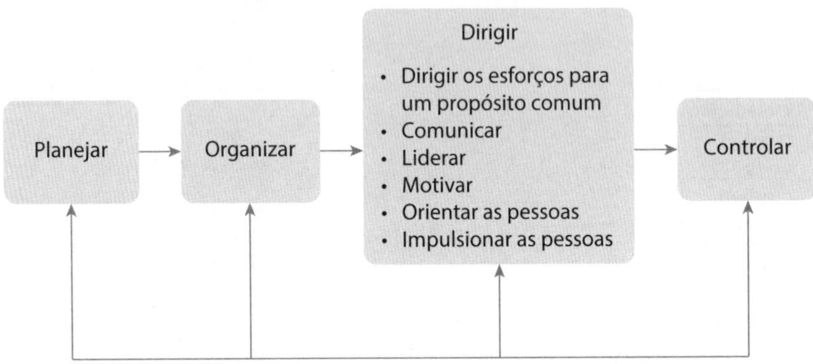

Figura 7.22 A função de dirigir (ou liderar) dentro do processo administrativo.

SAIBA MAIS **O administrador como gestor de pessoas**

Para dirigir os subordinados, o administrador – em qualquer nível da organização em que esteja situado – precisa lidar com pessoas para comunicar, liderar e motivar.

Como não existem empresas sem pessoas, a direção constitui a mais complexa função administrativa pelo fato de envolver orientação, assistência à execução, comunicação e motivação, por meio das quais os administradores preparam e influenciam seus subordinados para que se comportem dentro das expectativas e consigam alcançar os objetivos da organização.[11]

Dirigir significa interpretar os planos e dar todas as instruções sobre como executá-los para o alcance dos objetivos. Os diretores dirigem os gerentes, os gerentes dirigem os supervisores e os supervisores dirigem os funcionários ou operários. A direção pode ocorrer em três níveis (Quadro 7.8):

1. **Direção ao nível global**: abrange a organização como uma totalidade. É a direção propriamente dita. Cabe ao presidente da empresa e a cada diretor em sua respectiva área. Corresponde ao nível estratégico da organização.
2. **Direção ao nível departamental**: abrange cada departamento ou unidade da organização. É a gerência que envolve o pessoal do meio do campo, isto é, do meio do organograma. Corresponde ao nível tático da organização.
3. **Direção ao nível operacional**: abrange cada grupo de pessoas ou tarefas. É a supervisão que envolve o pessoal da base do organograma. Corresponde ao nível operacional da organização.

Quadro 7.8 Os três níveis de direção (ou liderança)

Níveis de organização	Níveis de direção	Cargos envolvidos	Abrangência
Estratégico	Direção	Diretores e altos executivos	A empresa ou áreas da empresa
Tático	Gerência	Gerentes e pessoal do meio do campo	Cada unidade ou departamento
Operacional	Supervisão	Supervisores e encarregados	Cada equipe ou grupo de tarefas

7.5.1 Autoridade e poder

Enquanto as demais funções administrativas – como planejamento, organização e controle – são impessoais, a direção é um processo interpessoal que determina relações com indivíduos e grupos.

Para que a empresa possa realizar o que foi planejado dentro do esquema que foi organizado, a fim de atingir seus objetivos, as pessoas devem ser dirigidas. E isso envolve um processo de influenciação das pessoas. A autoridade e o poder constituem meios de influência. Influência refere-se a qualquer comportamento de uma pessoa que altere o comportamento, as atitudes ou os sentimentos de outra pessoa. A influência pode ser feita por vários meios: pela persuasão, pela coação, por sanções, por recompensas etc. O poder significa o potencial para exercer influência. Uma pessoa pode ter poder para influenciar outras pessoas e nunca tê-lo feito.

A autoridade é o conceito mais controvertido. Seu significado é mais restrito e representa o poder institucionalizado. O termo *autoridade* refere-se ao poder que é inerente ao papel de uma posição na organização. A autoridade é delegada por meio de descrição de cargos, títulos organizacionais, políticas e procedimentos da empresa. A autoridade é a chave do processo administrativo e representa o poder legal ou o direito de comandar ou agir. É um conceito implícito no conceito de poder, o que não ocorre na recíproca: é um poder designado a uma pessoa, condição básica para que a autoridade possa impor-se.

A direção exige diferentes estratégias baseadas em diferentes tipos de poder. Cada tipo de poder envolve uma diferente relação entre a pessoa que exercita o poder e a pessoa sujeita ao poder. O poder, em sentido genérico, significa a capacidade de limitar as escolhas dos outros. Existem cinco tipos de poder (Quadro 7.9):[12]

- **Poder de recompensa**: é o tipo de poder baseado na percepção que uma pessoa ou grupo de pessoas tem a respeito da capacidade de outra pessoa ou grupo de proporcionar variados tipos e quantidades de recompensas. É o caso do superior que proporciona diferentes gratificações em dinheiro para diferentes níveis de desempenho de seus subordinados. Nas empresas, esse é provavelmente o mais importante tipo de poder usado para conseguir o controle.
- **Poder coercitivo**: é o tipo de poder baseado na percepção que uma pessoa ou grupo de pessoas tem a respeito da capacidade de outra pessoa ou grupo de administrar punições, como medidas disciplinares, advertências escritas, suspensões e demissões. O poder coercitivo tende a coagir e pressionar, criando uma reação de alienação, afastamento ou hostilidade agressiva das pessoas submetidas a ele. É um poder justificado pela Administração como um meio necessário para o cumprimento das ordens dadas para alcançar os objetivos organizacionais, porém seu uso excessivo, quando percebido pelas pessoas, serve para reduzir sua motivação quanto ao cumprimento das ordens.
- **Poder legitimado**: é o tipo de poder baseado em valores sociais sustentados por um indivíduo ou em valores organizacionais mantidos pelo processo de socialização. Ele existe quando uma pessoa ou grupo acredita que é correto ou legítimo para outra pessoa ou grupo influenciar as suas ações. Assim, a pessoa ou grupo acredita que deve aceitar a influência porque ela é justificável e legítima.
- **Poder de referência**: é o tipo de poder baseado no desejo de um indivíduo ou grupo de identificar-se ou ser semelhante a outra pessoa ou grupo que respeita e admira. O poder de referência baseia-se na identificação psicológica e na necessidade de reconhecimento por parte das pessoas influenciadas. Como o poder legitimado, essa forma de poder pode funcionar no nível do subconsciente das pessoas. Um gerente que define que se esforça para alcançar posições elevadas na empresa pode estar propenso ao controle por meio do poder de referência, por causa de sua forte identificação psicológica com seu superior e de sua necessidade de reconhecimento por parte dele.
- **Poder de perícia**: é o tipo de poder baseado na percepção de uma pessoa ou grupo a respeito do maior conhecimento, capacidade ou perícia de outra pessoa ou grupo e que os leva a seguirem esses. A perícia ou capacidade pode ser atribuída a algum indivíduo

em virtude de sua experiência, treinamento, liderança, reputação ou capacidade efetivamente demonstrada. Muitas posições nas empresas repousam sobre vários tipos de perícia e expertise.

Quadro 7.9 Tipos de poder[13]

Tipos de poder	Características
1. Poder de recompensa	Quando P tem capacidade de determinar as recompensas de O, ele tem poder de recompensa sobre O.
2. Poder coercitivo	Quando P tem capacidade de determinar as punições de O, ele tem poder coercitivo sobre O.
3. Poder legitimado	Quando O aceita um conjunto de normas sociais que dizem que ele deve aceitar a influência de P, P tem poder legitimado sobre O.
4. Poder de referência	Quando O deseja ser igual a P, ou se modela segundo P, P tem poder de referência sobre O.
5. Poder de perícia	Quando O percebe que P tem conhecimento especial de uma situação, P tem poder de perícia sobre O.

As organizações utilizam uma variedade de tipos de poder combinados em graus e que variam enormemente. A função da direção é lidar com as pessoas e orientar seu comportamento de acordo com as premissas da organização. Essa precisa, além de uma estrutura funcional ou operativa, de uma estrutura hierárquica, cuja missão é dirigir as operações de todos os outros níveis. Consequentemente, o dirigente é investido de poderes para contratar, despedir, punir ou recompensar seus subordinados e dirigir seu comportamento no sentido dos objetivos da organização. Para tanto, deve utilizar os tipos de poder conforme a situação. O segredo é saber dosar e equilibrar os tipos de poder para não bloquear as pessoas, pois do ponto de vista humano, uma estruturação hierárquica muito rígida pode levar as pessoas a uma dependência crescente, à passividade e à falta de iniciativa nos escalões inferiores.[14] O comportamento das pessoas nesses níveis pode reduzir-se à simples execução e à mera prática das ordens recebidas, se a direção não envolver as pessoas e fazê-las participar ativamente das decisões a respeito do alcance dos objetivos. Esse é o segredo dos dirigentes bem-sucedidos: obter o apoio e o comprometimento das pessoas e fazê-las trabalhar em equipe, dando-lhes força e autonomia. É o que chamamos hoje de *empowerment*: fortalecimento das pessoas e das equipes, dando-lhes maior liberdade e autonomia de trabalho.

7.5.2 Princípios gerais de Administração aplicados à direção

Os princípios gerais de Administração dos neoclássicos relacionados com a direção são:

- **Princípio da unidade de comando**: o princípio da unidade de comando – também denominado princípio da autoridade única ou do comando único – foi consagrado por Fayol e pelos autores anatomistas. Esse princípio enfatiza que cada subordinado deve prestar contas a um superior e somente a um superior. A finalidade desse princípio é limitar as relações de autoridade e responsabilidade no sentido de evitar possíveis conflitos decorrentes da delegação simultânea de vários superiores a um só subordinado, sem que nenhum deles efetue um controle abrangente sobre as atividades do subordinado.

O princípio da unidade de comando parte do pressuposto de que o subordinado tem mais facilidade de prestar contas somente a um superior, além de evitar a divisão de lealdade, os problemas de prioridade e de ordens contraditórias. O conjunto de esforços individuais que todo administrador deve manipular para levar a termo uma tarefa por intermédio de outras pessoas não permite nenhuma interferência externa na supervisão dos seus subordinados.[15]

- **Princípio da delegação**: para que uma organização tenha um agrupamento lógico e harmonioso de funções é preciso que todas as funções necessárias à realização dos objetivos da empresa sejam delegadas a determinado nível organizacional que possa executá-las adequadamente. A delegação é uma técnica específica de direção. O processo de delegação compreende a designação de tarefas, a delegação de autoridade para a execução dessas tarefas e a exigência de responsabilidade para sua execução. A delegação de autoridade pode ser genérica ou específica, escrita ou oral. Contudo, é essencial que seja acompanhada por uma designação de deveres ou de tarefas. Se a designação for vaga ou imprecisa, o subordinado poderá não compreender quais são os seus deveres e falhar no seu desempenho, não por inabilidade ou incompetência de sua parte, mas por engano ou por não saber a melhor maneira de execução.

  A delegação de autoridade pode ser recuperada pelo outorgante, pois uma de suas características é o fato de o possuidor original não abrir mão permanentemente desse poder ao delegá-la a outra pessoa. Se assim fosse, haveria uma alteração fundamental no quadro da autoridade na organização a cada vez que se delegasse autoridade, afetando o próprio conteúdo dos órgãos e dos cargos.

  Há certas atitudes pessoais do administrador que condicionam fortemente a delegação, a saber:[16]

  - **Receptividade**: o administrador que delega autoridade deve ter uma disposição sincera para dar oportunidade às ideias e às sugestões de outras pessoas. O administrador deve dar acolhida às ideias alheias, como também vender ou sugerir suas ideias às pessoas.
  - **Disposição de abrir mão**: o administrador que delega autoridade deve estar disposto a transferir o poder de decisões aos seus subordinados. Um administrador aumentará sua contribuição à empresa se puder selecionar as tarefas e concentrar-se naquelas que mais contribuam para atingir os objetivos da firma, atribuindo aos subordinados as outras tarefas, mesmo que possa realizá-las melhor do que os outros.
  - **Disposição para tolerar erros alheios**: o administrador deve fazer com que os erros dos subordinados resultem em aprendizagem e experiência. A orientação paciente, a troca de ideias e as perguntas bem-intencionadas são instrumentos à disposição do administrador que deseja delegar bem e desenvolver os seus subordinados.
  - **Disposição para confiar nos seus subordinados**: a delegação implica uma atitude de confiança entre superior e subordinado. Muitas vezes, o superior confia nos subordinados, mas não deseja abrir mão de seu espaço, não delega inteligentemente, ou não sabe estabelecer controles que assegurem o uso adequado da autoridade.
  - **Disposição para estabelecer e usar controles amplos**: a delegação impõe o uso de meios suficientes para verificar se a autoridade está sendo adequadamente aplicada para alcançar os objetivos e realizar os planos da empresa ou do departamento. Na maioria das vezes, a relutância em delegar e em confiar nos subordinados é causada

pela deficiência do superior em planejar, definir e usar controles adequados para avaliar o desempenho dos subordinados.

- **Princípio da amplitude de controle**: o princípio da amplitude de controle – ou da saturação ou, ainda, do âmbito de comando ("*span of control*") – refere-se ao número de pessoas que um chefe pode supervisionar e as quais pode delegar sua autoridade. O princípio que rege a amplitude de controle pode ser assim definido: há um limite quanto ao número de pessoas ou posições que podem ser eficientemente supervisionadas por um único indivíduo. Assim, trata-se de saber qual o número de subordinados que cada órgão ou administrador pode ter, a fim de que possa influenciá-los adequadamente. Quanto maior a amplitude, maior o número de subordinados e, consequentemente, menor o grau de atenção e de controle que o superior pode desenvolver sobre eles.
  Há um limite na quantidade de pessoas que um chefe pode supervisionar eficientemente. Dale Yoder[17] afirma que pode ser um teste para uma empresa se perguntar quantos subordinados respondem a cada supervisor – os neoclássicos definiram um número ótimo que vai de seis a dez subordinados para cada supervisor.[18] Todavia, esse número varia conforme o nível hierárquico e o tipo de atividade. Trata-se obviamente de um princípio arbitrário e sujeito a vários fatores intervenientes.

O fato concreto é: quanto maior a amplitude administrativa, mais achatado é o formato da organização; e quanto menor a amplitude administrativa, mais alta é a organização, conforme mostra a Figura 7.23.

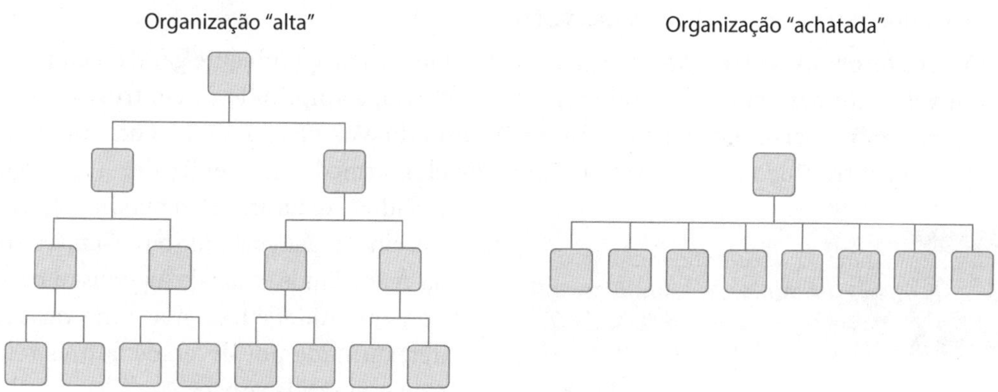

Figura 7.23 Organização "achatada" e organização "alta".

Os principais fatores que condicionam a amplitude administrativa são:

- **A personalidade do chefe**: constitui um forte fator condicionante do número de subordinados diretos que a ele podem se reportar. A habilidade do chefe em delegar, em livrar-se dos detalhes, em saber distinguir entre o essencial e o acidental, o importante e o efêmero, seu maior ou menor grau de perfeccionismo, sua maior ou menor autoconfiança, sua maturidade emocional etc. permitir-lhe-ão um maior ou menor número de subordinados.
- **O nível em que a supervisão é exercida**: no nível operacional, pode existir um grande número de subordinados para um supervisor, pois os problemas que um operário pode levar ao seu supervisor são de solução relativamente simples e imediata. No nível intermediário, porém, os problemas que um gerente leva ao seu superior envolvem debates,

longas coletas de dados, abordagem eclética e, portanto, muito mais tempo de supervisão. Isso determina uma amplitude menor de supervisão. Em geral, o número de subordinados diretos é inversamente proporcional ao nível em que a supervisão é exercida. Quanto mais elevado for o nível hierárquico, menor o número de subordinados, porquanto mais complexa será a supervisão exercida.

- **A qualidade e o nível dos subordinados**: supervisionar o trabalho de subordinados que preenchem satisfatória e plenamente as suas funções dá ao supervisor mais tempo para supervisionar um maior número do que se ele, pessoalmente, tivesse de preencher as deficiências de seus subordinados por meio de maior orientação e treinamento. Assim, a qualidade e o nível dos subordinados condicionam o número de pessoas a supervisionar.
- **O tipo de trabalho dos subordinados**: a complexidade do trabalho, o tipo de trabalho (de *staff* ou de linha), o tipo de atividade (tarefas criativas ou de rotina) etc. são fatores que condicionam o número de subordinados de um gerente ou supervisor. Quanto mais complexo e variável o trabalho dos subordinados, menor será o número deles para garantir uma adequada supervisão.
- **A distância entre as pessoas supervisionadas**: um gerente poderá supervisionar várias filiais desde que todas estejam próximas geograficamente. Ele terá maior dificuldade em supervisionar o mesmo número de filiais se essas estiverem distribuídas dispersivamente em uma extensa área geográfica. O mesmo ocorre com os subordinados: quanto mais próximos entre si, mais fácil a supervisão.
- **Outros fatores**, como o tipo de organização estabelecida, o ambiente geral da empresa, o nível de treinamento etc. condicionam, na prática, a amplitude de controle. O princípio, porém, permanece. Esse número é limitado e os neoclássicos teoricamente o colocam entre cinco ou seis pessoas para o nível intermediário, e entre dez e 15 subordinados executores e no máximo 20, se o trabalho for automatizado ou de simples rotina. A amplitude ótima de supervisão não é uma quantidade fixa, mas uma variável determinada por diversos fatores relevantes em cada situação.

> CHIAVENATO DIGITAL
> Aumente seus conhecimentos sobre **Amplitude administrativa** na seção *Saiba mais* TGA 1 7.2

- **Princípio da coordenação ou das relações funcionais**: em toda organização, o volume e a complexidade das tarefas provocam a divisão do trabalho, e essa ocasiona a especialização de funções, a qual leva os indivíduos a cada vez mais perder a visão do conjunto e atuar focalizando os detalhes esparsos. A coordenação age como atividade preventiva e corretiva dos riscos da divisão do trabalho, convergindo e harmonizando todos os esforços individuais no sentido dos objetivos predeterminados pela empresa.

A coordenação funciona como uma ação globalizadora e convergente, que harmoniza e capitaliza todos os esforços individuais em benefício do objetivo comum. A coordenação deve partir do conhecimento dos objetivos para que realmente possa ser executada em função deles. Por meio da coordenação, harmonizam-se todos os esforços, tendo em vista um objetivo comum. A ignorância desse objetivo deixa anulado o trabalho de coordenação.

A coordenação fundamenta-se nas comunicações, ou seja, nas informações e nas orientações que devem ser transmitidas, em todas as direções e em todos os níveis e setores. É por meio da comunicação que se conhece os objetivos e os trabalhos a realizar. É por meio da comunicação que se esclarecem o andamento das coisas e as providências a tomar, e que se aglutinam e se harmonizam as diversas atividades que devem se desenvolver independentemente umas das outras.

PARA REFLEXÃO

O terceiro problema da Auditec

Fernando Rezende agora enfrenta outro problema: depois do planejamento global e da estrutura organizacional da Auditec, o passo seguinte é definir o esquema de direcionamento da empresa. Em outras palavras: sob nova direção, ele quer dinamizar a empresa. Como fazê-lo?

7.6 CONTROLE

É a quarta função administrativa. A palavra *controle* tem vários significados:

- **Controle como função restritiva e coercitiva**: no sentido de coibir ou limitar desvios indesejáveis ou comportamentos não aceitos. Aqui, o controle tem caráter negativo e limitativo, e pode ser interpretado como cerceamento, coerção, inibição ou manipulação. É o controle social das organizações e da sociedade para inibir o individualismo e a liberdade das pessoas.
- **Controle como um sistema automático de regulação**: no sentido de manter automaticamente um grau constante de funcionamento de um sistema, como o processo de controle automático das refinarias de petróleo, indústrias químicas de processamento contínuo e automático. O mecanismo de controle detecta desvios ou irregularidades e faz automaticamente a regulação necessária para voltar à normalidade. Quando algo está sob controle significa que está dentro do normal.
- **Controle como função administrativa**: é o controle como parte do processo administrativo, assim como o planejamento, a organização e a direção.

Trataremos aqui do controle do terceiro ponto de vista, ou seja, o controle como a quarta função administrativa e que depende do planejamento, da organização e da direção para formar o processo administrativo. A finalidade do controle é assegurar que os resultados do que foi planejado, organizado e dirigido se ajustem tanto quanto possível aos objetivos previamente estabelecidos. A essência do controle reside em verificar se a atividade controlada está ou não alcançando os objetivos ou resultados desejados. O controle consiste em um processo que guia a atividade para um fim previamente determinado. Como processo, o controle apresenta fases que merecem uma explicação.

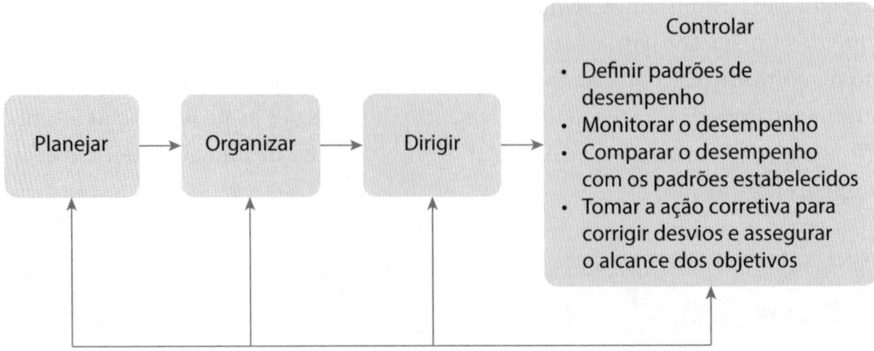

Figura 7.24 A função de controlar dentro do processo administrativo.

A Administração geralmente cria mecanismos para controlar todos os aspectos possíveis das operações da organização. Os controles podem ser usados para:[19]

- Padronizar o desempenho, por meio de inspeções, supervisão, procedimentos escritos ou programas de produção.
- Proteger os bens organizacionais de desperdícios, roubos e abusos, por meio de exigência de registros escritos, procedimentos de auditoria e divisão de responsabilidades.
- Padronizar a qualidade de produtos ou serviços oferecidos pela empresa, por meio de treinamento de pessoal, inspeções, controle estatístico de qualidade e sistemas de incentivo.
- Limitar a quantidade de autoridade que está sendo exercida pelas várias posições ou pelos níveis organizacionais, por meio de descrições de cargos, diretivas e políticas, regras e regulamentos e sistemas de auditoria.
- Medir e dirigir o desempenho dos empregados, por meio de sistemas de avaliação do desempenho do pessoal, supervisão direta, vigilância e registros, incluindo informações sobre produção por empregado ou perdas com refugos por empregados etc.
- Como meios preventivos para o alcance dos objetivos da empresa, por meio da articulação de objetivos em um planejamento, uma vez que esses ajudam a definir o escopo apropriado e a direção do comportamento dos indivíduos para o alcance dos resultados desejados.

Isso mostra que o controle apresenta uma enorme variedade de formas e conteúdos, apresentando características diferentes em cada organização ou em cada área da organização ou, ainda, em cada nível hierárquico.

O essencial em qualquer sistema de controle deverá incluir:[20]

- Um objetivo, ou seja, um fim predeterminado, um plano, uma linha de atuação, um padrão, uma norma, uma regra decisória, um critério, uma unidade de medida.
- Um meio de medir a atividade desenvolvida.
- Um procedimento para comparar tal atividade com o critério fixado.
- Algum mecanismo que corrija a atividade em curso, para que alcance assim os resultados desejados.

A aplicação desses conceitos gerais e abstratos para situações concretas e práticas dependerá de cada administrador, seja no controle orçamentário, no controle de qualidade, no controle de produção, de inventário, de pessoal etc.

O controle é um processo cíclico e é composto de quatro fases (Figura 7.25):

1. Estabelecimento de padrões ou critérios.
2. Observações do desempenho.
3. Comparação do desempenho com o padrão estabelecido.
4. Ação corretiva, para ajustar o desvio entre o desempenho atual e o desempenho esperado.

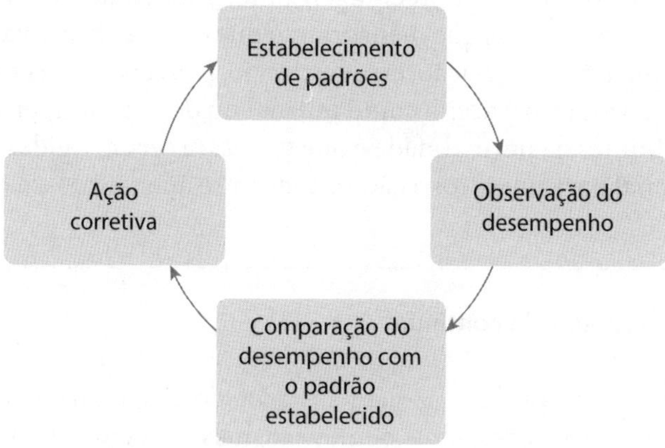

Figura 7.25 As quatro fases do controle.

1. **Estabelecimento de padrões ou critérios**: os padrões representam o desempenho desejado e os critérios, as normas que guiam as decisões. São balizas que oferecem meios para estabelecer o que se deve fazer e qual o desempenho ou resultado normal ou desejável. Constituem os objetivos que o controle deve assegurar ou manter. As métricas podem ser expressas em tempo, dinheiro, qualidade, unidades físicas, custos ou por meio de índices. A Figura 7.26 apresenta quatro tipos de padrões.

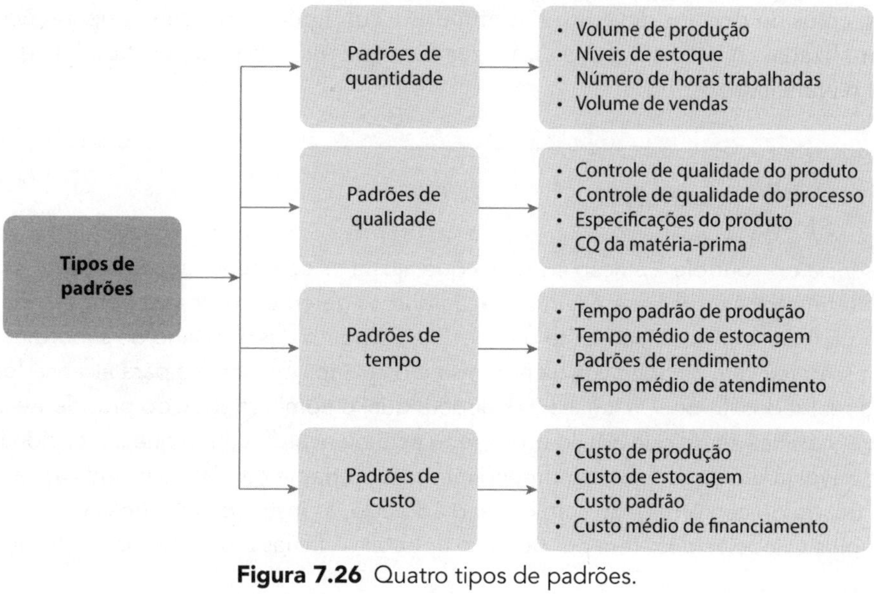

Figura 7.26 Quatro tipos de padrões.

2. **Observações do desempenho**: para controlar um desempenho, deve-se conhecer algo a respeito dele. O processo de controle atua no sentido de ajustar as operações aos padrões previamente estabelecidos e funciona de acordo com a informação que recebe. A avaliação do desempenho ou resultado busca obter informação sobre o que está sendo controlado.
3. **Comparação do desempenho com o padrão estabelecido**: pode ser feita por meio de gráficos, relatórios, índices, porcentagens, métricas estatísticas etc. Esses meios de apresentação supõem técnicas que mensuram o que deve ser controlado. Toda atividade proporciona algum tipo de variação, erro ou desvio. É preciso determinar os limites dentro dos quais essa variação é aceita como normal ou desejável. Apenas as variações que ultrapassam os limites da normalidade é que precisam ser corrigidas. O controle separa o que é excepcional para que a correção se concentre apenas nas exceções ou desvios.

SAIBA MAIS **A melhoria contínua**

A comparação do que está sendo ou que foi executado com o que foi planejado não busca apenas localizar variações, erros ou desvios, mas também permitir a predição de resultados futuros e criar condições para que as próximas operações alcancem melhores resultados. Daí a melhoria contínua: à medida que os processos são reiteradamente executados e reciclados, a sua execução é melhorada com a aprendizagem e com melhorias constantes.

4. **Ação corretiva**: o objetivo do controle é manter as operações dentro dos padrões estabelecidos para que os objetivos sejam alcançados da melhor maneira. Assim, as variações, erros ou desvios devem ser apontados e corrigidos para que as operações sejam normalizadas. A ação corretiva visa fazer com que tudo seja feito exatamente de acordo com o planejado.

SAIBA MAIS **Controle**

A essência do controle é a ação corretiva que ajusta as operações aos padrões predeterminados e sua base é a informação que os gerentes recebem. Controle é a função administrativa que consiste em medir e corrigir o desempenho de subordinados para assegurar que os objetivos da empresa e os planos delineados para alcançá-los sejam realizados. É, pois, a função, segundo a qual o administrador, do presidente ao mestre, certifica-se de que aquilo que é feito está de acordo com o que se tencionava fazer. Fayol já dizia que "num empreendimento, o controle consiste em verificar se tudo ocorre de conformidade com o plano adotado, as instruções emitidas e os princípios estabelecidos. Tem por objetivo apontar as falhas e os erros para retificá-los e evitar sua reincidência. Aplica-se a tudo: coisas, pessoas, atos".[21] O planejamento requer programas consistentes, integrados e articulados, enquanto o controle requer a conformidade dos planos aos atos.[22]

Enquanto o planejamento abre o processo administrativo, o controle serve de fechamento. Tal como ocorre com o planejamento, a abrangência do controle também pode ser feita ao nível global, departamental e operacional, dentro dos planos estratégico, tático e operacional, respectivamente.

PARA REFLEXÃO

A planilha das funções do administrador

Valéria Braga terminou a faculdade e quer iniciar sua trajetória profissional como gestora. Ela sabe que para ter sucesso precisa incorporar as funções do administrador – como planejar, organizar, dirigir e controlar – em seu comportamento profissional. Para conseguir isso, Valéria quer elaborar uma planilha na qual as quatro funções estejam caracterizadas em todos os seus detalhes. Como ela poderia fazer isso?

Com uma definição mais precisa e detalhada do processo administrativo, a Teoria Neoclássica eleva a Teoria Administrativa a um novo e elevado patamar, demarcando definitivamente novos horizontes para o administrador, muito além das demais teorias anteriores.

7.6.1 Princípios gerais de Administração aplicados ao controle

Os princípios gerais de Administração aplicados ao controle são:[23]

- **Princípio de garantia do objetivo**: o controle deve contribuir para o alcance dos objetivos, pela verificação das discordâncias com os planos, em tempo suficiente para permitir a ação corretiva. Todas as funções da Administração têm por finalidade a consecução dos objetivos. O papel do controle é identificar e localizar as falhas ou distorções existentes nos planos, para indicar as correções a serem feitas no sentido de se alcançar os objetivos.
- **Princípio da definição dos padrões**: o controle deve basear-se em padrões objetivos, precisos e convenientemente estabelecidos. Assim, a determinação de padrões de desempenho e de qualidade, quando objetivamente colocados e precisamente definidos, facilitam a aceitação por parte de quem se responsabilizará pela execução das tarefas e permitirá uma atuação de controle mais fácil e segura.
- **Princípio da exceção**: esse princípio foi formulado por Taylor, pela primeira vez. Quanto mais um administrador concentrar seus esforços de controle em desvios e exceções, mais eficientes serão os resultados de seu controle. O administrador deve preocupar-se mais com os desvios importantes do que com as situações relativamente normais.

- **Princípio da ação**: o controle somente se justifica quando indica providências capazes de corrigir os desvios apontados ou verificados, em relação aos planos. Essas providências devem justificar a atuação de controle, que significa, geralmente, certo investimento de tempo, pessoal e outras coisas. Esse princípio também está relacionado com o custo do controle. Quando o custo do controle é maior do que o custo decorrente de desvios da situação controlada, então o controle não se justifica. O controle é uma atuação utilitarista e pragmática: somente deve ser feito quando vale a pena.

7.6.2 Técnicas relacionadas com a função de controle

As técnicas relacionadas com a função de controle são basicamente as mesmas que verificamos na função de planejamento. Como o planejamento define os padrões e os critérios de controle, os mesmos gráficos de planejamento são utilizados para o controle. Enquanto o planejamento define os resultados esperados (ou planejados), o controle trata de acompanhar as atividades realizadas e os resultados alcançados para propor medidas corretivas, quando necessárias. Assim, o controle também utiliza cronogramas, Gráfico de Gantt, PERT etc. para o seu devido acompanhamento.

PARA REFLEXÃO

O quarto problema da Auditec

Fernando Rezende quer concluir seu amplo trabalho para conduzir a Auditec rumo ao sucesso. Definidos o planejamento global, a estruturação organizacional e o novo direcionamento, ainda resta a fase final de controle. Como presidente da Auditec, Fernando pretende fazer um esquema de controle adequado para obter informação e retroação sobre o andamento da empresa. Como fazê-lo?

VOLTANDO AO CASO INTRODUTÓRIO

Motor Car

Uma segunda alternativa que Paula Montenegro está considerando seria atacar pontos problemáticos e nevrálgicos para alcançar simultaneamente os três objetivos, como fazer modificações nos produtos para reduzir custos, aumentar a produtividade do pessoal e encurtar o ciclo produtivo. Como você poderia assessorá-la nesse aspecto?

7.7 APRECIAÇÃO CRÍTICA DO PROCESSO ADMINISTRATIVO

A literatura neoclássica se assenta pesadamente no processo administrativo para explicar como as várias funções administrativas devem ser desenvolvidas nas organizações. A velha concepção de Fayol – administrar é prever, organizar, comandar, coordenar e controlar –

passou incólume por décadas de contribuições de várias abordagens e continua firme, apesar das mudanças de conteúdo e significado. Hoje, fala-se em processo administrativo: planejar, organizar, dirigir e controlar. As funções administrativas – como planejamento, organização, direção e controle – são universalmente aceitas, porém sem tantos princípios prescritivos e normativos que as tornam rígidas e invariáveis. Pelo contrário, são caracterizadas pela elasticidade, pela flexibilidade, pela agilidade e pela prontidão em função das profundas mudanças e transformações no mundo dos negócios, caracterizado pela sigla VICA (volatilidade, incerteza, complexidade e ambiguidade). Nesse mundo tão veloz, a Administração precisa estar preparada para enfrentá-lo com novas armas e soluções, que veremos no próximo volume deste livro.

CONCLUSÃO

Em um mundo em constante mudança e transformação, o processo administrativo se mostra flexível, maleável, ágil e adaptável a um sem número de situações variadas e de circunstâncias diferentes no aqui e agora. Ele consiste em um fluxo de atividades consecutivas para atingir determinados objetivos que estão também sujeitos a mudanças ou alterações. Tem início, meio e fim em uma sequência lógica e racional de ações que se completam mutuamente. Poder-se-ia concluir que o processo administrativo não é somente o núcleo da Teoria Neoclássica, mas o fundamento que proporcionou o surgimento da moderna Administração. Nenhuma concepção mais avançada conseguiu ainda deslocá-lo dessa posição privilegiada. Basta ver toda a imensa literatura sobre a Teoria Administrativa e você notará que o planejamento, a organização, a direção (ou liderança) e o controle certamente estarão sempre presentes e insubstituíveis – por enquanto. Vamos ver o que acontecerá nas eras Digital e Pós-Digital.

Figura 7.27 Mapa mental da Teoria Neoclássica.

RESUMO

O processo administrativo é constituído das quatro funções administrativas, a saber: planejamento, organização, direção e controle. Trata-se de um processo dinâmico e interativo.

O **planejamento** é a função administrativa que determina antecipadamente o que se deve fazer e quais os objetivos a alcançar. O planejamento é constituído de fases sequenciais: o estabelecimento de objetivos a alcançar, a tomada de decisões a respeito das ações futuras e a determinação dos planos. Assim, o estabelecimento dos objetivos é o primeiro passo do planejamento. Há uma hierarquia de objetivos para conciliar os diferentes objetivos simultâneos em uma empresa, percorrendo os objetivos organizacionais, as políticas, as diretrizes, as metas, os programas, os procedimentos, os métodos e as normas. Quanto à sua abrangência, o planejamento pode ocorrer em três níveis: estratégico, tático e operacional. Existem quatro tipos de planos: os procedimentos, os orçamentos, os programas ou programações e as regras ou regulamentos. Os princípios gerais de Administração aplicáveis ao planejamento são: definição do objetivo e flexibilidade do planejamento. As técnicas relacionadas com o planejamento são: cronograma, Gráfico de Gantt e PERT.

A **organização** é a função administrativa que consiste no agrupamento das atividades necessárias para realizar aquilo que foi planejado. A organização envolve tarefas, pessoas, órgãos e relações. Quanto à sua abrangência, a organização pode ocorrer em três níveis: nível global (desenho organizacional), nível departamental (desenho departamental) e nível das tarefas e operações (desenho de cargos ou tarefas). Os princípios aplicáveis à organização são: especialização, definição funcional, paridade da responsabilidade e autoridade, funções de *staff* e de linha, e escalar. As principais técnicas relacionadas com a organização são os organogramas e os fluxogramas.

A **direção** é a função administrativa que orienta e indica o comportamento dos indivíduos na direção dos objetivos a serem alcançados. É uma atividade de comunicação, motivação e liderança. Quanto à sua abrangência, a direção pode ocorrer em três níveis: nível global (direção), nível departamental (gerência) e nível operacional (supervisão). A direção fundamenta-se nos conceitos de autoridade e poder. Os princípios gerais aplicáveis à direção são: unidade de comando, delegação, amplitude de controle, coordenação ou relações funcionais.

O **controle** é a função administrativa que busca assegurar se o que foi planejado, organizado e dirigido realmente cumpriu os objetivos pretendidos. O controle é constituído de quatro fases: estabelecimento de padrões ou critérios, observações do desempenho, comparação do desempenho com o padrão estabelecido e ação corretiva para ajustar desvios ou variações. Quanto à sua abrangência, o controle pode ocorrer em três níveis: estratégico, tático e operacional. Os princípios gerais aplicáveis ao controle são: garantia do objetivo, definição dos padrões, exceção e ação. As técnicas relacionadas com o controle são as mesmas utilizadas no planejamento.

QUESTÕES

1. Explique o ciclo administrativo.
2. Explique o processo administrativo e a interação dinâmica das funções administrativas.
3. Qual a diferença entre processo administrativo e funções administrativas?
4. Defina planejamento como função administrativa.
5. Quais as principais características do planejamento?
6. O planejamento deve ser sistêmico. Explique.
7. O planejamento visa à racionalidade da tomada de decisões. Explique.
8. O planejamento é iterativo. Explique.
9. O planejamento é uma técnica de alocação de recursos. Explique.
10. Defina objetivos.
11. Defina políticas e diretrizes.
12. Defina metas e programas.
13. Defina procedimentos e normas.
14. Defina a tomada de decisão.
15. Quais os métodos disponíveis para o processo de tomada de decisão?
16. Quais são as premissas do planejamento?
17. Explique a hierarquia de objetivos.
18. Explique o estabelecimento de objetivos.
19. Explique o desdobramento dos objetivos.
20. Defina métodos.
21. Defina normas e regulamentos.
22. Comente a abrangência do planejamento.
23. Defina planejamento estratégico.
24. Defina planejamento tático.
25. Defina planejamento operacional.
26. Quais são os tipos de planos? Comente.
27. Quais as técnicas relacionadas com a função de planejamento?
28. Defina cronograma e Gráfico de Gantt e, em seguida, compare-os.
29. O que é PERT?
30. Quais os princípios gerais relacionados com a função de planejamento?
31. O que é o princípio da definição do objetivo?
32. O que é o princípio da flexibilidade do planejamento? Para que serve?
33. Quais os diversos significados da palavra *organização*?
34. O que é a organização como função administrativa?
35. Quais os componentes tangíveis da organização?

36. Quais os princípios gerais da Administração aplicados à função de organização?
37. Defina o princípio da especialização na organização.
38. Defina o princípio da definição funcional.
39. Defina o princípio da paridade da responsabilidade e autoridade.
40. Defina o princípio escalar.
41. Quais as técnicas relacionadas com a função de organização?
42. O que são organogramas?
43. O que são fluxogramas?
44. Defina direção como função administrativa.
45. Defina autoridade e poder.
46. Quais são os cinco tipos de poder?
47. Comente a abrangência da direção.
48. Quais são os princípios gerais de Administração aplicados à direção?
49. O que significa o princípio da unidade de comando?
50. O que significa o princípio da delegação?
51. Quais as atitudes do administrador que condicionam fortemente a delegação?
52. Defina o princípio da amplitude de controle.
53. Quais os fatores que condicionam a amplitude administrativa?
54. Defina o controle como função administrativa.
55. Quais as quatro fases do processo cíclico de controle?
56. Quais os princípios gerais de Administração aplicáveis à função de controle?
57. Comente a abrangência do controle.

REFERÊNCIAS

1. A própria denominação dos livros de autores que sugerem essa abordagem:

   * KOONTZ, H.; O'DONNELL, C. *Princípios de administração*. São Paulo: Pioneira, 1967.

   * NEWMAN, W. H.; SUMMER, C. E.; WARREN, E. K. *The process of management*. Englewood Cliffs: Prentice-Hall Inc., 1976.

   * TERRY, G. *Principles of management*. Homewoodd: Richard D. Irwin Inc., 1968.

   * ALBERS, H. H. *Principles of organization and management*. New York: John Wiley & Sons, 1965.

2. WADIA, M. S. The Operational School of Management: an analysis. *In*: WORTMAN Jr., M. S.; LUTHANS, F. (eds.). *Emerging concepts in management*: process, behavioral, quantitative and systems. London: The Macmillan Co., Collier-Macmillan Ltd., 1969. p. 28-29.

3. DALE, E.; MICHELON, L. C. *Gerência empresarial* – métodos modernos. Rio de Janeiro: Edições Bloch, 1969.

4. ACKOFF, R. L. *A concept of corporate planning*. New York: Wiley Interscience, 1970. p. 2-4.

5. Adaptado de: NEWMAN, W. H.; SUMMER, C. E.; WARREN, E. K. *The process of management*: concepts, behavior and practice. Englewood Cliffs: Prentice-Hall Inc., 1967. p. 318.

6. ALLEN, L. A. *Management and organization*. New York: McGraw-Hill Book Co., 1959. p. 60.

7. TERRY, G. R. *Princípios de Administração*. São Paulo: Brasiliense, 1976, p. 55.

8. KOOTNZ, H.; O'DONNELL, C. *Princípios de Administração*. São Paulo: Livraria Pioneira Editora, 1976. p. 79.

9. CORSON, J. J. How delegate responsibility. *In*: RICHARDS, M. D.; NIELANDER, W. A. *Readings in management*. Cincinatti, Ohio: South-Western Publ. Co., 1958. p. 618-625.

10. ALLEN, L. A. The line-staff relationship. *In*: RICHARDS, M. D.; NIELANDER, W. A. *Readings in management*. Cincinatti: South-Western Publ. Co., 1958. p. 634-647.

11. NEWMAN, W. H.; SUMMER, C. E.; WARREN, E. K. *The process of management*: concepts, behavior and practice. Englewood Cliffs: Prentice-Hall, 1967. p. 594.

12. FRENCH Jr., J. R. P.; RAVEN, B. The bases of social power. *In*: CARTWRIGHT, D.; ZANDER, A. (eds.). *Group dynamics*: research and theory. New York: Harper & Row, 1960. p. 607-623. Ver também: MAY, R. *Power and innocence*. New York: V. W. Norton & Co. Inc., 1972.

13. KORMAN, A. *Industrial and organizational psychology*. Englewood Cliffs: Prentice- Hall Inc., 1971. p. 133.

14. URWICK, L. F. *The elements of Administration*. New York: Harper& Bros, 1943.

15. RAUBE, S. A. Principles of good organization. *In*: RICHARDS, M. D.; NIELANDER, W. A. *Readings in management*. Cincinatti: South-Western Publ. Co., 1958. p. 536-547.

16. PERSONS, R. C. How to diversify and centralize. *In*: RICHARDS, M. D.; NIELANDER, W. A. *Readings in management*. Cincinatti: South-Western Publ. Co., 1958. p. 597-604.

17. YODER, D. *Administração de pessoal e relações industriais*. São Paulo: Editora Mestre Jou, 1969.

18. URWICK, L. F. *The elements of administration, op. cit.*

19. HELLRIEGEL, D.; SLOCUM Jr, J. W., *op. cit.*, p. 245-246. A mesma citação consta em: Jerome III, W. T. *Executive control*: the catalyst. New York: John Wiley & Sons Inc., 1961. p. 31-34.

20. HAYNES, W. W.; MASSIE, J. L. *Management*: analysis, concepts, cases. Englewood. Cliffs: Prentice-Hall, Inc., 1969. p. 259.

21. FAYOL, H. *Administração industrial e geral*. São Paulo: Atlas, 1954. p. 143.

22. GOETZ, B. E. *Management planning and control*. New York: McGraw-Hill, Book Co., 1949. p. 229.

23. KOONTZ, H. Management control: a suggested formulation of principles. *California Management Review*, v. 1, n. 2, p. 47-55, 1959.

8 DECORRÊNCIAS DA TEORIA NEOCLÁSSICA DA ADMINISTRAÇÃO: DANDO FORMA À ORGANIZAÇÃO

OBJETIVOS DE APRENDIZAGEM

- Definir as características, as vantagens e as limitações da organização linear.
- Definir as características, as vantagens e as limitações da organização funcional.
- Definir as características, as vantagens e as limitações da organização linha-*staff*.
- Mostrar os mecanismos de especialização vertical e horizontal nas organizações em resposta às exigências internas e externas.
- Caracterizar os diversos tipos de departamentalização.
- Indicar as vantagens e as limitações dos tipos de departamentalização e as escolhas alternativas de departamentalização.

O QUE VEREMOS ADIANTE

- Aspectos administrativos comuns às organizações.
- Tipos tradicionais de organização, suas características e aplicabilidades.
- Mecanismos de especialização vertical e horizontal nas organizações.
- Tipos de departamentalização.

CASO INTRODUTÓRIO

A revolução na Blue Jeans

A Blue Jeans é uma famosa indústria de roupas esportivas. Seus *jeans* são peças raras cobiçadas por jovens e idosos. Apesar da modernidade dos produtos, a Blue Jeans é uma empresa tradicionalista e conservadora em sua gestão. A nova Diretora Industrial, Marina

Almeida, pretende fazer uma série de mudanças na empresa para aumentar a qualidade e a produtividade, e reduzir tempos e custos. Em primeiro lugar, ela pretende mudar o tipo de organização linear que existe na produção. Em vez do tradicional supervisor, Marina pretende substituí-lo por líderes facilitadores de equipes de trabalho. Se você fosse Marina, por onde começaria? Explique.

INTRODUÇÃO

Uma das principais características da Teoria Clássica foi a demasiada ênfase dada à estrutura organizacional, ou seja, à organização formal das empresas. Os autores clássicos restringiram-se aos aspectos formais da organização, como divisão do trabalho, especialização, hierarquia, autoridade, responsabilidade, coordenação etc. Todos esses aspectos formais foram abordados pelos autores clássicos em termos normativos e prescritivos, em função dos interesses da organização e no sentido de alcançar a máxima eficiência. Essa herança foi bem recebida pelos neoclássicos.

8.1 ORGANIZAÇÃO FORMAL

A Teoria Neoclássica acompanha os clássicos na ênfase dada à estrutura organizacional e nas camadas hierárquicas ou níveis funcionais estabelecidos pelo organograma. Esses níveis definem o grau de autoridade e o fluxo das comunicações, das ordens e das instruções.

A organização formal envolve a estrutura organizacional, as diretrizes, as normas e os regulamentos da organização, as rotinas e os procedimentos, enfim, todos os aspectos que exprimem como ela pretende que sejam as relações entre órgãos, cargos e ocupantes, a fim de que seus objetivos sejam atingidos e seu equilíbrio interno seja mantido. Em síntese, a organização formal define os padrões de inter-relações entre órgãos ou cargos, por meio das normas, das diretrizes e dos regulamentos, para o alcance dos objetivos do negócio. Assim, a estrutura organizacional é o meio de que se serve a organização para atingir eficientemente seus objetivos.

Os neoclássicos redefiniram a maneira não só de como planejar, mas de como estruturar uma organização, dando-lhe a formatação básica para servir como plataforma para o seu funcionamento racional.

8.1.1 Racionalismo da organização formal

A característica mais importante da organização formal é o racionalismo: o princípio de conceber a organização como se seus membros se comportassem racionalmente de acordo com as normas lógicas de comportamento prescritas para cada um deles. Isso requer a formulação de um conjunto lógico de cargos funcionais e hierárquicos baseados no princípio de que as pessoas vão funcionar efetivamente de acordo com esse sistema racional.

SAIBA MAIS **A racionalidade da estrutura organizacional**

Cada organização tem uma estrutura organizacional em função dos seus objetivos, do seu negócio, da conjuntura que atravessa e da natureza dos produtos que fabrica ou dos serviços que presta. Não há duas organizações idênticas. Apesar de todas as diferenças, os autores clássicos e neoclássicos definiram três tipos tradicionais de organização, a saber: organização linear, organização funcional e organização linha-*staff*. Cada um deles tem a sua racionalidade. Raramente são encontrados em seu estado puro, isto é, dentro do modelo teórico apresentado, de modo que seus conceitos devem ser considerados com relatividade.

Uma organização é um conjunto de cargos funcionais e hierárquicos a cujas prescrições e normas de comportamento todos os seus membros devem se sujeitar. O princípio dessa forma de conceber a organização é que, dentro de limites toleráveis, os seus membros se comportarão racionalmente.

A organização não é um fim, mas um meio de permitir à empresa atingir determinados objetivos. Cada empresa tem a sua própria organização em função dos seus objetivos, do seu tamanho, da conjuntura que atravessa e da natureza dos produtos que fabrica ou dos serviços que presta. Não há duas empresas idênticas, embora existam certos princípios que são utilizados no estudo da organização empresarial.

8.2 ORGANIZAÇÃO LINEAR

A organização do tipo linear constitui a forma estrutural mais simples e antiga, cuja origem vem dos antigos exércitos e da organização eclesiástica dos tempos medievais. As formas mais antigas de organização se baseiam no princípio da autoridade linear ou princípio escalar, que estabelece a hierarquia da autoridade.[1]

Na organização linear, existem linhas diretas e únicas de autoridade e responsabilidade entre superior e subordinados. Daí seu formato piramidal. Cada administrador recebe e transmite tudo o que se passa na sua área de competência devido à rigidez das linhas de comunicações.

CHIAVENATO DIGITAL

Aumente seus conhecimentos sobre **Características da organização linear** na seção *Saiba mais* TGA 1 8.1

Quadro 8.1 Características, vantagens e desvantagens da organização linear

Características
■ Autoridade linear ou única. ■ Linhas formais de comunicação. ■ Centralização das decisões. ■ Aspecto piramidal.

(continua)

(continuação)

Vantagens
■ Estrutura simples e de fácil compreensão. ■ Clara delimitação das responsabilidades. ■ Facilidade de implantação. ■ Estabilidade. ■ Indicada para pequenas empresas.
Desvantagens
■ Estabilidade e constância das relações formais. ■ Autoridade linear baseada no comando único e direto. ■ Exagero da função de chefia. ■ Chefes generalistas que não se especializam. ■ Provoca o congestionamento das comunicações. ■ Comunicações indiretas e demoradas.

A organização linear é utilizada em empresas pequenas ou nos seus estágios iniciais, ou quando as tarefas são padronizadas, rotineiras e repetitivas. Sua esfera de aplicação é limitada. Fayol via esse tipo de organização ideal para as organizações de sua época.

PARA REFLEXÃO

A estrutura linear da M&C

A Mendonça & Carvalho (M&C) é uma empresa do ramo têxtil constituída de cinco divisões (administrativa, industrial, comercial, financeira e recursos humanos) organizadas linearmente. Não há nenhum órgão interno de assessoria especializada. Com a forte competição, está perdendo mercado e clientes devido à sua estrutura organizacional conservadora e estática. Se você fosse um dos diretores da M&C, como você faria para convencer seus colegas de que é necessária uma mudança estrutural na empresa?

8.3 ORGANIZAÇÃO FUNCIONAL

A organização funcional é o tipo de estrutura organizacional que aplica o princípio funcional ou princípio da especialização das funções, que separa, distingue e especializa. Mooney[2] encontrou vestígios de *staff* nos antigos reis da Grécia e nos conselhos de sábios de reis anglo-saxões. Os dirigentes de indústrias perceberam que quando a competição aumenta, há a necessidade de órgãos especializados – *staff* – para

CHIAVENATO DIGITAL

Aumente seus conhecimentos sobre **Características da organização funcional** na seção *Saiba mais* TGA 1 8.2

proporcionar inovações rápidas e substanciais e, consequentemente, flexibilidade, um dos pontos fracos da estrutura linear. Taylor a utilizou para estabelecer linhas diretas de comunicação entre supervisores e operários na indústria e descentralizar decisões.

Quadro 8.2 Características, vantagens e desvantagens da organização funcional

Características
■ Autoridade funcional ou dividida. ■ Linhas diretas de comunicação. ■ Descentralização das decisões. ■ Ênfase na especialização.
Vantagens
■ Proporciona o máximo de especialização. ■ Permite a melhor supervisão técnica possível. ■ Desenvolve comunicações diretas e sem intermediação. ■ Separa as funções de planejamento e controle das funções de execução.
Desvantagens
■ Diluição e consequente perda de autoridade de comando. ■ Subordinação múltipla. ■ Tendência à concorrência entre especialistas. ■ Tendência à tensão e ao conflito dentro da organização.

A estrutura funcional – o *multiple management* – tem trazido problemas de coordenação e controle devido à confusão trazida pelas linhas divididas de autoridade. Sua aplicação tem sido restrita e aplicável somente a empresas de pequeno porte ou em determinadas circunstâncias especiais.

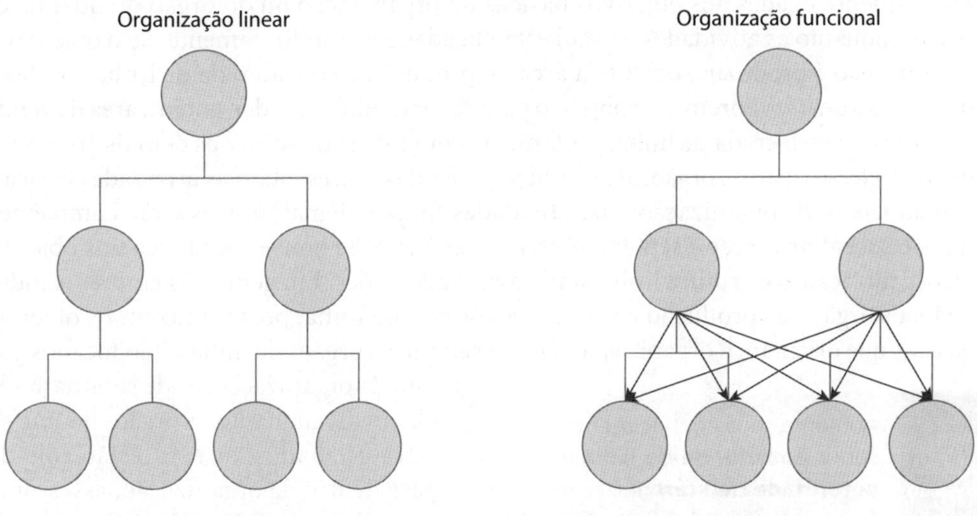

Figura 8.1 Diferenças entre organização linear e organização funcional.

PARA REFLEXÃO

A organização funcional da BioQuímica

Abraão Alencar é Gerente de Produção da BioQuímica, fabricante de produtos farmacêuticos populares. A estrutura organizacional da fábrica é funcional, envolvendo vários departamentos subordinados a Abraão, como: produção, almoxarifado, compras e abastecimento, manutenção, tecnologia e expedição. Abraão está insatisfeito com o desempenho do modelo adotado e quer conversar com a diretoria para poder fazer alterações no sentido de modernizá-lo urgentemente. Como Abraão deveria apresentar a sua argumentação à diretoria?

8.4 ORGANIZAÇÃO LINHA-*STAFF*

A organização linha-*staff* é o resultado da combinação da organização linear e da organização funcional no sentido de incrementar as vantagens dessas e reduzir suas desvantagens. É uma organização do tipo hierárquico-consultivo.[3] Nela há características do tipo linear e do tipo funcional, reunidas para proporcionar um tipo organizacional mais completo e complexo.

Na organização linha-*staff*, coexistem órgãos de linha (órgãos de execução) e de assessoria (órgãos de *staff*, apoio e consultoria interna) relacionados entre si. Os órgãos de linha caracterizam-se pela autoridade linear e pelo princípio escalar, enquanto os órgãos de *staff* prestam assessoria e serviços especializados.

8.4.1 Critérios de distinção entre linha e *staff*

Existem dois critérios para distinguir os órgãos de linha e os órgãos de *staff*:

- **Relacionamento com os objetivos da organização**: as atividades de linha estão direta e intimamente ligadas aos objetivos básicos da organização ou do órgão do qual fazem parte, enquanto as atividades de *staff* estão ligadas a eles indiretamente. Se o objetivo da organização é produzir, somente a área de produção é considerada de linha e todas as demais são de *staff*. Porém, se o objetivo passa a ser também vender, então a área de vendas passa a ser considerada de linha, juntamente com a de produção, e as demais áreas serão de *staff*. Nesse caso, os órgãos de produção e vendas representam as atividades básicas e fundamentais da organização: suas atividades-fim. Os demais órgãos serão complementares e subsidiários: representam as atividades-meio. Se houver mudança nos objetivos da organização, a estrutura linha-*staff* sofrerá alterações. Em geral, nas empresas industriais os órgãos de produção e vendas são órgãos de linha, pois traduzem os objetivos básicos que orientam a organização. Quase sempre os órgãos de linha estão focados para fora da organização, onde se situam seus objetivos, enquanto os órgãos de *staff* são intraorientados, ou seja, estão voltados para dentro da organização, assessorando os demais órgãos internos, sejam eles

CHIAVENATO DIGITAL

Aumente seus conhecimentos sobre **Autoridade de linha e autoridade de *staff*** na seção *Saiba mais* TGA 1 8.3

linha, sejam eles *staff*. Um órgão de linha ou de *staff* pode ter órgãos subordinados de linha ou de *staff* dependendo do fato de estarem ou não vinculados diretamente aos objetivos do órgão superior. Nesse sentido, podemos encontrar órgãos linha de linha, linha de *staff*, *staff* de linha e *staff* de *staff*.

- **Tipo de autoridade**: os órgãos de linha têm autoridade para decidir e executar as atividades principais ou vinculadas diretamente aos objetivos da organização (autoridade linear). Os órgãos de *staff*, por sua vez, têm autoridade de assessoria, planejamento e controle, consultoria e recomendação (autoridade funcional).

8.4.2 Principais funções do *staff*

Suas principais funções são, basicamente, as seguintes:[4]

- **Serviços**: são atividades especializadas, como contabilidade, compras, pessoal, pesquisa e desenvolvimento, processamento de dados, propaganda, que são realizadas e executadas pelo *staff*.
- **Consultoria e assessoria**: são atividades especializadas, como assistência jurídica, métodos e processos, consultoria trabalhista etc., que são fornecidas pelo *staff*, como orientação e recomendação.
- **Monitoração**: monitorizar significa acompanhar e avaliar determinada atividade ou processo sem nele intervir ou influenciar. Em geral, o *staff* se incumbe de avaliar desempenho e controlar atividades, como auditoria e acompanhamento de processos.
- **Planejamento e controle**: quase sempre as atividades de planejamento e controle são delegadas ao *staff*, como planejamento e controle financeiro ou orçamentário, planejamento e controle de produção, planejamento e controle de manutenção de máquinas e equipamentos, controle de qualidade etc.

Nos órgãos de *staff*, à medida que se sobe na escala hierárquica, aumenta a proporção das funções de consultoria, assessoramento, aconselhamento e recomendação, e diminui a proporção das funções de prestação de serviços (Figura 8.2).

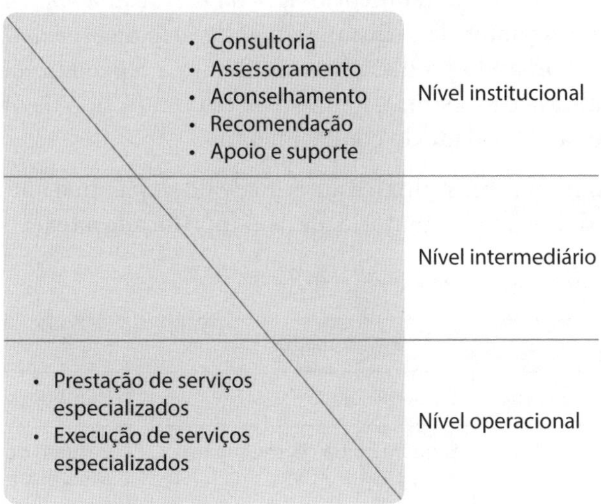

Figura 8.2 Funções do órgão de *staff*.

8.4.3 Características da organização linha-*staff*

Suas características são, basicamente, as seguintes:

- **Fusão da estrutura linear com a estrutura funcional**: existem, simultaneamente, características lineares e características funcionais. Cada órgão se reporta a apenas um órgão superior: é o princípio da autoridade única ou unidade de comando típica da organização linear. Porém, cada órgão recebe assessoria e serviços especializados de diversos órgãos de *staff*. Predomina a autoridade linear de um órgão (seja de linha, seja de *staff*) sobre seus subordinados. Existe também autoridade funcional de um órgão de *staff* em relação aos demais órgãos da organização sobre assuntos de sua especialidade.
- **Coexistência entre linhas formais de comunicação e linhas diretas de comunicação**: existem linhas formais de comunicação entre superiores e subordinados e que representam a hierarquia. Porém, existem também linhas diretas de comunicação que ligam os órgãos e o *staff* e que representam a oferta de assessoria e serviços especializados. A rede de comunicações da organização linha-*staff* é formada de linhas formais de autoridade e responsabilidade lineares e de linhas diretas de assessoria e prestação de serviços de *staff*.
- **Separação entre órgãos operacionais (executivos) e órgãos de apoio e suporte (assessores)**: os órgãos operacionais (linha) são os órgãos executivos das operações básicas da organização e os órgãos de apoio (*staff*) são os órgãos assessores e consultores que prestam serviços internos. O *staff* dedica-se a atividades que requerem estudo e pesquisa e que concentram sua atenção sobre assuntos de planejamento e solução de problemas da organização. Com isso, os chefes de linha ficam livres para se concentrar na execução do trabalho e nos regulamentos formulados pelo *staff*. A autoridade e a responsabilidade dos membros de *staff* são de natureza aconselhadora e não diminuem a autoridade e a responsabilidade dos chefes de linha. Entretanto, são os chefes de linha que retêm completa autoridade e responsabilidade pela execução dos planos.
- **Hierarquia *versus* especialização**: apesar do convívio entre características lineares e funcionais, há forte predominância dos aspectos lineares na organização linha-*staff*. A organização linha-*staff* mantém o princípio da hierarquia (cadeia escalar), ou seja, a nivelação dos graus de autoridade linear, sem abrir mão da especialização. A hierarquia (linha) assegura o comando e a disciplina, enquanto a especialização (*staff*) fornece os serviços de consultoria e assessoria. Reúnem-se em um só tipo de organização a autoridade hierárquica e a autoridade do conhecimento.

Quase sempre, como na área militar, a autoridade de *staff* é uma autoridade de gabinete, enquanto a autoridade linear é uma autoridade de campo focada na execução e nas operações.

Quadro 8.3 As características da linha e do *staff*

Aspectos	Linha	*Staff*
Papel principal	É quem decide	É quem assessora
Atuação	É quem cuida da execução	É quem dá consultoria e assistência

(continua)

(continuação)

Aspectos	Linha	*Staff*
Tipo de atividade	Comando Ação Trabalho de campo	Recomendação Alternativas Trabalho de gabinete
Responsabilidade	Pela operação e pelos resultados	Pelo planejamento e pelas sugestões
Exemplo	Gerente de departamento	Gerente de s*taff*

8.4.4 Vantagens da organização linha-*staff*

Estas são suas vantagens:

- **Assegura assessoria especializada e inovadora mantendo o princípio de autoridade única**: o *staff* proporciona serviços especializados, fator importante em uma era de especialização e competição, mas não pode interferir na autoridade dos órgãos que assessora e presta serviços. A estrutura linha-*staff* tem a vantagem de oferecer uma área de assessoria e prestação de serviços com predomínio da estrutura linear e conservando o princípio da autoridade única. Os especialistas prestam serviços, mas os serviços que oferecem são apenas recomendados e não precisam ser aceitos. A linha pode adotá-los à sua maneira. Assim, o *staff* alivia a linha das tarefas acessórias e especializadas, permitindo-lhe concentrar-se sobre suas principais atividades e responsabilidades.
- **Atividade conjunta e coordenada dos órgãos de linha e dos órgãos de *staff***: os órgãos de linha responsabilizam-se pela execução das atividades básicas da organização (como produzir e vender), enquanto os órgãos de *staff* responsabilizam-se pela execução de serviços especializados (como financiar, comprar, gerir recursos humanos, planejar e controlar etc.).

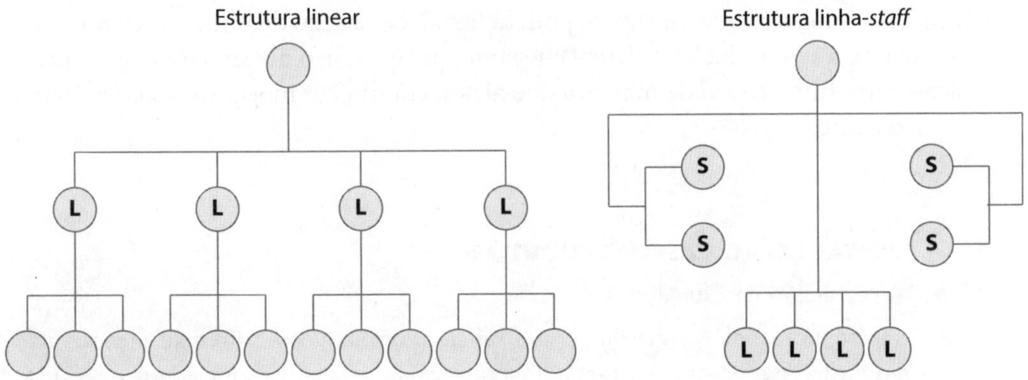

Figura 8.3 Comparativo entre a organização linear e a organização linha-*staff*.

8.4.5 Desvantagens da organização linha-*staff*

Estas são suas vantagens:

- **Existência de conflitos entre órgãos de linha e de *staff***: o assessor de *staff* não tem autoridade linear sobre os executores e o gerente de linha não tem tempo, nem preparo profissional, para se especializar. Os conflitos entre linha e *staff* caracterizam-se da seguinte maneira:[5]
  - O assessor de *staff* é um técnico com preparo profissional, enquanto o de linha é um homem de prática, promovido pela experiência e pelos conhecimentos adquiridos no trabalho. Um trabalha com conhecimento, e o outro, com experiência imediata.
  - O assessor tem melhor formação escolar, mas menor experiência, enquanto o de linha subiu na hierarquia com a experiência adquirida ao longo dos anos. A diferença de formação e idade predispõe à rejeição das ideias do *staff* pelo pessoal de linha.
  - O pessoal de linha pode acreditar que os assessores pretendem roubar-lhes autoridade a fim de aumentar seu prestígio e posição. Ao planejar e recomendar, o assessor não assume responsabilidade pelos resultados dos planos que apresenta. A situação é propícia ao conflito pois, a qualquer dificuldade, o assessor pode assegurar que seu plano falhou por inépcia do pessoal de linha na execução, enquanto o pessoal de linha pode argumentar que o plano é impraticável e teórico.
  - A assessoria requer custos elevados para a empresa na forma de despesas operacionais e salários; e o pessoal de linha se preocupa com os custos financeiros da contribuição do *staff*. Isso leva os assessores a apresentar trabalhos em quantidade a fim de justificar seu custo. Isso pode ser danoso, quando provoca ações negativas, assim como pode ser positivo e útil, quando traz competição sadia, cooperação, troca de ideias e de experiências inovadoras.
- **Dificuldade na obtenção e na manutenção do equilíbrio entre linha e *staff***: pode ocorrer inevitáveis desequilíbrios e distorções. O *staff* tende a forçar suas sugestões e impor suas ideias em detrimento do ponto de vista dos órgãos assessorados. Isso pode provocar enfraquecimento da linha ou delimitação da ação dos especialistas. Se essa delimitação for exagerada ou rígida, poderá fortalecer a ação da linha ou levar o *staff* à passividade e à acomodação. É difícil chegar a um equilíbrio dinâmico e a uma sincronização entre linha e *staff* de maneira que alcancem um comportamento cooperativo, recíproco e integrativo.[6]

VOLTANDO AO CASO INTRODUTÓRIO

A revolução na Blue Jeans

Como Diretora Industrial, Marina procurou fixar-se em objetivos a serem alcançados na área de produção da empresa, a saber; aumentar a qualidade e a produtividade e reduzir tempos e custos como questões básicas a serem alcançadas pelas mudanças desejadas por ela. Que outros objetivos Marina poderia desejar? Como você poderia ajudá-la?

8.4.6 Esfera de aplicação da organização linha-*staff*

A estrutura linha-*staff* é a forma mais utilizada de organização. Permite incorporar especialistas à organização para dar apoio e suporte aos órgãos de linha.

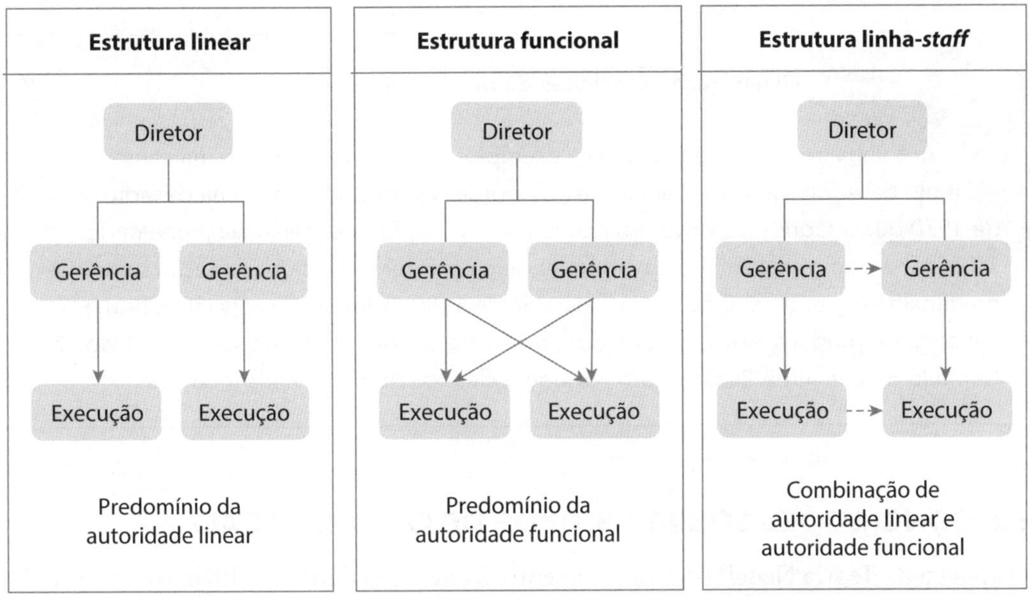

Figura 8.4 Diferenças entre as organizações linear, funcional e linha-*staff*.

PARA REFLEXÃO

A organização linha-*staff* das Indústrias Rex

João de Barros é o presidente das Indústrias Rex, uma grande organização que adota a estrutura linha-*staff*. Ele pretende aposentar-se dentro de alguns anos. JB escolheu seu filho, que é engenheiro, para sucedê-lo e que deve ingressar na empresa para começar sua carreira. Ele quer explicar ao filho as características, as vantagens e as desvantagens de uma organização linha-*staff* para ele saber onde está pisando. Como JB deveria explicar?

8.5 APRECIAÇÃO CRÍTICA DOS TIPOS DE ORGANIZAÇÃO

Os tipos de organização contidos na literatura neoclássica são desdobramentos dos formatos organizacionais clássicos, carecem de flexibilidade. Sua rigidez fez com que, ao redor da década de 1970, fossem rapidamente remodelados diante da mudança e da instabilidade nos mercados mundiais. Quando o mundo muda, a necessidade de mudança interna se torna irremediável. Essa mudança estrutural foi até tentada a partir do modelo neoclássico, mas foi um fracasso. Percebeu-se que os tipos neoclássicos de organização – por não poderem sofrer mudanças e adaptações – precisavam ser rapidamente substituídos por outros modelos flexíveis completamente diferentes. E foi o que aconteceu.

SAIBA MAIS **Organização em linhas de montagem**

Embora a linha de montagem seriada – exemplo do fordismo – fosse o marcante exemplo da Administração Científica e da abordagem neoclássica, foi na década de 1970 que a fábrica da Volvo em Kalmar, na Suécia, fez a experiência pioneira de substituir a tradicional linha de montagem de carros por células de produção baseadas no trabalho em equipe. E no final da década de 1980, a Toyota Motors introduziu o conceito de produção enxuta por meio do sistema *Just-in-time* (que será abordado no Capítulo 6 do volume 2), alterando o modelo clássico da Engenharia Industrial.

8.6 CONCLUSÕES SOBRE OS TIPOS DE ORGANIZAÇÃO

O apogeu da Teoria Neoclássica ocorreu entre as décadas de 1960 e 1970. Nesse período, se o mundo dos negócios não era mais estável, previsível e conservador como no início do século 20, também não apresentava as características de mudança e transformação de hoje. As soluções apresentadas pelos neoclássicos no que diz respeito aos tipos de organização foram adequadas para a época quando ainda predominava a formalização. A organização do tipo linha-*staff* tornou-se o formato estrutural típico das empresas no mundo todo e ainda hoje prevalece na maioria das organizações. Porém, o trabalho isolado das pessoas passou a ser substituído pelo trabalho conjunto e social para obtenção de maior satisfação e maior produtividade.

As equipes – multifuncionais ou multidisciplinares, autônomas ou semiautônomas – são utilizadas no mundo todo para proporcionar flexibilidade e agilidade às organizações. Para incrementar a autonomia e a liberdade das equipes, surgiu o *empowerment*, ou fortalecimento das equipes. Com o advento da Era Digital, das novas tecnologias, das empresas virtuais e das *startups*, muitas inovações surgiram no campo das arquiteturas organizacionais – que veremos no volume 2 deste livro –, que abarcam as teorias administrativas mais recentes. Observe a Figura 8.5, um mapa mental para os tipos de organização.

RACIONALISMO DA ORGANIZAÇÃO FORMAL

Organização linear:

- Autoridade linear ou única
- Linhas formais de comunicação
- Centralização das decisões
- Aspecto piramidal

Organização funcional:

- Autoridade funcional ou dividida
- Linhas diretas de comunicação
- Descentralização das decisões
- Ênfase na especialização

Organização linha-*staff*:

- Fusão da estrutura linear com funcional
- Comunicações formais e diretas
- Separação entre operação e suporte
- Hierarquia x especialização

Funções do *staff*:

- Prestação de serviços
- Consultoria e assessoria
- Monitoração
- Planejamento e controle

Apreciação crítica dos tipos de organização:

- Falta de flexibilidade
- Conservantismo
- Introspecção
- Nenhuma preocupação com o mundo exterior

Figura 8.5 Mapa mental dos tipos de organização.

8.7 DEPARTAMENTALIZAÇÃO

Além do aspecto de formatação geral da empresa que acabamos de abordar, os neoclássicos se preocuparam em definir também a especialização dos órgãos que compõem uma organização. Eles concluíram que havia três orientações básicas em toda organização: financiar, produzir e vender. Em outras palavras, para eles, as três atividades básicas de toda e qualquer organização eram tratar das finanças, da produção e das vendas ao mercado. Assim, era importante definir como essas funções poderiam constituir os tipos de departamentalização na formatação organizacional.

CHIAVENATO DIGITAL

Aumente seus conhecimentos sobre **Departamentalização** na seção *Saiba mais* TGA 1 8.4

Para os neoclássicos, a especialização na organização pode ocorrer em dois sentidos: vertical e horizontal. A especialização vertical ocorre com a necessidade de aumentar a qualidade da supervisão ou chefia, acrescentando mais níveis hierárquicos na estrutura. Ela se faz à custa do aumento de níveis hierárquicos. É um desdobramento da autoridade e, por isso, denomina-se processo escalar, pois se refere ao crescimento da cadeia de comando. A especialização vertical provoca o crescimento vertical do organograma, isto é, o aumento dos níveis hierárquicos.

A especialização horizontal ocorre com a necessidade de aumentar a perícia, a eficiência e a melhor qualidade do trabalho em si. Corresponde a uma especialização de atividades e de conhecimentos. Ela se faz com o maior número de órgãos especializados no mesmo nível hierárquico, cada qual em sua tarefa ou atividade. A especialização horizontal é denominada processo funcional e se caracteriza pelo crescimento horizontal do organograma. Recebe o nome de departamentalização pela sua tendência de criar departamentos.[7] A departamentalização é um agrupamento de atividades congêneres e relacionadas entre si. A Figura 8.6 mostra a diferença entre as duas especializações.

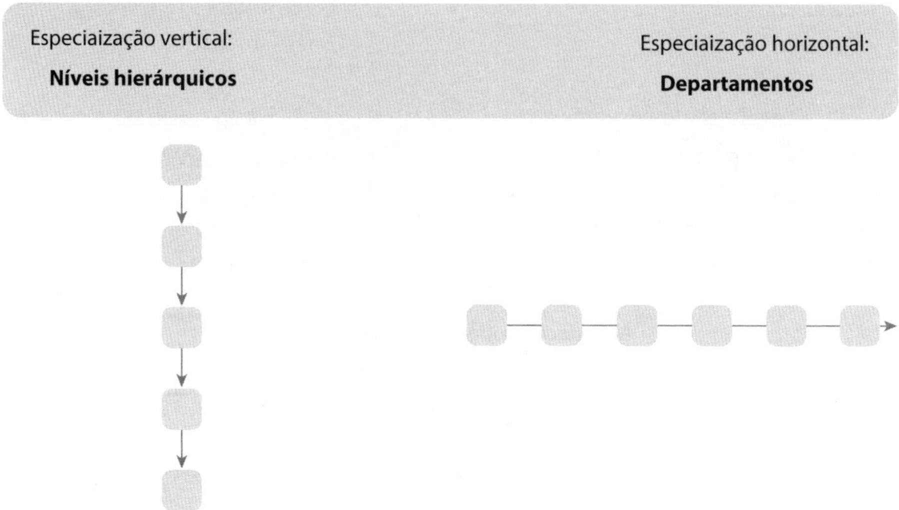

Figura 8.6 Especializações vertical e horizontal: processo escalar e funcional.

Departamento designa uma área, divisão ou segmento distinto de uma empresa sobre a qual um administrador (diretor, gerente, supervisor etc.) tem autoridade para o desempenho de atividades específicas. Assim, *departamento* é um termo utilizado com um significado genérico: pode ser um departamento, uma divisão, uma seção, uma unidade organizacional ou um setor. A terminologia departamental nem sempre é levada a sério, nem indica relações hierárquicas bem definidas: um superintendente cuida de uma divisão; um gerente, de um departamento; um chefe, de uma seção; um supervisor, de um setor. A terminologia é casual e pouco ordenada. Daí a dificuldade de uma terminologia universal.

À medida que ocorre a especialização do trabalho, a organização passa a requerer coordenação dessas diferentes atividades, agrupando-as em unidades maiores. Daí o princípio da homogeneidade: as funções devem ser atribuídas a unidades organizacionais na base da homogeneidade de conteúdo com o objetivo de alcançar operações mais eficientes e econômicas. As funções são homogêneas quando seu conteúdo apresenta semelhanças entre si. Assim, o princípio que deve reger a departamentalização é o princípio da homogeneidade.

8.8 TIPOS DE DEPARTAMENTALIZAÇÃO

A departamentalização é um meio para obter homogeneidade de tarefas em cada órgão. Para Gulick, autor clássico, essa homogeneidade é possível quando se reúne, na mesma unidade, todos aqueles que estão executando "o mesmo trabalho, pelo mesmo processo, para a mesma clientela e no mesmo lugar".[8]

Os principais tipos de departamentalização são:

- Por funções ou departamentalização funcional.
- Por produtos ou serviços.
- Por localização geográfica.
- Por clientes.
- Por fases do processo ou processamento.
- Por projetos.

A departamentalização consiste em escolher modalidades de homogeneização de atividades, agrupando componentes similares em departamentos ou divisões.

8.8.1 Departamentalização por funções

Também denominada departamentalização funcional,[9] consiste no agrupamento das atividades e tarefas de acordo com as funções principais desenvolvidas dentro da empresa. Como todo empreendimento compreende a criação de alguma utilidade em uma economia de troca e as funções fundamentais de toda empresa consistem em produção (criação de utilidade ou acréscimo de utilidade de um produto ou serviço), venda (procura de fregueses, pacientes, clientes ou membros que concordem em aceitar o produto ou serviço a um determinado preço) e financiamento (levantamento, obtenção, aplicação de recursos financeiros da empresa), nada mais lógico do que agrupar tais atividades básicas em departamentos: produção, vendas e finanças. Assim, a divisão do trabalho provoca a departamentalização da organização de acordo com o critério de semelhança de funções em atividades agrupadas com a mesma classificação funcional, como produção, vendas e finanças.

Características:
Agrupamento das atividades de acordo com as funções principais da empresa.

Vantagens:
- Agrupa especialistas comuns em uma única chefia.
- Garante plena utilização das habilidades técnicas das pessoas.
- Permite economia de escala pela utilização integrada de pessoas e produção.
- Orienta as pessoas para uma única e específica atividade.
- Indicada para condições de estabilidade.
- Reflete auto-orientação e introversão administrativa.

Desvantagens:
- Reduz a cooperação interdepartamental.
- Inadequada quando a tecnologia e o ambiente são mutáveis.
- Dificulta adaptação e flexibilidade a mudanças externas.
- Faz com que pessoas focalizem subojetivos de suas especialidades.

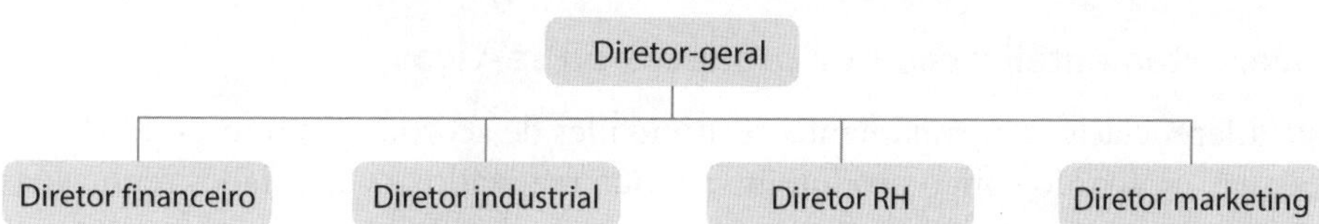

Figura 8.7 Características da departamentalização funcional.

Todavia, não há uma terminologia única ou padrão para as funções empresariais, como mostra a Figura 8.8.

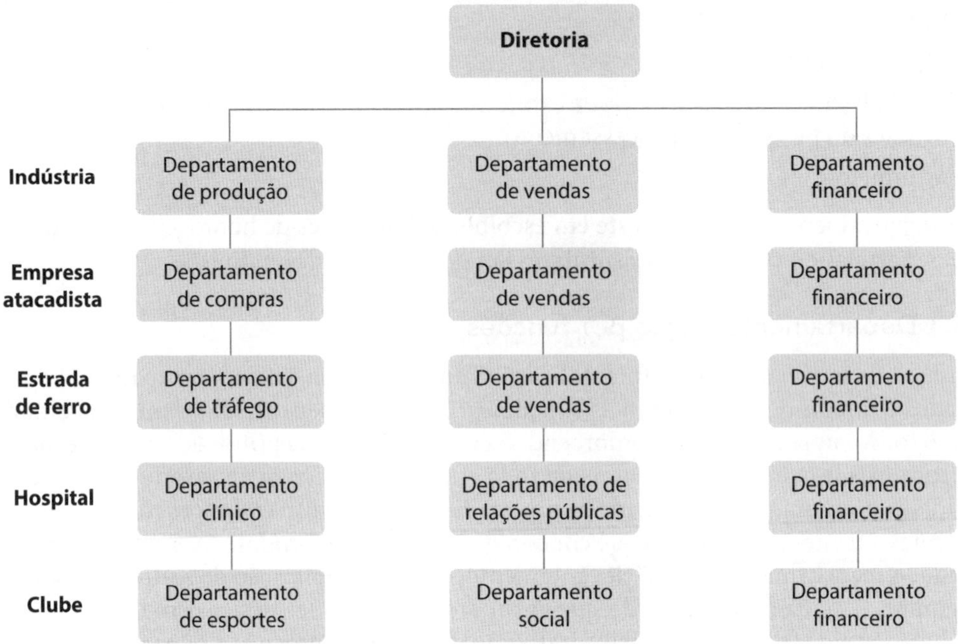

Figura 8.8 As diferentes denominações dos mesmos departamentos.

PARA REFLEXÃO

O enxugamento da Forma Flex

A Forma Flex é uma empresa departamentalizada por funções, com seis diretorias: financeira, marketing, industrial, tecnologia, suprimentos e recursos humanos. Depois de um processo de reengenharia, a empresa passou por um enxugamento, reduzindo de sete para três níveis hierárquicos, para aproximar a base do topo e tornar mais ágeis as decisões, e de seis para quatro diretorias, extinguindo as diretorias de tecnologia e suprimentos, cujas divisões foram anexadas à diretoria industrial. Como você faria esse enxugamento? Compare a situação anterior com a situação atual e suas vantagens e limitações.

8.8.2 Departamentalização por produtos ou serviços

Envolve diferenciação e agrupamento de atividades de acordo com o resultado da organização, isto é, de acordo com o produto ou serviço realizado. As atividades requeridas para suprir um produto ou serviço – mesmo que sejam dissimilares – são agrupadas no mesmo departamento.[10]

Se a organização produz quatro produtos, as atividades A, B, C e D, requeridas para cada produto, deverão ser agrupadas em cada departamento por produto.

Esse tipo de departamentalização baseia-se nos produtos ou serviços executados pela organização, a qual se descentraliza em função deles. Isso traz vantagens econômicas e facilita o emprego da tecnologia, das máquinas e dos equipamentos, do conhecimento e do pessoal, permitindo intensificação de esforços e concentração, que aumentam a eficiência da organização.[11] Observe a Figura 8.9.

Características:
Agrupamento das atividades de acordo com o resultado da organização, ou seja, de acordo com o produto ou serviço realizado.

Vantagens:

- Fixa a responsabilidade dos departamentos para um produto ou serviço.
- Facilita a coordenação interdepartamental.
- Facilita a inovação, que requer cooperação e comunicação de vários grupos.
- Indicada para circunstâncias externas mutáveis.
- Permite flexibilidade.

Desvantagens:

- Dispersa os especialistas em subgrupos orientados para diferentes produtos.
- Contraindicada para circunstâncias externas estáveis.
- Provoca problemas humanos de temores e ansiedades com a instabilidade.
- Enfatiza a coordenação em detrimento da especialização.

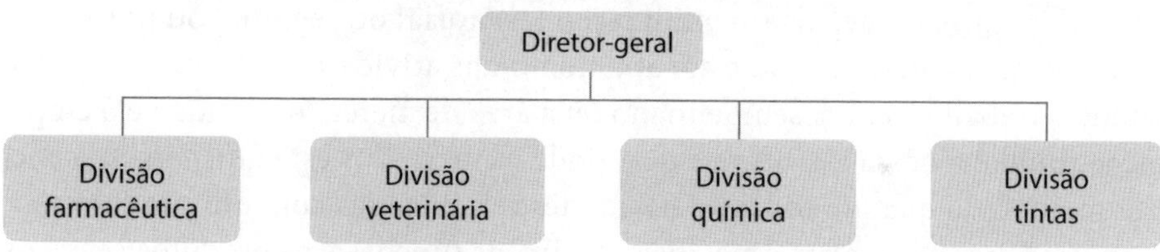

Figura 8.9 Departamentalização por produtos.

A departamentalização por produtos separa a estrutura organizacional em unidades na base de produtos que apresentam um ciclo de vida longo, como no caso das indústrias automobilísticas. Quando envolve um ciclo de vida mais rápido, ela é substituída pela departamentalização de projeto, que veremos adiante.

Nas empresas não industriais, ela é denominada departamentalização por serviços. A diferença é que o agrupamento das atividades se baseia nos serviços prestados e não nos produtos. Os hospitais departamentalizam suas atividades por serviços, como cirurgia, radiologia, pediatria etc., enquanto as associações de caridade têm departamentos de alimentação, vestuário, alojamento e assistência médica. Os bancos departamentalizam suas operações em contas correntes, cobrança, câmbio, empréstimo etc. Uma instituição de ensino pode departamentalizar suas atividades em curso fundamental, de secretariado ou de aperfeiçoamento técnico.

A estrutura por produtos/serviços é indicada para circunstâncias ambientais instáveis e mutáveis, pois induz à cooperação entre especialistas e à coordenação de seus esforços para melhor desempenho do produto/serviço.[12] Além disso, cada departamento tem completa autonomia e autossuficiência com suas próprias unidades de produção, vendas, pesquisa e desenvolvimento etc. Se a tecnologia adotada é estável e permanente, então a organização do tipo linear e a departamentalização funcional são mais apropriadas. Todavia, se a tecnologia adotada é adaptativa e mutável, então a departamentalização por produto e a estrutura de *staff* são mais adequadas.[13]

Exercício
A virada na PetroPaulus

Ao assumir a direção da PetroPaulus, Viviane Carvalho encontrou uma empresa departamentalizada por produtos (divisão de automóveis, utilitários, caminhões e tratores) no primeiro nível hierárquico e departamentalizada por funções (departamento industrial, comercial, financeiro e de Recursos Humanos – RH) no segundo nível. Viviane decidiu mudar a estrutura organizacional invertendo as departamentalizações: departamentalização por funções (divisão industrial, comercial, financeira e de RH) no primeiro nível e departamentalização por produtos (departamentos de automóveis, utilitários, caminhões e tratores em cada uma das quatro funções) no segundo nível. Monte o organograma anterior e a proposta atual e descreva os pontos positivos e negativos da decisão de Viviane.

8.8.3 Departamentalização geográfica

É também denominada departamentalização territorial ou regional ou por localização geográfica. Requer diferenciação e agrupamento das atividades de acordo com a localização onde o trabalho será desempenhado ou a área de mercado servida pela empresa. A presunção implícita nessa estrutura é que, onde os mercados estão dispersos, a eficiência pode ser melhorada quando todas as atividades relacionadas com um produto são agrupadas em uma área geográfica específica. Assim, as funções e os produtos/serviços – sejam similares, sejam dissimilares – são agrupados na base dos interesses geográficos. A departamentalização por base territorial é utilizada por empresas que cobrem grandes áreas geográficas, cujos mercados são extensos e cujas atividades estão geograficamente dispersas. As empresas multinacionais utilizam essa estratégia para as suas operações fora do país de origem, onde estão sediadas. É mais indicada para a área de produção (operações) e de vendas, sendo pouco utilizada pela área financeira, que nem sempre permite descentralização. Veja a Figura 8.10.

A preocupação territorial é uma característica típica da área mercadológica (filiais e agências distribuídas territorialmente) e da área de produção ou operações (fábricas e instalações distribuídas territorialmente para melhor utilização dos recursos locais). Ela faz com que as demais áreas da empresa – finanças e recursos humanos, pesquisa e desenvolvimento – se tornem secundárias. O agrupamento territorial aumenta o problema do controle ao nível institucional da empresa. A estrutura geográfica é aplicável quando a empresa pretende dar cobertura a um mercado de clientes ou consumidores (por meio da área mercadológica descentralizada) ou a um mercado de fornecedores de recursos de produção (por meio da área de produção descentralizada).

Características:

Agrupamento das atividades de acordo com o território, região ou área geográfica.

Vantagens:

- Assegura sucesso da organização pelo ajustamento às condições locais.
- Fixa a responsabilidade de desempenho e lucro em cada local ou região.
- Encoraja os executivos a pensar em termos de sucesso no território.
- Indicada para empresas de varejo.
- Indicada para condições de estabilidade.
- Permite acompanhar variações locais e regionais.

Desvantagens:

- Reduz a cooperação interdepartamental.
- Ocorre principalmente nas áreas de marketing e produção.
- Inadequada para a área financeira.

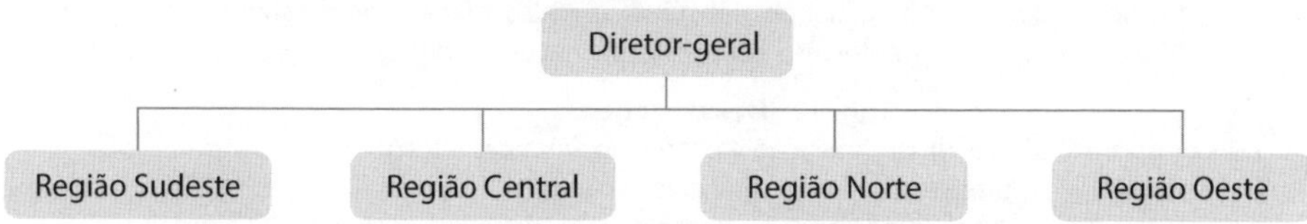

Figura 8.10 Departamentalização por localização geográfica.

Exercício
A nova organização das Lojas Maravilha

Nos seus bons tempos, a Lojas Maravilha inaugurou cerca de 72 lojas em todo o território nacional, fincando seu domínio na venda de produtos de consumo. Agora, para enfrentar a forte competitividade, a diretoria está reestudando sua estrutura organizacional baseada em área geográfica. A Lojas Maravilha está organizada em seis divisões regionais: São Paulo, Rio de Janeiro, Região Sul, Região Norte, Região Nordeste e Região Central. Cada divisão regional tem um diretor que dirige seus departamentos subordinados: São Paulo (capital e interior), Rio de Janeiro (capital e interior), Região Sul (Rio Grande do Sul, Santa Catarina e Paraná), Região Norte (Amazonas e Pará), Região Nordeste (Pernambuco, Rio Grande do Norte e Ceará) e Região Central (Goiás, Distrito Federal e Minas Gerais). No primeiro nível do organograma, juntamente com as seis divisões regionais (linha) existe um *staff* central constituído de quatro departamentos: financeiro, administrativo, compras e recursos humanos. O presidente, Milton Nadler, cuida de todos os assuntos administrativos. Contudo, ele pretende alterar a organização. No primeiro nível, ele quer uma departamentalização por funções, e no segundo nível, uma departamentalização regional, para poder imprimir mais integração à empresa. Monte o organograma atual e o organograma proposto por Milton e, em seguida, indique os pontos positivos e negativos de sua pretensão.

8.8.4 Departamentalização por clientes

A organização na base da clientela envolve a diferenciação e o agrupamento das atividades de acordo com o tipo de cliente para quem o trabalho é executado. As características dos clientes – como idade, gênero, nível socioeconômico, tipo de consumidor etc. – constituem a base para esse tipo de departamentalização. A departamentalização por clientes ou por fregueses reflete o interesse pelo consumidor do produto ou serviço oferecido pela organização. É um critério importante quando a organização lida com diferentes classes de clientes com diferentes características e necessidades. Ela divide as unidades organizacionais para que cada uma delas possa servir um cliente diferente. Quando clientes diferentes requerem diferentes métodos de vendas, diferentes características de produtos e, às vezes, diferentes serviços organizacionais, a estrutura centrada no cliente é a mais indicada.

Características:

Agrupamento das atividades de acordo com os tipos de clientes servidos.

Vantagens:

- Quando a satisfação do cliente é o aspecto mais crítico da organização.
- Quando o negócio depende de diferentes tipos de clientes.
- Predispõe os executivos a pensar em satisfazer as necessidades dos clientes.
- Permite concentrar competências sobre distintas necessidades dos clientes.

Desvantagens:

- As demais atividades da organização – produção, finanças – tornam-se secundárias ou acessórias face à preocupação exclusiva com o cliente.
- Os demais objetivos da organização – como lucratividade, produtividade, eficiência – podem ser sacrificados em função da satisfação do cliente.

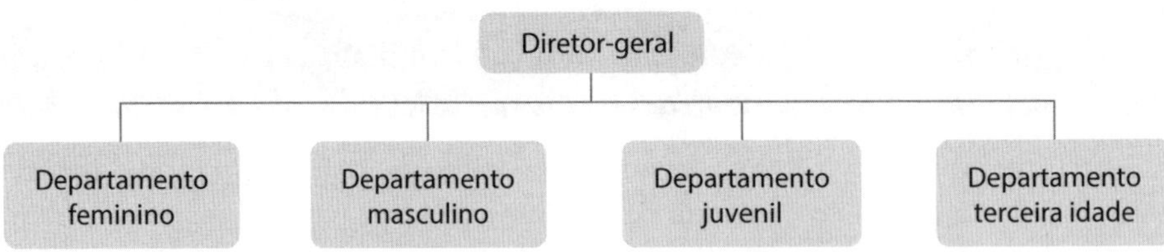

Figura 8.11 Departamentalização por clientes em uma loja.

A departamentalização por clientes constitui a abordagem mais extrovertida da empresa, cuja ênfase está mais voltada para o cliente do que para si mesma. É indicada quando o negócio depende de diferentes características de produtos/serviços que variam conforme o tipo e as necessidades do cliente. É uma estrutura que permite concentrar todos os conhecimentos sobre as diferentes necessidades e exigências dos diferentes clientes servidos pela organização.

8.8.5 Departamentalização por processos

Também denominada departamentalização por fases do processo, por processamento ou, ainda, por equipamento. É utilizada em empresas industriais nas áreas de produção ou operação e nos níveis mais baixos da estrutura organizacional. A diferenciação e o agrupamento se fazem por meio de sequência do processo produtivo ou operacional ou por meio do arranjo e da disposição racional do equipamento utilizado. É o processo de produção dos bens ou serviços que determina a estrutura de diferenciação e agrupamento. Observe a Figura 8.12.

Características:
Agrupamento das atividades de acordo com o fluxo do processo produtivo.

Vantagens:
- Muito utilizado no nível operacional de áreas de produção ou de operações.
- Garante plena utilização e vantagens econômicas do equipamento ou tecnologia.
- A tecnologia passa a ser o foco e o ponto de referência para o agrupamento.
- Enfatiza o processo.
- Permite ações de reengenharia dos processos e de enxugamento.

Desvantagens:
- Inadequada quando a tecnologia e o ambiente são mutáveis.
- Pouca flexibilidade a mudanças internas ou externas.
- Centraliza demasiadamente a atenção no processo produtivo.

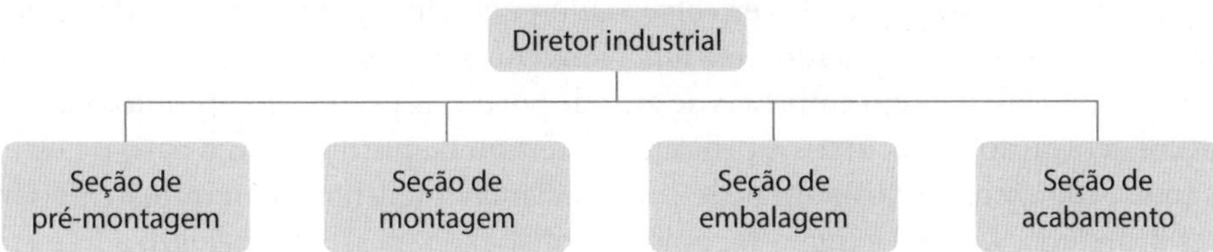

Figura 8.12 Departamentalização por processos.

Processo é um conjunto de atividades estruturadas e destinadas a resultar em um produto específico para determinado cliente ou mercado. É uma ordenação das atividades de trabalho no tempo e no espaço, com começo e fim, e entradas e saídas claramente identificadas.[14] O processo é entendido como uma série de atividades que fornecem valor a um cliente. O cliente do processo não é necessariamente um cliente externo da empresa. Ele pode estar dentro da empresa: é o chamado cliente interno.

A departamentalização por processo procura extrair vantagens econômicas oferecidas pela natureza do equipamento ou da tecnologia. A tecnologia constitui o foco e o ponto de referência para o agrupamento de unidades e posições. A ênfase nos processos produziu a reengenharia. Essa procura reinventar a organização por meio do total redesenho dos seus processos empresariais, como veremos mais adiante.

O agrupamento por processo está também ligado ao produto/serviço produzido por meio do processo. Em outros termos, a estrutura do processo utilizada pelas empresas está relacionada com a estrutura e o fluxo de produção do produto. Vale dizer que o processo é uma variável dependente da tecnologia empregada para produzir um dado produto/serviço. O agrupamento por processo é interessante quando os produtos ou a tecnologia utilizada são estáveis e duradouros.

PARA REFLEXÃO

A reengenharia na Fernandes & Brito

Após analisar as limitações da velha estrutura funcional da Fernandes & Brito, a Diretora-Presidente, Irene Brito, resolveu fazer uma reengenharia na empresa. Para ela, a abordagem funcional verticaliza a empresa e a separa por departamentos herméticos e intraorientados, sem nenhuma coordenação entre si. Isso é um absurdo. Ela quer substituir o antigo esquema hierárquico e vertical por um esquema horizontal e baseado nos principais processos da empresa. Em vez de departamentos por funções, ela quer equipes multifuncionais dedicadas aos três processos básicos da empresa: criar e produzir produtos, vender e atender ao cliente, criar e agregar valor financeiro. Como Irene poderia fazer essa revolução interna?

8.8.6 Departamentalização por projetos

O agrupamento na base de projetos envolve a diferenciação e o agrupamento das atividades de acordo com as saídas e resultados (*outputs*) relativos a um ou a vários projetos da empresa. É uma estratégia utilizada em empresas de grande porte que produzem produtos envolvendo grande concentração de recursos e prolongado tempo de produção. É o caso de estaleiros navais (que produzem navios), obras de construção civil (edifícios) ou industrial (fábricas e usinas hidrelétricas), que exigem tecnologia sofisticada, pessoal especializado e reunião de recursos diferentes ao longo do produto. Ocorre também em novelas de televisão e em filmes, em que cada projeto é constituído de uma equipe que, após terminado, dispersa-se. Como o produto é de grande porte e exige planejamento individual e detalhado e um extenso período para sua execução, cada produto é tratado como um projeto especial e sob encomenda. Essa estratégia de organização adapta a estrutura da empresa aos projetos que ela se propõe a construir. Por meio desse critério, unidades e grupos de empregados são destacados e concentrados durante longo lapso de tempo em projetos específicos e os recursos necessários são alocados em cada projeto. Veja Figura 8.13.

A departamentalização por projetos é, no fundo, uma departamentalização temporária por produto (quando o projeto é único e inédito), tem ciclo de vida específico, assume proporções enormes, requerendo investimentos e recursos elevados, tecnologia específica e períodos prolongados de tempo para seu planejamento e sua execução. Sua vantagem é a enorme concentração de diferentes recursos em uma atividade complexa que exige pontos definidos de início e término, com datas e prazos determinados. É uma departamentalização focada em resultados. Cada projeto envolve tecnologias e conhecimentos exclusivos. Além da descontinuidade, provoca ansiedade e angústia nas pessoas pela imprevisibilidade de futuro no trabalho.

O agrupamento por projeto é utilizado por organizações que se dedicam a atividades influenciadas pelo desenvolvimento tecnológico – por exemplo, pesquisa e desenvolvimento em empresas do ramo farmacêutico, de eletrônica, energia nuclear, astronáutica, aeronáutica etc. – , quando o projeto se refere a um novo produto a ser pesquisado e desenvolvido para ser futuramente colocado em linha de produção. A principal tarefa é reunir uma equipe de especialistas em diversos campos de atividade.[15] A Administração por projetos é uma decorrência dessa estratégia organizacional e está centrada na adaptação de certos segmentos da empresa a um

CHIAVENATO DIGITAL

Aumente seus conhecimentos sobre **A força-tarefa** na seção *Saiba mais* TGA 1 8.5

produto complexo e manufaturado a partir de uma enorme concentração de recursos e de especialistas diferentes para atender a especificações predeterminadas no sentido de atender exigências e necessidades dos clientes.[16]

Características:
Agrupamento das atividades de acordo com os projetos planejados pela empresa.

Vantagens:
- Agrupa equipes multifuncionais em projetos específicos de grande porte.
- Ideal para empresas cujos produtos envolvam concentração de recursos e tempo.
- Ideal para estaleiros, obras de construção civil ou industrial, hidroelétricas.
- Facilita o planejamento detalhado para a execução de produtos de grande porte.
- Adapta a empresa aos projetos que ela pretende construir.
- Unidades e grupos são destacados e concentrados durante longo tempo
- É uma departamentalização temporária por produto.

Desvantagens:
- O projeto tem vida planejada. É descontínuo.
- Quando ele termina, a empresa pode desligar pessoas ou paralisar equipamentos.
- Produz ansiedade e angústia nas pessoas pela sua descontinuidade.

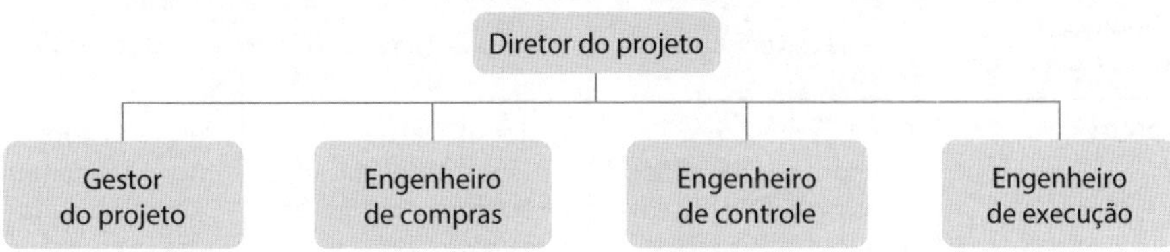

Figura 8.13 Departamentalização por projetos.

Quadro 8.4 Características da departamentalização funcional e da departamentalização por projetos[17]

Estrutura funcional	Estrutura por projetos
Orientação: especialização	**Orientação: resultados**
Eficiência no uso de recursos – Menor duplicação de esforços na execução de projetos. – Menor ociosidade de recursos no nível da instituição como um todo.	Sensibilidade ao ambiente externo – Maior orientação dos gerentes de projeto a programas externos. – Maior rapidez no empreendimento de ação operacional integrada.
Capacidade técnica especializada – Maior desenvolvimento de potencialidades tecnológicas especializadas a longo prazo. – Maior absorção e retenção do *know-how* de projetos.	**Coordenação sobre o produto** – Maior capacidade de planejamento e controle administrativo de projetos. – Maior descentralização para a decisão a nível do projeto como um todo.
Desenvolvimento técnico de especialistas – Facilidade de desenvolvimento na carreira técnica. – Maior identificação profissional.	**Desenvolvimento de gerentes de projeto** – Maiores habilidades de liderança orientadas a projetos. – Maior estímulo à formação de gerentes de projeto.

PARA REFLEXÃO

A estrutura da Estaleiros Horizonte

Após receber três grandes encomendas para construção de navios, a diretoria da Estaleiros Horizonte decidiu que cada uma das encomendas seria considerada um projeto específico e autônomo, dotado de todos os recursos necessários para seu bom desempenho. A estrutura da empresa é organizada por funções (Diretoria Industrial, Financeira, Comercial, Administrativa e de RH). Os três projetos seriam subordinados à Diretoria Industrial e se situariam no segundo nível organizacional. Como você agiria nessa situação?

Quadro 8.5 Os diferentes tipos de departamentalização

Tipos de departamentalização	Características	Vantagens	Desvantagens
FUNCIONAL	Agrupamento por atividades ou funções principais. Divisão do trabalho interno por especialidade. Auto-orientação, introversão.	Maior utilização de pessoas especializadas e recursos. Adequada para atividade continuada, rotineira e estabelecida a longo prazo.	Pequena cooperação interdepartamental. Contraindicada para circunstâncias ambientais imprevisíveis e mutáveis.
PRODUTOS OU SERVIÇOS	Agrupamento por resultados quanto a produtos ou serviços. Divisão de trabalho por linhas de produtos/serviços. Ênfase nos produtos/serviços. Orientação para resultados.	Define responsabilidade por produtos ou serviços, facilitando a avaliação dos resultados. Melhor coordenação interdepartamental. Maior flexibilidade. Facilita inovação. Ideal para circunstâncias mutáveis.	Enfraquecimento da especialização. Alto custo operacional pela duplicação de especialidades. Contraindicada para circunstâncias estáveis e rotineiras. Enfatiza coordenação em detrimento da especialização.
GEOGRÁFICA OU TERRITORIAL	Agrupamento conforme localização geográfica ou territorial. Ênfase na cobertura geográfica. Orientação para o mercado. Extroversão.	Maior ajustamento às condições locais ou regionais. Fixa responsabilidade por local ou região, facilitando a avaliação. Ideal para firmas de varejo.	Enfraquece a coordenação (seja o planejamento, seja a execução, seja o controle) da organização como um todo. Enfraquecimento da especialização.

(continua)

(continuação)

Tipos de departamentalização	Características	Vantagens	Desvantagens
CLIENTELA	Agrupamento conforme o tipo ou tamanho do cliente ou comprador. Ênfase no cliente. Orientação extrovertida mais voltada para o cliente do que para si mesma.	Predispõe a organização para satisfazer as demandas dos clientes. Ideal quando o negócio depende do tipo ou tamanho do cliente. Fixa responsabilidade por clientes.	Torna secundárias as demais atividades da organização (como produção ou finanças). Sacrifica os demais objetivos da organização (como produtividade, lucratividade, eficiência etc.)
PROCESSO	Agrupamento por fases do processo, do produto ou da operação. Ênfase na tecnologia utilizada. Enfoque introversivo.	Melhor arranjo físico e disposição racional dos recursos. Utilização econômica da tecnologia. Vantagens econômicas do processo. Ideal quando a tecnologia e os produtos são estáveis e permanentes.	Contraindicada quando a tecnologia sofre mudanças e desenvolvimento tecnológico. Falta de flexibilidade e adaptação a mudanças.
PROJETOS	Agrupamento em função de saídas ou resultados quanto a um ou mais projetos. Requer estrutura organizacional flexível e adaptável às circunstâncias do projeto. Requer alto grau de coordenação entre órgãos para cada projeto.	Ideal quando a concentração de recursos é grande e provisória e quando o produto é de grande porte. Orientada para resultados concretos. Alta concentração de recursos e investimentos, com datas e prazos de execução. Adaptação ao desenvolvimento técnico. Ideal para produtos altamente complexos.	Concentra pessoas e recursos em cada projeto provisoriamente. Quando termina um projeto, há indefinição quanto a outros. Descontinuidade e paralisação. Imprevisibilidade quanto a novos projetos. Angústia dos especialistas quanto ao seu próprio futuro.

8.9 ESCOLHAS DE ALTERNATIVAS DE DEPARTAMENTALIZAÇÃO

Dificilmente se encontra na prática a aplicação pura de um único tipo de departamentalização em toda a organização. É comum encontrar uma conjugação de diversos tipos de departamentalização no mesmo nível ou nos diferentes níveis hierárquicos da organização. Isso porque os tipos de departamentalização não são suficientes para estruturar uma organização por meio deles próprios, não indicam claramente como são estabelecidas as inter-relações entre os vários departamentos. A departamentalização não é um fim em si, mas um meio de organizar as atividades da empresa, de forma a facilitar o alcance de seus objetivos. Não é, tampouco, a solução ideal, pois a separação de atividades sempre cria problemas de coordenação de difícil solução.

Existem quatro princípios que, apesar de não serem absolutos e de conflitarem entre si algumas vezes, permitem ajustar o problema de departamentalização:[18]

- **Princípio de maior uso**: o departamento que fizer mais uso de uma atividade deve tê-la sob sua jurisdição.
- **Princípio de maior interesse**: o departamento que tiver mais interesse por uma atividade deve supervisioná-la, porque se torna proficiente nela.
- **Princípio de separação do controle**: as atividades de controle devem ser autônomas, independentes e separadas das atividades que estão sendo controladas.
- **Princípio da supressão da concorrência**: deve-se eliminar a concorrência entre departamentos, agrupando atividades diversas em um só departamento – embora, em certos casos, a rivalidade interdepartamental seja salutar quando cria uma competição leal e sadia.

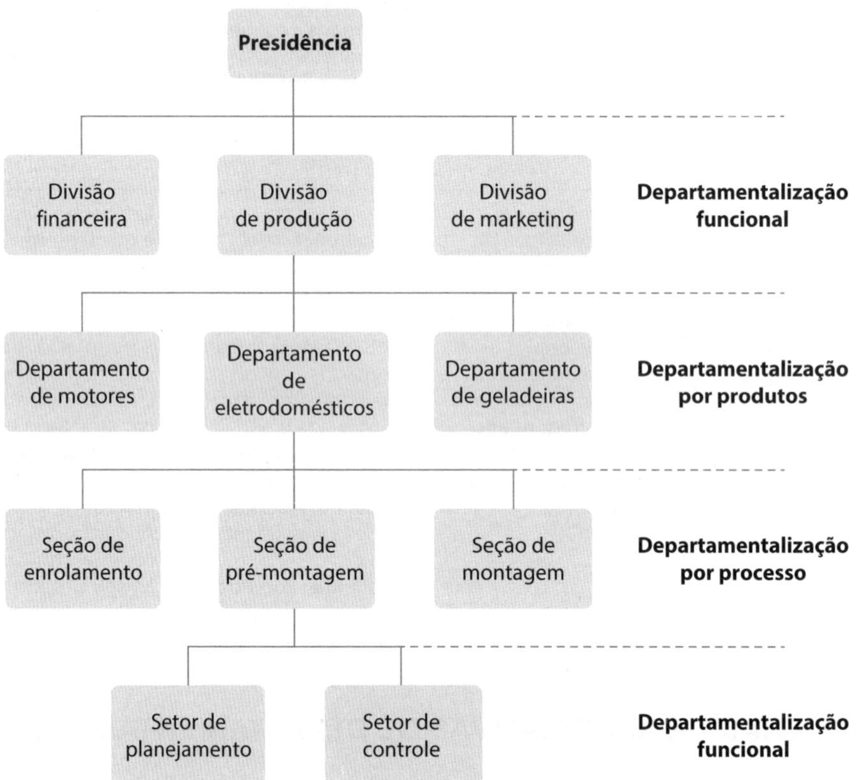

Figura 8.14 Exemplo de departamentalização combinada.

8.10 APRECIAÇÃO CRÍTICA DA DEPARTAMENTALIZAÇÃO

A departamentalização constitui ainda hoje o elemento fundamental na estruturação de muitas organizações. Com o tempo, surgiram critérios, como as unidades estratégicas de negócios, as alianças estratégicas, as redes integradas e as modalidades de plataformas, que serão focalizadas mais adiante. Mesmo a organização por equipes e o modelo adhocrático não conseguiram substituir inteiramente os critérios de departamentalização dos autores neoclássicos. O próprio nome – *departamento* ou *divisão* ou *unidade organizacional* – ainda prevalece, apesar de todo o progresso havido na Teoria Administrativa. A inovação e a flexibilidade ainda não penetraram em todos os poros da Teoria Administrativa.

8.10.1 *Downsizing* e *outsourcing*

Ao redor das décadas de 1980 e 1990, surgiram ferramentas de mudança organizacional tendo por base o enxugamento (*downsizing*), a terceirização (*outsourcing*) e a reengenharia. O enxugamento se faz por meio da redução de níveis hierárquicos ao limite essencial, eliminando posições do nível intermediário a fim de aproximar a base do nível institucional e simplificar, flexibilizar e compactar as organizações. A terceirização ocorre por meio da transferência de atividades não essenciais para fornecedores ou terceiros que possam fazê-las melhor e mais barato, transformando-se em custos variáveis e não fixos. Já a reengenharia consiste em uma nova concepção de organização, baseada não mais na estrutura vertical e hierárquica, mas no foco nos processos organizacionais, fazendo com que a antiga visão verticalizada seja substituída por uma visão horizontalizada. O organograma foi deitado de lado ou jogado no lixo. A base fundamental da reengenharia é a substituição de departamentos separados e isolados por equipes multifuncionais de processos interligados, como veremos no volume 2 deste livro.

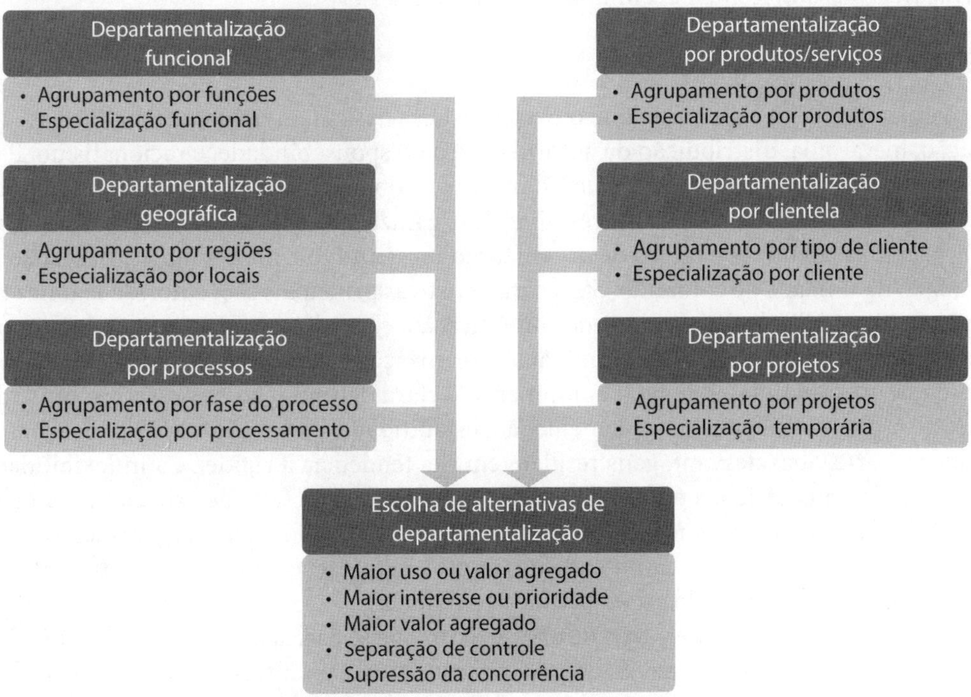

Figura 8.15 Mapa mental da departamentalização.

CONCLUSÃO

A fim de responder às exigências internas e externas, a organização pode desenvolver uma especialização vertical (proporcionando determinado número de níveis hierárquicos) e uma especialização horizontal (proporcionando determinado número de órgãos especializados), ou seja, departamentalização. A departamentalização constitui a combinação e/ou agrupamento adequado das atividades necessárias à organização em departamentos específicos. Assim, pode apresentar-se como departamentalização por funções, produtos ou serviços, localização geográfica, clientela, fases do processo ou por projetos. Cada tipo de departamentalização apresenta características, vantagens e limitações que influirão nas decisões quanto às escolhas de alternativas de departamentalização a adotar na organização.

A departamentalização é um conceito que ainda não foi substituído por algo melhor. Praticamente todas as empresas estão departamentalizadas e não encontraram ainda uma alternativa mais atrativa. Ideias alternativas surgiram e se encontram nas abordagens mais recentes da Teoria Administrativa – que são abordadas no volume 2 deste livro. Mesmo a organização por equipes e os modelos inovadores não conseguiram substituir inteiramente os critérios de departamentalização dos autores neoclássicos. O próprio nome – *departamento* ou *divisão* ou *unidade organizacional* - ainda prevalece, apesar de todo o progresso na Teoria Administrativa. O fato negativo da departamentalização é a criação de fronteiras ou limites que transformam os departamentos em verdadeiros silos fechados e isolados. O problema das empresas atuais está em tentar flexibilizar, em tornar os departamentos mais permeáveis ou, simplesmente, eliminar tais fronteiras.

RESUMO

A organização formal apresenta cinco características básicas: divisão do trabalho, especialização, hierarquia, distribuição da autoridade e da responsabilidade, e racionalismo. Para atender a essas características, que mudam de acordo com cada organização, os autores clássicos e neoclássicos definiram três tipos de organização: linear, funcional e linha-*staff*.

A organização linear é o tipo de organização mais antigo e mais simples. Baseia-se no princípio da unidade de comando. Suas características principais são: autoridade única baseada na hierarquia, linhas formais de comunicação, centralização das decisões no topo e, consequentemente, seu aspecto piramidal. A organização linear apresenta fortes vantagens, como estrutura simples e de fácil compreensão, clara delimitação das responsabilidades de cada órgão, facilidade de implementação, estabilidade e adequação a organizações de pequeno porte. Suas desvantagens residem em sua tendência à rigidez e à inflexibilidade, ao comando autocrático, à ênfase em chefes generalistas, na falta de especialização e no congestionamento dos canais formais de comunicação à medida que a organização cresce. Assim, a organização linear é indicada quando a organização é pequena e rotineira, tem vida curta ou, ainda, quando está em seu estágio inicial.

A organização funcional é o tipo de organização que se baseia no princípio funcional ou princípio de especialização. Suas principais características são: autoridade funcional ou dividida, linhas diretas de comunicação, descentralização das decisões e ênfase na especialização dos órgãos, na melhor supervisão técnica, nas comunicações diretas e sem intermediação. Contudo, suas desvantagens são evidentes: diluição da autoridade de comando, subordinação múltipla, tendência à concorrência entre os especialistas, existência de tensões e de conflitos na organização e confusão quanto aos objetivos. Assim, a organização funcional é indicada quando a organização é pequena ou quando se torna interessante delegar temporariamente autoridade funcional a determinado órgão para implementar algo ou avaliar uma nova atividade.

A organização linha-*staff* é uma combinação das organizações linear e funcional, aumentando-se ao máximo as vantagens e reduzindo as desvantagens, mas com predominância das características lineares. Existem órgãos de linha (ou de execução ou operação) e órgãos de *staff* (ou de consultoria, assessoria ou prestação de serviços especializados). As características da organização linha-*staff* são: fusão da estrutura linear com a estrutura funcional, coexistência entre linhas formais de comunicação e prestação de assessoria funcional, separação entre órgãos operacionais (ou de linha) e órgãos de apoio (ou de assessoria ou *staff*) e coexistência entre hierarquia e especialização técnica. Suas vantagens residem na oferta de assessoria especializada e inovadora, mantendo o princípio de autoridade única, e na atividade conjunta e coordenada dos órgãos de linha e dos órgãos de *staff*. Suas desvantagens estão na possibilidade de conflitos entre assessoria e operação e na dificuldade de manter o equilíbrio entre o poder da linha e o poder do *staff*. A organização linha-*staff* tem sido a mais amplamente utilizada em todos os tipos de organização.

A fim de responder às exigências internas e externas, a organização pode desenvolver uma especialização vertical (proporcionando maior número de níveis hierárquicos) e uma especialização horizontal (proporcionando maior número de órgãos especializados, ou seja, departamentalização).

A departamentalização constitui a combinação e/ou agrupamento adequados das atividades necessárias à organização em departamentos específicos. Os tipos de departamentalização são: por funções, por produtos ou serviços, por localização geográfica, por clientes, por fases do processo ou por projetos.

Cada tipo de departamentalização apresenta características, vantagens e limitações que influirão nas decisões quanto às escolhas de alternativas de departamentalização a adotar em cada organização.

QUESTÕES

1. A Teoria Clássica deu demasiada ênfase à organização formal. Explique.
2. Quais as características básicas da organização formal?
3. O que significa divisão do trabalho?
4. O que é especialização na organização formal?
5. O que é hierarquia na organização formal?
6. Defina distribuição de autoridade e de responsabilidade na organização.
7. Explique o racionalismo na organização formal.
8. Caracterize a organização linear, suas vantagens e desvantagens.
9. Caracterize a organização funcional, suas vantagens e desvantagens.
10. Caracterize a organização linha-*staff*, suas vantagens e desvantagens.
11. Defina especialização vertical e especialização horizontal nas organizações.
12. Defina departamentalização.

13. Quais são os tipos de departamentalização?
14. Explique a departamentalização por funções, suas características, vantagens e desvantagens.
15. Explique a departamentalização por produtos, suas características, vantagens e desvantagens.
16. Explique a departamentalização por localização geográfica, suas características, vantagens e desvantagens.
17. Explique a departamentalização por clientes, suas características, vantagens e desvantagens.
18. Explique a departamentalização por processos, suas características, vantagens e desvantagens.
19. Explique a departamentalização por projetos, suas características, vantagens e desvantagens.
20. Explique os princípios utilizados para a departamentalização.

REFERÊNCIAS

1. MOONEY, J. D. *The principles of organization*. New York: Harper & Brothers, 1947. p. 102.
2. MOONEY, J. D. *The principles of organizations, op. cit.*
3. JUCIUS, M. J.; SCHLENDER, W. E. *Introdução à administração*: elementos de ação administrativa. São Paulo: Atlas, 1972. p. 223.
4. DALE, E.; URWICK, L. F. *Organização e assessoria*. São Paulo: Atlas, 1971. p. 77.
5. HAMPTON, D. R. *Administração contemporânea*. São Paulo: McGraw-Hill, 1976. p. 238-239.
6. HURLEY, M. *Elements of business administration*. New York: Prentice-Hall, 1953. p. 346-347.
7. STOGDILL, R. M. Dimensions of Organization Theory. *In*: THOMPSON, J. D. (ed.). *Organizational design and research*: approaches to organizational design. Pittsburgh: University of Pittsburgh, 1971. p. 8.
8. GULICK, L. Notes on the theory of organization. *In*: GULICK, L.; URWICK, L. F. (org.). *Papers on the science of administration*. New York: Columbia University, Institute of Public Administration, 1937. p. 15.
9. GULICK, L. *Notes on the theory of organization, op. cit.*, p. 23.
10. GULICK, L. *Notes on the theory of organization, op. cit.*, p. 24.
11. HAMPTON, D. R. *Contemporary management*. New York: McGraw-Hill, 1977. p. 210.
12. WALKER, A. H.; LORSCH, J. Organization choice: product 'versus' function. *Harvard Business Review*, nov./dec. 1968, p. 129-138. Este artigo também está incluído em CARROL JR., S.; PAINE, F. T.; MINER, J. B. *The management process, cases and readings*. New York: Macmillan, 1973. p. 169-184.
13. CHANDLER JR., A. D. *Strategy and structure*. Cambridge, Massachusetts: MIT, 1962.
14. HAMPTON, D. R. *Contemporary management, op. cit.*, p. 212.
15. NEWMAN, W. H. Strategy and management structure. *Journal of Business Policy*, p. 56-66, Winter 1971-1972.
16. GADDIS, P. O. The project manager. *Harvard Business Review*, v. 37, n. 3, May/June 1959. p. 89.
17. SBRAGIA, R. Algumas características da estrutura matricial. *Revista de Administração*, FEA/USP, v. 13, n. 1, jan./maio 1978. p. 53.
18. MACHLINE, C. *et al.* Manual de administração de produção. Rio de Janeiro: FGV, 1976. p. 14-17.

9 DECORRÊNCIAS DA TEORIA NEOCLÁSSICA DA ADMINISTRAÇÃO: ADMINISTRAÇÃO POR OBJETIVOS (APO)

OBJETIVOS DE APRENDIZAGEM

- Mostrar as origens da Administração por Objetivos (APO).
- Definir as características principais da APO.
- Definir os critérios para a fixação de objetivos.
- Mostrar a ênfase colocada nos objetivos e nos resultados (fins) e na busca da eficácia (otimização de resultados).
- Caracterizar os planejamentos estratégico, tático e operacional.
- Explicar o ciclo da APO.
- Oferecer uma apreciação crítica a respeito da APO.

O QUE VEREMOS ADIANTE

- Características da APO.
- Fixação de objetivos.
- Apreciação crítica da APO.

CASO INTRODUTÓRIO

A VIDEORENTAL

A VideoRental sempre foi motivo de satisfação e orgulho para os seus dirigentes. O crescimento da empresa e a excelente imagem no mercado abriram as portas para novas franquias. O negócio prosperou com a abertura de várias filiais franqueadas e cresceu demais, sem necessidade de investimentos continuados. A empresa passou a ser estruturada funcionalmente em departamentos – financeiro, marketing e operações. Porém, os dirigentes sentiam dificuldade em conhecer e avaliar os aspectos globais das atividades da empresa. Além disso, as vendas pararam de crescer e o negócio subitamente empacou. Muitas empresas, como a VideoRental, estão passando pelas mesmas dificuldades. Como você poderia ajudar a VideoRental?

INTRODUÇÃO

Os neoclássicos foram além dos aspectos estáticos da estrutura organizacional e estenderam a sua abordagem para outros aspectos organizacionais dinâmicos. Concluíram que a eficiência era importante ao reduzir custos e melhorar a produtividade, mas que a eficácia era mais importante, porque estava diretamente relacionada com os objetivos e os resultados finais da organização. Isso provocou uma verdadeira revolução: a ênfase nos alvos, nas metas e nos objetivos do negócio e não apenas na sua formatação.

A partir da década de 1950, os neoclássicos deslocaram o facho de atenção, antes fixado nas chamadas atividades-meio, para os objetivos, atividades-fim ou finalidades da organização. O enfoque baseado nos processos e a preocupação com as atividades (meios) passaram a ser substituídos por um enfoque nos resultados e nos objetivos a serem alcançados (fins). O foco no "como" administrar passou para o "por que" ou "para que" administrar. A ênfase em fazer corretamente o trabalho (*the best way*) para alcançar eficiência passou à ênfase em fazer a atividade mais relevante aos objetivos da organização para alcançar eficácia. O trabalho passou de um fim em si mesmo para constituir um meio de obter resultados. Essa reformulação significa uma revolução na Administração: não mais administrar por meios, mas por fins a serem alcançados. Isso porque as pessoas estavam mais preocupadas em fazer o seu trabalho do que em produzir resultados para o negócio. Suas origens se identificam com o espírito pragmático e democrático dos neoclássicos. E seu aparecimento ocorreu em 1954, quando Peter Drucker (1909-2005) publicou um livro[1] sobre a APO, sendo considerado o pai dela.

CHIAVENATO DIGITAL

Aumente seus conhecimentos sobre **O surgimento da Administração por Objetivos** na seção *Saiba mais* TGA 1 9.1

9.1 CARACTERÍSTICAS DA ADMINISTRAÇÃO POR OBJETIVOS (APO)

A APO é um processo pelo qual gerentes e subordinados identificam objetivos comuns, definem as áreas de responsabilidade de cada um, em termos de resultados esperados, e utilizam esses objetivos como guias para sua atividade. A APO é um método no qual as metas são definidas em conjunto pelo gerente e pelo subordinado, as responsabilidades são especificadas para cada um em função dos resultados esperados, que passam a constituir os indicadores ou métricas de desempenho sob os quais ambos serão avaliados. Analisando o resultado final, o desempenho do gerente e o do subordinado podem ser objetivamente avaliados, e os resultados alcançados são comparados com os resultados esperados.

Embora tenha um passado autocrático, a APO funciona hoje com uma abordagem amigável, democrática e participativa. Ela serve de base para os novos esquemas de gestão e avaliação do desempenho humano, remuneração flexível e compatibilização entre objetivos organizacionais e objetivos individuais das pessoas. Dentro dessa concepção, a APO trabalha dentro do seguinte esquema:

- Gerente e subordinado se reúnem, discutem, negociam e formulam os objetivos de desempenho para o subordinado. A formulação de objetivos é consensual e participativa. Objetivos, metas e resultados são negociados entre eles.
- A partir daí, o gerente se compromete a proporcionar apoio, direção e recursos para o subordinado trabalhar eficazmente orientado para o alcance de objetivos. O gerente cobra resultados e garante os meios e os recursos (liderança, supervisão, treinamento, equipamentos etc.) para que o subordinado possa alcançá-los.
- O subordinado passa a trabalhar para desempenhar metas e cobra do gerente os meios e os recursos necessários para alcançar os objetivos.
- Periodicamente, gerente e subordinado se reúnem para uma avaliação conjunta do progresso, dos resultados e do alcance dos objetivos.
- A partir da avaliação conjunta, há uma reciclagem do processo: em função dos resultados alcançados, os objetivos são reavaliados ou redimensionados, bem como o apoio, os meios e os recursos necessários.

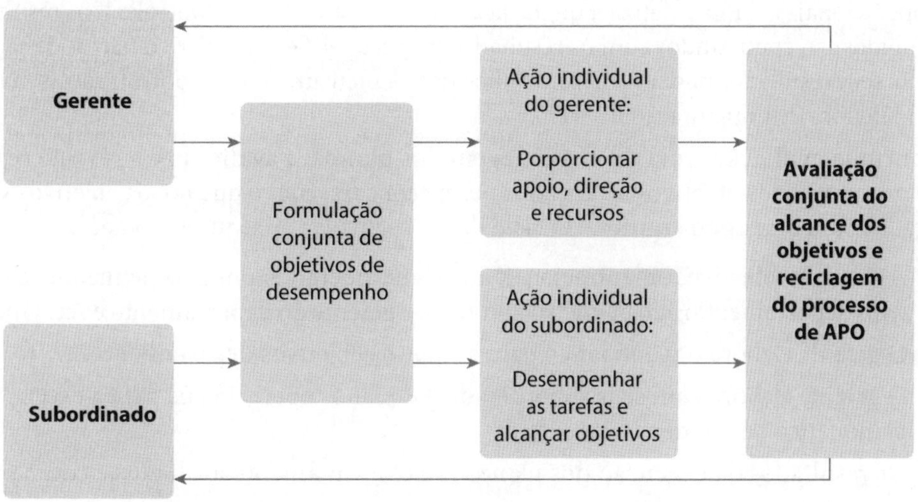

Figura 9.1 O processo participativo e democrático de APO.

A APO apresenta as seguintes características:

- **Estabelecimento conjunto de objetivos entre o gerente e seu superior**: tanto o gerente quanto o subordinado participam ativamente do processo de definir e fixar objetivos. No entanto, essa participação varia conforme o sistema adotado.
- **Estabelecimento de objetivos para cada departamento ou posição**: a APO está fundamentada na definição de objetivos por posições de gerência. Os objetivos podem ser

denominados metas, alvos ou finalidades, porém a ideia básica é a mesma: determinar os resultados que o gerente e o subordinado deverão alcançar. Os objetivos devem ser quantificados e com prazos definidos. A maioria dos casos admite de quatro a oito objetivos para cada posição específica.

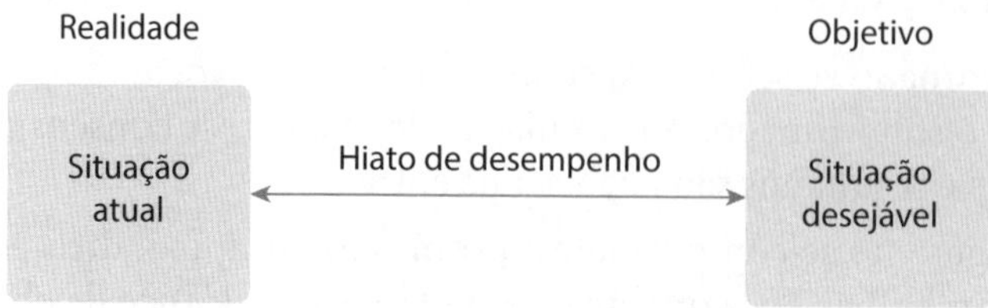

Figura 9.2 O objetivo como um hiato de desempenho.

- **Interligação entre os vários objetivos departamentais ou individuais**: os objetivos dos vários departamentos envolvidos devem ser estreitamente correlacionados. Essa ligação deve envolver objetivos comerciais, financeiros e de produção ou objetivos de um nível com os dos níveis superiores e inferiores.
- **Ênfase na mensuração e no controle de resultados**: gerente e subordinado passam a traçar os planos táticos adequados para alcançar os objetivos traçados. Os planos táticos são os meios capazes de alcançar os objetivos departamentais. Na sequência, os planos táticos são desdobrados e detalhados em planos operacionais. Em todos os planos táticos e operacionais a APO enfatiza a quantificação, a mensuração e o controle. E os resultados atingidos são comparados com os resultados planejados. Se um objetivo não pode ser medido, seus resultados não podem ser conhecidos. A mensuração e o controle são as maiores dificuldades de implantação da APO.
- **Contínua avaliação, revisão e reciclagem dos planos**: a avaliação e a revisão regular do processo e dos objetivos alcançados permitem correções e que novos objetivos sejam fixados para o período seguinte. O ciclo da APO envolve as seguintes etapas:

  1. A partir dos objetivos organizacionais e do planejamento estratégico, definem-se os objetivos departamentais do primeiro ano entre o gerente do departamento e seu superior.
  2. O gerente elabora o plano tático para atingir os objetivos departamentais.
  3. O gerente elabora com seus subordinados os planos operacionais para a execução do plano tático de seu departamento.
  4. Os resultados da execução dos planos são continuamente avaliados e comparados com os objetivos fixados.
  5. A partir dos resultados obtidos, procede-se à revisão, ao reajuste dos planos ou às alterações nos objetivos estabelecidos.
  6. No ciclo seguinte, são definidos os objetivos departamentais para o segundo ano entre o gerente e seu superior, tomando por base os resultados do primeiro ano.
  7. Repete-se a sequência do ciclo anterior.

- **Participação atuante das gerências e dos subordinados**: há intensa participação do gerente e dos subordinados. O gerente define os objetivos, vende-os aos subordinados, mensura-os e avalia o progresso. O processo torna-se muito mais um controle por objetivos do que propriamente uma Administração por objetivos.

- **Apoio intensivo do *staff***: a implantação da APO requer o apoio intenso de um *staff* treinado e preparado. A abordagem do tipo "faça-o você mesmo" não é aconselhável, pois a APO exige coordenação e integração de esforços, o que deve ser feito pelo *staff*.

VOLTANDO AO CASO INTRODUTÓRIO

A VIDEORENTAL

Os dirigentes da VideoRental começaram a pensar em várias estratégias para ultrapassar o desafio. Para garantir sua resiliência, deveriam diversificar por meio da oferta de outros produtos nas lojas ou começar a vender ou alugar livros, além de filmes e vídeos? Ou integrar verticalmente e começar a produzir filmes e vídeos musicais? Ou então intensificar a propaganda e extrair o máximo de cada loja atual? Ou, ainda, expandir geograficamente e aumentar a rede de lojas? Essas alternativas estratégicas esbarram em sua estrutura funcional. Que ideias você daria à diretoria da VideoRental a respeito desse assunto?

PARA REFLEXÃO

Afinal, o que é APO na Metrópolis?

João Augusto sempre trabalhou em empresas tradicionais, nas quais seu cargo e as responsabilidades eram o tema principal. Agora que acabara de ingressar na Metrópolis, uma empresa inovadora e avançada, João Augusto foi chamado pelo seu diretor para traçarem juntos os objetivos e as metas que deveriam alcançar. Isso soava estranho aos seus ouvidos. Nunca havia ouvido nada a respeito de objetivos. O diretor lhe disse que a empresa adota a APO. Se você estivesse no lugar desse diretor, o que contaria sobre a APO a João Augusto?

9.2 FIXAÇÃO DE OBJETIVOS

A "Administração por Objetivos é um modelo de administração através do qual as gerências estabelecem metas para sua administração no início de cada período, de preferência coincidindo com o exercício fiscal da empresa, em consonância com as metas gerais da organização fixadas pelos acionistas, por meio da diretoria". Um "objetivo é um enunciado escrito sobre resultados a alcançar em um período determinado. O objetivo deve ser quantificado, difícil, relevante e compatível. O quanto possível números. São números que orientam o desempenho dos gerentes para um resultado mensurável e compatível com os demais resultados".[2]

Quadro 9.1 Importância dos objetivos[3]

Importância dos objetivos
■ Proporcionam uma diretriz ou uma finalidade comum. ■ Permitem o trabalho em equipe e eliminam tendências egocêntricas. ■ Servem de base para avaliar planos e evitam erros. ■ Melhoram as possibilidades de previsão do futuro. ■ Quando os recursos são escassos, ajudam a orientar e prever sua distribuição criteriosa.
Critérios para a escolha dos objetivos
■ Atividades com maior impacto sobre os resultados. ■ O objetivo deve ser específico, mensurável e basear-se em dados concretos. ■ Focar os objetivos na atividade e não na pessoa. ■ Detalhar cada objetivo com metas subsidiárias. ■ Usar linguagem compreensível e clara. ■ Os objetivos devem concentrar-se em alvos do negócio e não em atividades dispersas. ■ Os objetivos devem indicar resultados a atingir sem limitar a liberdade de escolha dos meios.
Hierarquia de objetivos
■ Objetivos estratégicos: objetivos organizacionais e globais. ■ Objetivos táticos: objetivos departamentais. ■ Objetivos operacionais: objetivos de cada atividade.

Para os neoclássicos, os objetivos mais comuns são:[4, 5]

- Melhorar a posição competitiva no mercado.
- Inovação e criatividade nos produtos e nos serviços.
- Aumentar a excelência por meio da produtividade, da eficiência e da qualidade.
- Aplicação rentável dos recursos físicos e financeiros.
- Taxa de dividendos ou índice de retorno do capital investido (lucro).
- Melhor qualidade da Administração e desenvolvimento dos executivos.
- Responsabilidade pública e social da empresa.
- Satisfação, encantamento e fidelização do cliente.
- Competitividade no cenário globalizado de negócios.
- Criatividade e inovação.

Contudo, cada área da empresa – Marketing, Finanças, Produção, Recursos Humanos (RH) – apresenta forte tendência para maximizar os seus objetivos e resultados de tal maneira que o foco de uma área pode anular o de outra por causa de um esforço de subobjetivação. Cada subobjetivo maximizado leva a empresa a se transformar em um sistema centrífugo de esforços: os esforços mais se separam do que se conjugam, tendendo a sair do sistema. Ansoff salienta que o ideal seria não apenas a soma dos esforços, mas o efeito da sua multiplicação: a sinergia.[6] A sinergia como efeito multiplicador da combinação dos recursos, pois seu uso conjugado produz um efeito multiplicado e maior do que a sua soma. É o que veremos no Capítulo 6 do volume 2, ao abordar a Teoria de Sistemas.

SAIBA MAIS **Convergência**

Daí a necessidade de um sistema de resultados globais previamente definido pelos departamentos, convergindo os objetivos em uma direção única. É o que salienta Lodi: "Quando os resultados colidem entre si (porque o lucro colide com a produtividade, a inovação colide com o aspecto operacional atual e assim por diante), nenhum objetivo trabalha junto com outro. O trabalho da administração é o de compatibilizar objetivos conflitantes. Toda empresa, no fundo, é um conjunto de conflitos que vão existindo em um equilíbrio instável. Focalizando-se uma coisa, tira-se de outra".[7] Cuidado!

9.3 APRECIAÇÃO CRÍTICA DA APO

A APO não é uma fórmula mágica. Como ela envolve um processo político (decisão política dos propósitos que animam a organização), um processo de planejamento (fixando metas e objetivos), um processo de direção (envolvendo supervisão e execução) e um processo de colaboração (entre gestor e colaborador), é comum que um ou mais desses quatro processos implícitos não funcione bem. Aí começam a ocorrer problemas com a APO. Embora seja uma excelente ferramenta administrativa, ela tem seus pontos frágeis. E é preciso conhecê-los bem.

Levinson[8] salienta que a APO coloca o gerente em uma posição parecida com a de uma cobaia em laboratório frente a apenas duas alternativas: ou acerta o caminho pelo labirinto e come ou então passa fome. O processo ideal deve ter contatos frequentes e até mesmo diários". Levinson[9] lembra que "a APO e os processos de avaliação de desempenho são inerentemente autodestrutivos a longo prazo, por se basearem em uma psicologia de recompensa e punição que intensifica a pressão exercida sobre cada indivíduo, proporcionando-lhe uma escolha de objetivos limitada. Tais processos podem ser melhorados incluindo avaliação coletiva em 360 graus e dando prioridade às metas pessoais dos colaboradores. Essas práticas exigem elevados padrões éticos e responsabilidade pessoal em alto grau dentro da organização".[10]

Por outro lado, Lodi se refere à vantagem ou à ameaça dos objetivos. A APO é um método capaz de obter resultados acima daqueles que, em geral, são alcançados por empresas que não formulam suas metas nem procuram motivar seus gerentes e diretores. A APO exige muito de cada um e as pessoas devem ser preparadas para receber o método e poder aplicá-lo criteriosamente.[11]

Quadro 9.2 Benefícios e problemas com a APO

Alguns benefícios da APO	Alguns problemas com a APO
■ Definição e aclaramento dos objetivos. ■ Melhoria do planejamento. ■ Padrões claros para controle. ■ Aumento da motivação do pessoal. ■ Avaliação mais objetiva. ■ Melhoria do moral.	■ Coerção sobre subordinados. ■ Aprovação de objetivos incompatíveis. ■ Papelório em excesso. ■ Focalização sobre resultados mensuráveis do que sobre resultados mais importantes. ■ Perseguição rígida de objetivos que poderiam ser abandonados.

Os programas de APO devem incluir os seguintes aspectos:[12]

- Ênfase consciente na formulação de objetivos consensuais.
- Frequente interação e retroação (*feedback*) entre subordinados e superiores quanto ao progresso frente aos objetivos, remoção de obstáculos ou revisão dos objetivos.
- Oportunidades de participação, mesmo quando as decisões finais devam ser tomadas na cúpula da empresa.

Quadro 9.3 A transição do estilo administrativo a partir da APO

Pré-APO	Pós-APO
■ Administração do cotidiano. ■ Visualização para dentro da empresa. ■ Orientação para os produtos. ■ Orientação para a organização. ■ Orientação para as atividades. ■ Administração da rotina. ■ Ênfase no "como". ■ Foco no dinheiro, nas máquinas e nos materiais. ■ Controle centralizado, funcional. ■ Estilo autoritário. ■ Individualismo.	■ Focalização no futuro. ■ Visualização para fora da empresa. ■ Orientação para as pessoas. ■ Orientação para os clientes. ■ Orientação para os resultados. ■ Criação de inovações. ■ Ênfase no "para que". ■ Foco nas pessoas, na mentalidade e no tempo. ■ Iniciativa descentralizada nos subordinados. ■ Estilo participativo. ■ Trabalho em equipe.

CONCLUSÃO

Todas as críticas aqui expostas são decorrentes da pressão, dos abusos e da má interpretação da APO. Sua aplicação apressada sem a devida preparação das pessoas pode conduzir a maus resultados. Em boas mãos, pode levar a organização a uma eficácia sem precedentes, fazendo as pessoas acontecerem por meio de suas próprias iniciativas, competências e garra. É apenas uma questão de saber como utilizá-la e executá-la.

Finalmente, chegamos ao final do volume I deste livro, em que apresentamos as teorias administrativas que dominaram o mundo organizacional no decorrer do século passado e que serviram de base e plataforma para o que estamos aplicando hoje nas organizações, nos termos da moderna Administração – tema que será discutido no volume 2. Atualmente, estamos vivendo uma Era Digital e Pós-digital frente a uma nova revolução industrial: a Indústria 4.0, em uma época de mudanças exponenciais, em que a Administração, com novos conceitos, modelos e práticas, está surpreendendo o mundo organizacional.

Origens da APO:

Foco em objetivos
Necessidade de equilibrar:
Objetivos organizacionais
Objetivos individuais
Administrar por resultados

Características da APO:

Fixação prévia de resultados
Descentralização das decisões
Participação coletiva
Autoavaliação do desempenho
Autocontrole
Métodos de avaliação e controle

Hierarquia de objetivos:

Estratégicos
Táticos
Operacionais

Origens da APO:

- Estabelecimento conjunto de objetivos entre o gerente e seu superior
- Estabelecimento de objetivos para cada departamento ou cargo
- Interligação entre os vários objetivos táticos ou departamentais
- Ênfase na manutenção e no controle de resultados
- Contínua avaliação, reavaliação, revisão e reciclagem dos planos
- Participação atuante das gerências

Planos:

Estratégicos
Táticos
Operacionais

Vantagens da APO:

- Interação estreita entre superior-subordinado
- Ambos fixam mutuamente os objetivos
- Ambos fixam critérios de desenvolvimento
- Ênfase no presente e no futuro
- Ênfase nos resultados a oferecer (e não nos meios)
- Retroação frequente
- Redefinição constante dos objetivos
- Redefinição dos critérios de desempenho
- Objetivos relacionados com o trabalho e com a carreira
- Ênfase na mensuração e no controle

Passos da estratégia:

- Formulação de objetivos organizacionais
- Análise externa do ambiente
- Análise interna da empresa
- Formulação das alternativas estratégicas
- Escolha da estratégia a ser utilizada
- Formulação dos planos táticos e operacionais

Figura 9.3 Mapa mental da APO.

RESUMO

A APO surgiu a partir da década de 1950 em função de exigências ambientais e internas que as organizações passaram a sofrer.

Cada autor desenvolve o seu modelo de APO. As características da APO, apesar das diferenças de enfoque dos autores, podem ser definidas genericamente: estabelecimento conjunto de objetivos para cada departamento, entre o executivo e o seu superior; interligação dos objetivos departamentais; elaboração de planos táticos e planos operacionais, com ênfase na mensuração e no controle; sistema contínuo de avaliação, revisão e reciclagem dos planos; participação atuante da chefia; apoio intenso do *staff*, principalmente durante os primeiros períodos.

Como a APO se assenta sobre objetivos, os critérios para fixação de objetivos são fundamentais para o sucesso do sistema.

A APO é desenvolvida por meio de ciclos que variam conforme os autores.

Todavia, a APO apresenta uma série de limitações ao lado das vantagens que proporciona. Torna-se necessária uma cuidadosa apreciação crítica, pois a APO não é um remédio para todos os males da organização.

QUESTÕES

1. Como surgiu a APO?
2. Quais as principais características da APO?
3. O que é um objetivo?
4. Quais os critérios para fixação de objetivos?
5. Explique a hierarquia de objetivos.
6. Descreva sucintamente o modelo de APO.
7. Quais os principais aspectos críticos da APO?
8. Explique os benefícios da APO.
9. Explique os problemas da APO.

REFERÊNCIAS

1. DRUCKER, P. F. *The practice of management*. New York: Harper & Brow, 1954. Traduzido para o português: *Prática de administração de empresas*. Rio de Janeiro: Editora Fundo de Cultura, 1962.
2. LODI, J. B. *Administração por objetivos*: uma crítica. São Paulo: Pioneira, 1972. p. 33.
3. LODI, J. B. *Administração por objetivos*: uma crítica, *op. cit.*, p. 99-120.
4. DRUCKER, P. F. *The practice of management*, *op. cit.*
5. LODI, J. B. *Administração por objetivos*: uma crítica, *op. cit.*, p. 93-94.
6. ANSOFF, H. I. *Corporate strategy*. New York: McGraw-Hill, 1965. p. 75-103.
7. LODI, J. B. *Administração por objetivos*, *op. cit.*, p. 99-120.
8. LEVINSON, H. Administração pelos objetivos de quem? *Harvard Business Review*, jul. 1970. Artigo publicado em português pela *Revista Expansão*, n. 14, p. 53-62, jun. 1972.
9. LEVINSON, H. Administração pelos objetivos de quem? *Harvard Business Review*, *op. cit.*, p. 54.
10. LEVINSON, H. Administração pelos objetivos de quem? *Harvard Business Review*, *op. cit.*, p. 64.
11. LODI, J. B. *Administração por objetivos*: uma crítica, *op. cit.*, Cap. 2, Cap. 3.
12. ELLRIEGEL, D.; SLOCUM JR., J. W. *Management*: a contingency approach. Reading: Addison-Wesley, 1974. p. 231-233.

ÍNDICE ALFABÉTICO

L

M

N

O

P

R